西洋世界の歴史像を求めて

飯田収治 編著　関西学院大学西洋史学研究室 編

関西学院大学出版会

Reconstructing Western History

Edited. by

Shuji Iida & Department of Western History,

Kwansei Gakuin University

西洋世界の歴史像を求めて

目次

西洋史学専攻開設五〇周年によせて

田中穂積

はじめに

関西学院大学大学院の文学研究科において、修士課程西洋史学専攻が発足したのは一九五四（昭和二九）年四月であった。現在では、博士課程前期課程にあたるが、二〇〇四年三月をもって五〇周年をむかえた。この間、文学修士、また修士（歴史学）の学位を授与された人は数多く、研究者、また教育者として各地で活躍されている。それに、博士課程、つまり現在の博士課程後期課程を経て文学博士の学位、また近年からの博士（歴史学）の学位を授与された人も多くなっている。

この度、本学大学院における西洋史学専攻開設五〇周年を記念して、飯田教授をはじめとする西洋史学の先生方、また大学院出身者の方々の熱意により、記念論集が刊行されることになった。それで、この際、今日にいたる西洋史学専攻の歩みを回顧してはどうかということになった。私は、すでに退職しており、表立つ立場でないとおもいつつも、お引き受けすることにした。ここでは、五〇年の歴史というよりは、この間における私の印象などを述べさせていただくことにした。なお、本学では文学研究科の西洋史学専攻に、地理学専修のコースがおかれているが、研究室も地理学研究室として独立しており、現在では修士（地理学）、博士（地理学）の学位が授与されている。それゆえ、ここでは、西洋史学研究室を中心とした今昔を振り返ってみることにした。

史学科と大学院西洋史学専攻の開設

大学院を主とする西洋史学を取り上げるまえに、学部における史学科開設のことなどに少し触れておきたい。新制大学は、いわゆる「学制改革」によって発足しており、本学文学部も、その学制改革の線に沿って新たな文学部の構想が練られた。それは、旧制のもとで蓄積された制度、研究・教育を継承しながら、哲学・史学・文学を構成要素とした新体制案の検討であった。史学科は旧制の文学部にはなく、その開設は新しい文学部が出発した一九四八年より三年おくれた。

一九五一（昭和二六）年四月、史学科が開設された。文学部における第八番目の学科であった。史学科発足時のスタッフは四名で、西洋史学では、学外から招聘された古代史の粟野頼之祐教授、学内の法学部から文学部に移られた近代史の川村大膳助教授の二人、そして日本史学の藤木喜一郎助教授、地理学の渡辺久雄助教授であり、この年度の史学科生は、新入学生、転科学生あわせて三一名が在籍している。また、史学研究室は、現在の文学部校舎一階のこぢんまりした部屋があてられた。二年後、史学研究室は二階の教室であった、より広い部屋に移り、いま名誉教授の小玉新次郎先生が新しい助手として研究室の管理をされた。この史学研究室は、現在の西洋史学研究室になっている。史学科は以後、発展的に拡充され、日本史学・東洋史学・西洋史学・地理学の四専修と一六名の専任教員からなり、それぞれ専修ごとに研究室がおかれている。その経過については、ここでは省略する。しかし、文学部の改組により、二〇〇三年四月から史学科の名称は消え、哲学科、美学科と合体して文化歴史学科となったが、各専修は引き続き、それぞれの役割を担っている。

史学科発足の頃について、もう少し触れておくとすれば、開設の翌一九五二年一二月に、学科の機関誌『關西學院史學』（現『関西学院史学』）第一号が刊行されたことであろう。当初は表紙絵でもって飾られていた。創刊号の表紙絵はアッティカ製酒杯の内面に描かれた「オイディプウスとスフィンクス」の絵である。粟野教授の解説を簡約すれば、その有名な神話にみられる、知性でもって怪獣の暴力を征服すること、それは知性でもって歴史（ヒストリア）する、つまり探求し、大系づけてゆくことに通じる、とされている。この『關西學院史學』の刊行とともに、学内外の先生方による講演会と史学科の研究会が開催されるようになった。なお、史学科開設年の五月、粟野教授は、前年に刊行された著書『出土史料によるギリシア史の研究』（岩波書店、昭和二五年）によって、日本学士院から学士院賞を受賞されている。

一九五四（昭和二九）年四月、文学研究科修士課程に西洋史学専攻が開設された。文学部に史学科がおかれてから二年後である。文学研究科における史学関係の課程は、まず西洋史学専攻から始まったことになる。西洋史学研究演習は粟野教授、W・D・ブレイ兼担教授、講義では川村助教授が、それぞれ担当され、在籍者は二名であった。ちなみに、西洋史学専攻学生の必修科目は、西洋史学研究演習、西洋史学特殊講義、西洋史学文献研究、歴史哲学特殊講義とされている。翌一九五五年四月、中世史の梅田良忠教授が文学部の西洋史学の教員として就任され、文学研究科において西洋史学研究演習を担当され、同教授の就任とともに博士課程開設の準備がすすめられた。

一九五六（昭和三一）年四月、文学研究科西洋史学専攻に博士課程が設置された。修士課程がおかれてから二年後である。西洋史学研究演習は粟野教授、梅田教授、西洋史学文献研究は川村助教授がそれぞれ担当された。また、この年度から西洋考古学特殊講義の科目がおかれ、前年度から出講されていた村田数之亮先生が受け持たれた。この学年度末である一九五七年三月には、西洋史学専攻からはじめて六名の文学修士が生まれた。これ以後、西洋史学専攻から続いて文学修士、後には修士（歴史学）がでている。

一九六〇（昭和三五）年四月、古代史の柘植一雄専任講師が文学部における西洋史学の教員として就任された。翌一九六一（昭和三六）年一二月、体調をくずされていた梅田良忠教授が六一歳で永眠された。史学科教員、そして同教授の指導下でビザンツ史、東欧史を研究していた者たちはじめ、西洋史学専攻の学生は、梅田先生の逝去を深く悼み、悲しいお別れをした。お亡くなりになった梅田先生の蔵書は、一九六六年、関西学院大学図書館に「梅田文庫」として収められ、東欧史研究者の多くが利用してきた。

一九六二年より、川村大膳教授が文学研究科の西洋史学専攻における修士と博士の両課程を担当されるようになった。なお、日本史学についていえば、一九六一（昭和三六）年四月に修士課程日本史学専攻が発足し、その二年後の一九六三年四月に同専攻博士課程が開設されている。

一九六〇年代前半には、史学科の学外活動の場として、「桑田ハウス」がよく利用された。それは、阪急電車の売布神社駅近くの一軒屋で、以前から粟野教授とご縁があり、先生は家具調度類も揃えて下さった。院生の研究会や史学科同窓会である「クリオ会」の総会、また史学科以外の方々の研究会など、利用者は多かった。現在では、その建物はなく小学校の敷地になっている。

一九六七（昭和四二）年三月、関学史学の発展に尽くされた粟野教授が定年退職された。亡くなられたあと、一九七四年に先生の蔵書が「粟野文庫」として関西学院大学図書館に収められた。この文庫は先生がアメリカでの長期にわたる研究中、精選された西洋古代史関係の文献が中心で、当時、関西の大学図書館の間で話題になった。

一九六七年四月、中世史の今来陸郎教授が文学部の西洋史学の教員として就任された。粟野先生に代わり赴任されたことになる。そこで文学研究科の西洋史学研究演習は川村大膳教授とともに同教授が担当されることになった。これより先の一九六四年四月、古代史の長谷川博隆助教授が文学部における西洋史学の教員として就任され、一九六九年から、柘植一雄助教授とともに西洋史学専攻において講義され、院生を啓発、刺激されていたが、七年間の在職を経て退職された。なお、今来教授が就任された年である一九六七年の一〇月、古代史の田中穂積専任講師が文学部の西洋史学の教員として就任している。

『関学西洋史論集』の刊行と関学西洋史研究会

今来教授が就任されてから、三年余り過ぎた一九七一（昭和四六）年一一月に『関学西洋史論集』第一号が刊行された。これは今来教授の肝煎りによるもので、本学における西洋史学専攻の院生や若い研究者の研究成果を発表させようという、ご配慮からであった。同教授は、「創刊のことば」にその意図を明快に述べておられる。ここで、その全文を掲げたいところではあるが、その趣旨を次に要約してみる。すなわち、修士、博士の西洋史学専攻が設けられてから十数年の歳月が重ねられた。この間、新進の研究成果も数を増しているが、その発表の場にめぐまれず、篋底に蔵しているものも多い。本学の史学科では、早くから『関西学院史学』を刊行しているが、スペースに限りがあり、また教授陣中心の雑誌であるため、同誌に掲載される機会は多くない。本誌を刊行するのは、その渇をいやすことにあり、さしあたって、本学院の西洋史学専攻の大学院関係者とその卒業生のための研究発表の場たろうとするものである。したがって、本誌に登場する論考は未熟、不完全なものが多かろうとおもわれるが、将来の大成へのスプリングボードの役割を果たすことにある。この企図のもと創刊された『関学西洋史論集』は現在まで刊行され、第二八号に達している。ここから多くの院生が巣立っており、執筆者のなかには、すでに勤務先を定年退職された方もある。それに、いまでは学外からの寄稿をいただいたりしている。

また、『関学西洋史論集』の刊行と並んで、「関学西洋史研究会」が一九七二（昭和四七）年四月から発足した。それまで有志による西洋史研究会がおこなわれていたが、このときから組織的な研究会活動をおこなうようになった。研究会は、学内事情もあって、かなりの時期、大学近くのいろいろな施設を借りていた。比較的多く利用したのが、関西学院が学外で借りていた「仁川荘」で、ここでは研究会のあと懇親会もでき、それが楽しみでもあった。いままでは、学内の研究施設を利用しており、落着いた環境のなかで研究会がおこなわれている。現在、一九八回を重ね、これには田中きく代教授の企画による一九九八年からの年次大会も含まれており、学外からの研究発表者も増えてきている。

一九七六（昭和五一）年四月、中世史の杉村貞臣専任講師が文学部の西洋史学の教員に就任された。翌一九七七年三月、今来陸郎教授が定年で退職された。丁度、一〇年在職されたことになる。この前年の一一月、『関学西洋史論集』の第六号に関学西洋史研究会のメンバーのうち一二名が執筆し、もって今来先生への献呈論文集としている。このとき、川村大膳教授は「今来先生におくる」言葉を述べておられるので、その一部を取り上げてみる。今来先生は大学院に熱情をそそがれた。（中略）研究発表の機会にめぐまれない院生の業績を世に出すために、本誌はそれなりの役割を十分に果たし、かつまじめな同人グループに支えられて、先生の意のあるところは見事に達せられたといえよう。このように、巻頭言を掲げておられる。今来先生が退職されたので、この一九七七年から、後期課程の西洋史学研究演習は、川村大膳教授とともに柘植一雄教授が前期課程も合わせ担当されることになった。その後、一九八〇年から田中穂積教授が前期課程の西洋史学研究演習を担当している。

一九八五（昭和六〇）年三月、川村大膳教授が定年退職された。川村先生のお名前は最初からあげてきたが、ここで改めて振り返ってみたい。文学部に史学科が創設される以前から本学にお勤めになっており、先にあげたように一九五一（昭和二六）年四月の史学科発足とともに、そのスタッフとして文学部教員になられた。その二年後、文学研究科に西洋史学専攻がおかれると、その講義を担当され、その後、西洋史学研究演習を担当されてからは長く指導教授として多くの院生を育成してこられた。史学科最初からのスタッフのうち、その最後のお一人としてお勤めになっていたが、同学科における三四年間の在職をもって退職されたのである。本大学の西洋史学や史学科の一時代の要であった。この一九八五年の四月、近代史の根無喜一専任講師が文学部における西洋史学の教員として就任された。文学研究科では、西洋史学研究演習の後期課程を柘植一雄教授とともに田中穂積教授も担当した。また同時に杉村貞臣教授が前期課程、その後一九八八年から後期課程を担当されることになった。

一九九四（平成六）年四月、近代史の田中きく代助教授が文学部の西洋史学担当の教員として就任された。この翌一九九五年三月に、柘植一雄教授が定年退職されている。最初の西洋史学専攻学生のなかのお一人であった柘植先生は、一九六〇年四月に文学部の専任教員として就任され、以後三四年にわたって在職された。その間、文学研究科において西洋史学研究演習を担当し、いわば次世代の西洋史学を担った指導教授として、多くの院生を育成され、世に送り出された。本学の内外において重責を果された柘植先生は、ことに学内において先生のお名前を知らないものは、「もぐり」とさえいわれるほど衆望があった。

柘植先生が退職されたあと、文学研究科の西洋史学専攻においては、田中穂積教授と杉村貞臣教授が西洋史学研究演習を担当した。しかし、精力的に研究と学生の指導に打ち込んでおられた杉村教授が病臥されるようになり、一九九九年三月に六三歳で永眠された。杉村先生は、一九七六年四月、文学部にお勤めになってから、二三年間在職されたことになる。西洋史学関係で、在職中にお亡くなりになったのは、先の梅田良忠先生、その門下生の杉村先生のお二人であった。このときも関係者一同は、まことに悲痛なおもいであった。

現在の西洋史学専攻

二〇〇〇（平成一二）年四月、文学研究科の西洋史学研究演習は、前期と後期の両課程とも、次の時代にむかって、新しく田淵結教授、根無喜一教授、田中きく代教授も担当されることになった。田淵教授は、文学部においてキリスト教学、また神学研究科、文学研究科においても旧約学を講義されていたが、この年から西洋史学研究演習を受け持たれることになった。翌年から四年程の間に、新任、退職による交替が続いている。

二〇〇一年四月、文学部に現代史の飯田収治教授が西洋史学の教員として就任され、文学研究科においては、前・後期課程の西洋史学研究演習を担当されることになった。二〇〇二年三月には、田中穗積教授が定年退職している。田中穗積は、助手として勤務した時期は別として、文学部の西洋史学の教員としては、一九六七年一〇月から三四年余在職したことになる。

二〇〇二年四月には、中世史の中谷功治教授が文学部の西洋史学の教員に就任され、文学研究科において前期課程の西洋史学研究演習を担当され、翌年から後期課程も指導されることになった。

続いて二〇〇四年四月、近代史の阿河雄二郎教授が文学部の西洋史学の教員として就任され、文学研究科の前・後期課程の西洋史学研究演習を担当されることになった。この年の三月、根無喜一教授がご自身の都合で退職された。

根無先生は、文学研究科において、講義や西洋史学研究演習を受け持たれて多くの受講生を指導され、親しまれてこられたのに残念であった。杉村先生が亡くなられてから、数年の間、田中穂積、そして根無先生の退職もあって、やや慌ただしい時期が過ぎた。

現在では、名簿順でお名前をあげれば、阿河、飯田、田中きく代、田淵、中谷の各教授が西洋史学院生の指導にあたっておられ、研究員二名、後期課程四名、前期課程一一名が在籍している。また、最近における学外との関係についていえば、二〇〇二年から、本学と関西大学、同志社大学、立命館大学の四大学合同で、西洋史学の教員と院生による新たな学会、歴史家協会が創設された。若い西洋史学研究者を中心にして研究交流が本格化している。

ところで、昨年、阿河教授のご尽力により、京都大学名誉教授であられた前川貞次郎先生の蔵書が本学図書館に寄贈された。貴重な図書とお聞きしている。本学西洋史の関係者には望外のよろこびである。前川先生には、史学科草創期に開催されていた講演で、一九五六年一〇月に講師として来ていただいている。これもご縁というものであろう。

おわりに

これまで、文学研究科における西洋史学専攻の指導教授を主にして、現在にいたる経過を取り上げてきた。まだ書きたい思い出は多々ある。指導教授の略歴について、また、西洋史学専攻を巣立った方々のほとんどが研究者、教育者として活躍されているが、お名前と現況などについて、それに、この五〇年来、実に多くの先生方に出講いただき、受講者に感銘深く接していただいたが、その先生方のお名前について、それぞれ不本意ながら割愛することにした。これに加え、西洋史学研究室の運営を支えて下さった教学補佐のことなども取り上げることができなかった。宥恕を乞う次第である。

最後になって恐縮しているが、編集代表の労をとられ、本学の西洋史学専攻を回顧するようにとお勧め下さった飯田収治教授のご配慮に感謝申し上げたい。余滴ながら、いままでに定年退職された西洋史学の先生方は、すべて故人となられた。五〇年間は短いようでも、やはり長い歳月であったとおもい直している。

（二〇〇五年九月）

主要参考資料

『関西学院大学史学科年譜』（史学科初期のパンフレット）。『関西学院史学』、『関学西洋史論集』の退職・追悼の各記念号、『関西学院大学文学部六十年史』。各年度の『関西学院大学要覧』、『関西学院大学大学院要覧』、『関西学院大学白書』。『関西学院大学百年史』。

第一部　史料読解から歴史像の彫刻へ

第一章
セレウコス朝期におけるティグリス河畔のセレウケイア
――古典文献の叙述を通して――

田中穂積

はじめに

ヘレニズム時代の植民都市のうち、ティグリス河畔のセレウケイアは、古代ギリシア・ローマの多くの古典文献が記しているように、古代における名高い存在であった。しかし、その取り上げ方は断片的であり、まとまった記述がみられない(1)。

他方、セレウケイア遺跡の発掘調査は、二十世紀に二度おこなわれた。世紀前半におけるアメリカ隊、後半におけるイタリア隊によるものである。ことに後者については、イラクにおける政治事情のため、中断されたのは残念である。プリーニウスは市壁を鷲が翼を広げた形と表現したが(Plin.NH.VI.122)、遺跡は東西に長い長方形をなし、その面積は五五〇ヘクタールにおよんでいる。しかし、発掘自体はそのごく一部分である。それでも、都市の遺構を明らかにし、貨幣、また多数のブラ（bullae）を出土したことは、とりわけこの都市の経済事情を知る手掛かりを与えてくれている。この考古学的知見については、別稿で簡単に紹介しておいた(2)。

そこで、本稿では主として古典文献からみたセレウケイアの史的事情を取り上げることにした。史料の偏在から、都市の制度、社会、文化といった事項別にまとめることは困難である。それゆえ、セレウケイアの政治事情を中心に、セレウコス朝時代におけるいくつかの問題点を以下にあげてみた。

一　セレウケイアの立地条件とセレウコス一世による建設

セレウケイアの立地条件

ティグリス河畔のセレウケイアがセレウコス朝の祖セレウコス一世によって建設されたことは、よく知られている。この建設事情は後で述べることにして、まず地理的条件から取り上げてみたい。この都市の遺跡は、ティグリス川に位置するバグダッドの南東三五キロにあたり、またユーフラテス河畔に位置した古都バビュローン遺跡の北六〇キロ、すなわちキャラバンで二日行程の地点である。

ヘレニズム時代には、ペルシア湾頭からこのセレウケイア、またはオーピスまでティグリス川を遡行できたし、バビュローンの場合もペルシア湾頭からユーフラテス川を遡行できた。またセレウケイア辺りがティグリス・ユーフラテス両河が最も接近しており、このことはバビュローンの場合も同様で、古来、これら両地域では運河が発達していた。このようにセレウケイアはペルシア湾から河川利用による要衝にあった[3]。

さらにセレウケイアは、陸路の面からも交通の中枢をなしていた。このセレウケイアはオーピスの近隣に建設されたのであるが、オーピスは、ウピと呼ばれた古来からの商業地であり、ヘーロドトス他ギリシア人にはオーピスの名でよく知られていた[4]。セレウコス一世にとって、東征後のアレクサンドロス大王がこのオーピス滞在中に、マケドニア人傷病兵に除隊を命じたとき、これら兵士がおこした騒擾[5]は記憶に新しく、また地の利をえた場所との印象を強くしていたに違いない。後代においては、前一世紀末頃、ストラボーンはオーピスを周辺諸地域の交易地（エンポリオン）と表現しており（Strab.XVI.1.9:C739）、またセレウケイアの対岸にあったクテーシポーンの発展、それに都市アルテミタ（ティグリス川に北から注ぐ現ディアラ川沿いに位置）をあげ、ストラボーンは総じてセレウケイア一帯の重要性と豊かさについて触れている（Strab.XVI.1.16-17:C743-4）。それにセレウケイアが東西交通の要衝であったことは、ほぼストラボーンと同時期、つまりパルティアの繁栄期にみられた主要駅路の案内書からうかがえる。それはカラクスのイシドーロスによる『パルティアの宿駅案内』[6]で、順路はメソポタミアとバビュローニアをエウプラテース川沿いに下ってネアポリスにいたり、そこからナルマルカン運河によってティグリス河畔のセレウケイアにきたる。それから北上して、上記のアルテミタを通り、メーディア、ヒュールカニアへと向うことなる。この駅路は、いわゆるシルク・ロードの一部であり、セレウケイアはパルティアの大動脈路線における最も主要な都市であった。プリーニウスは、この都市の人口を六〇万人と表現している（Plin.NH.VI.122）。

セレウコス一世のセレウケイア建設

セレウコス一世が多くの植民都市を建設したことは、アッピアーノスのまとまった記述、その他からよく知られている。なかでも、ティグリス河畔のセレウケイアのような大規模なものは、建設にまつわるエピソードもみられるが、ここでは省くことにする(7)。

まず、セレウケイアの建設時期を取り上げてみたい。従来、その時期について多くの見解がみられた。その検討のため、セレウコスの行動を一瞥しておきたい。セレウコスがバビュローニアのサトラプであったのは、前三二〇—三一六年の時期であった。前三一二年頃、好機をえて再びバビュローニアに入り、アンティゴノスの勢力に対抗しながら、東部のスーシアナー、メーディアを掌握したが、バビュローニアにおける両勢力の攻防は前三〇八年頃まで続いている。この争いにおいて、セレウコスはかつてのサトラプ在任中にバビュローニア住民の好感をえていたことから、有利な条件にあったようである(8)。このあとアンティゴノスはバビュローニアを撤退し、シリア支配の強化をはかった。したがって両者対立の接点はシリア東部に移ったといえる。次いでセレウコスは東方に遠征し、バクトリア地方を支配下におき、インドのチャンドラグプタ（サンドロコットス）とは対立のあと和解し、バビュローニアに帰還した。前三〇六／五年になると、セレウコスは他のディアドコイに倣って「王」と称した。前三〇一年、セレウコス、プトレマイオス一世、リューシマコスの連合軍は、小アジアのイプソスにおいて、アンティゴノスとデーメートリオスの父子を破った。この結果、セレウコスはシリアを獲得することになり、海辺（ピエリア）のセレウケイア、次いでオロンテース河畔のアンティオケイアを建設し、このアンティオケイアに、アンティゴノスが建設していた近くのアンティゴネイアの住民を移した(9)。

そこで、セレウケイア建設の時期に関しては、前述の経緯において、前三一二年頃から前三〇一年頃、ないし少し後までの期間が考えられる。W.Orth は、その期間における諸家の見解をほぼ三時期に分けて整理している(10)。第一は前三一一年より少し後、第二は前三〇六／五年頃、第三は前三〇一年以後である。ここでは諸家の論点を逐一取り上げないが、私は前三〇六／五年頃と想定している。以下はその理由である。

セレウコスがセレウケイア建設に着手する余裕を持ちえたのは、チャンドラグプタと和解し、バビュローニアに帰還してからであろう。そして建設を意図した理由として、まず前三〇六／五年に有力ディアドコイに倣い、セレウコスも「王」と称したことから王都を必要としたこと、ことにアンティゴノスがシリア支配の拠点としてオロンテース河畔にアンティゴネイアを建設した（前三〇六年）ことは、対抗意識を掻き立てられたとみてよかろう。このアンティゴネイアについて、ディオドーロスは、バビュローンとその東方の上部諸州を監視でき、また下シリアそれにエジプト近くの諸州に目を光らせることができる好条件を備えていた、と表現している（Diod.XX,47,5）。さらに、合わせ考察すべき事由は、カサンドロスはかつてのポテイダイアにカサンドレイアを建設し（前三一六年）、プトレマイオス一世はすでに拠点をメンピスからナイル河口のアレクサンドレイアに移しており（前三一三年頃）、リューシマコスはトラキアのケッロネーソスにリューシマケイアを建設していた（前三〇九年）。これらディアドコイは、すでに支配者としての拠点を確実にしていたということができる⑾。要約すれば、前三〇六／五年頃、メソポタミアの大部分とバビュローニア、その東方バクトリアにいたるまでを支配下においたセレウコスは、かれの王国の拠点として、古都バビュローンではなく、大都市構想のもと、新たにセレウケイアを建設したということができる。王国の主要都市となったオロンテース河畔のアンティオケイア、あるいはシリアのテトラ・ポリスは、前三〇一年にシリアを獲得した結果、地中海との連結性をふまえた、この地域の政治、経済上の重要性から発展したものである。

このティグリス河畔のセレウケイア建設に際しては、マケドニア人、ギリシア人その他の新規植民者だけでなく、近隣の原住民も取り込まれたであろう。その先例として、ナイル河口のアレクサンドレイアの場合、この地の村落ラコーティスの村民が市域住民にされたことからも分かる（Strab.XVII,1,6:C792）。また、やや事情を異にするとおもわれるが、中央アジアにおける「最果てのアレクサンドレイア」の場合は、ギリシア人傭兵、すすんで建設に参加した近隣の住民、戦闘できなくなったマケドニア人などを入植させ、またキュロスが建設していた三都市の住民を移した、と伝えられている⑿。そこで、セレウケイアの場合、セレウコスを好意的に取り上げた、二世紀後半のパウサニアースによれば、この王は、ティグリス河畔のセレウケイアを建設したとき、バビュローンの住民を一緒に住まわせるため、ここに移住させたが、しかしバビュローンの城壁とベーロス神殿を残し、その神殿周域にカルデア人の居住を認めた、という(Paus.I.16,3)。このようにバビュローンの住民をセレウケイアに移したことも考えられる。しかしバビュローンの全住民ではなく、祭儀を執り行う者たちなどを残し、バビュローンにおける古来からの機能の存続をはかっている。そのことは、後で取り上げるアンティオコス一世の政策からもうかがえる。

セレウコスは、バビュローンに代わり、セレウケイアを王国の主要な貨幣発行所とした。王国の東部においては、ニシビス、スーシアナーのスーサ、メーディアのエクバタナなどにおいても貨幣が製造されている。それにアンティオコス四世時代には、ペルシア湾頭のアンティオケイアも貨幣発行所とされている。しかし、ことにセレウケイアはその規模においてはるかに重要であった(13)。

二　アンティオコス一世とセレウケイア

セレウコス一世の子アンティオコス一世が、父の共同統治者として上部諸州の支配を委ねられたのは前二九四／三年のこととおもわれ、その拠点はティグリス河畔のセレウケイアであった。この時期、セレウコスはシリア支配を固めていたとみられる。アンティオコスは、かれの妻となったストラトニーケーをセレウケイアに伴った。アンティオコスと、父セレウコスの妻であったストラトニーケーの結婚譚は、古代では広く知られていたようであるが、ここでは省略しておく。ともかく、デーメートリオスの娘、すなわちストラトニーケーがセレウコスと結婚していたのが、この度の息子との結婚により、父子の居所を離し、セレウケイアにアンティオコスとストラトニーケーを据えたとみられる。それに、当時セレウコスがデーメートリオスと対立状態にあったことも、ストラトニーケーを東方に移しておく方がよかったとおもわれる。この結婚譚をアッピアーノス、プルータルコスも取り上げているが、前者はアンティオコスを王国の上部地域の王（App.Syr.59:309）、後者はストラトニーケーを上部バルバロイの女王（Plut.Demetr.38.1）と表現している。ここでは、セレウケイアを拠点にしたという表現はない。他方、ディオドーロスによれば、セレウコスは監視下においた敗者デーメートリオスの取り扱いについて、メーディアにいたアンティオコスに意見を求めている（Diod.XX.20）。メーディアは王国東部の重要な地域であり、エクバタナはその拠点であった。したがって、アンティオコスの居所が一定ではなかったことも確かであろう[14]。しかし、次にあげるように、セレウケイアは東方支配の要であった。

前二七六／五―二七五／四年のアッカド語史料によれば[15]、アンティオコス一世と息子のセレウコスを「王たち」、またティグリス河畔のセレウケイアを「王都」と表現している。当時、アンティオコス一世は、長子のセレウコスと共同統治をおこない、おそらくセレウコスがセレウケイアに滞在していたとおもわれる。そのセレウケイアをバビュローニア人は「王都」とみなしていた。次に、そこに記された二年間の事情を取り上げてみる。

前二七六／五年（セレウコス紀年三六年）には、アンティオコス一世は、サルデイスにいたようである。ガラティア人の侵入に対処していたとみてよいであろう。この後、シリアに入り、プトレマイオス二世と対陣した。いわゆる第一次シリア戦争である。バビュローンのサトラプは、衣類、物資、道具？　をバビュローンと王都セレウケイアから、またバクトリアのサトラプは象二〇頭を、シリアの王のもとに送っている。また、将軍はバビュローニアにいた王の軍隊を集め、王を助けるため、シリアに行った。この年、バビュローンと他の諸都市では、貨幣が不足したようで、ギリシアで発行された銅貨を用いた。

前二七五／四年、バビュローニアのサトラプと諸都市に置かれていた王の監督官が、前年にサルデイスの王のもとに行っていたのが、王都のセレウケイアに帰ってきた（アダルの月九日、現在の三月末）。皮革に書かれた、かれらからの伝達がバビュローンの市民に届けられた。一二日にバビュローンの市民はセレウケイアに出ていった。

上記のように、部分的ではあるが、アッカド語史料から、セレウケイアの重要性が読み取れる。前二七五／四年の箇所に関し、S.Smith の解読以来、バビュローンの住民がセレウケイアに移されたと読み取り、それを前述のパウサニアースの記述（Paus.I.16,3）に関連づけようとした。この点、A.J.Sachs ならびに H.Hunger の読みからすれば、そのような解釈に疑問が生じる(16)。なお、アンティオコス一世に関し、かれがバビュローニアの住民に配慮を示したことは、バビュローンのエサギル神殿やボルシッパのエジダ神殿の修復と整備などからうかがえる(17)。

三　アンティオコス三世とセレウケイア

アンティオコス三世の時代、その登極時におこった、いわゆるモローンの反乱から、ティグリス河畔のセレウケイアにおける情況の一端がうかがえる。まずモローンの反乱を取り上げてみたい。

アンティオコス三世は、前二二三年、二〇歳くらいのとき、兄セレウコス三世が突然暗殺されたので、宰相ヘルメイアスの実権下で王位についた。間もなく、メーディアのサトラプに任命されていたモローンが、ペルシスのサトラプであった兄弟のアレクサンドロスとともに反乱をおこした。また小アジアではアカイオスが反乱をおこしたが、これについては省略する。

前二二二年にモローンは反乱をおこすと、バビュローニアに侵入して、対陣したゼウクシスを負かし、またセレウケイアのエピスタテース（epistatēs）であったディオメドンを追い出し、この都市を占領した。次いで、エウローポスにいたるパラポタミア、ドゥラなどのメソポタミアを支配した（Poly.V,48,11-16）。このとき、かれは王と称したようである(18)。しかしモローンはアンティオコスの反撃で、アッポローニアにおける戦いで敗れた。その後、アンティオコスは次のようにセレウケイアに対処した。

アンティオコスは、セレウケイアを穏やかに取り扱った。しかし冷酷なヘルメイアスは、セレウケイア市民を咎め、一〇〇〇タランタの科料を課し、都市のアデイガネス（adeiganes）たちを追放に処し、多くのセレウケイア市民に殺戮と拷問でもって危害を加えた。アンティオコスはヘルメイアスを説得し、また自身で処理にのりだし、科料を僅か一五〇タランタに下げたりして、長い間かかって市民を宥和した(Poly.V,54,9-11)。またアンティオコスは、メーディア、スーシアナー、エリュトラ海地域に新しい指揮官を置き、支配を強化した。こうした一連の経過のなかで、セレウケイアにおけるエピスタテース、アデイガネスといった用語があげられている。次にこの二つを取り上げてみたい。

まず、エピスタテースであるが、セレウケイアのエピスタテースであったディオメドンなるものがモローンに追い出されたということである。この語は、セレウケイア以外の都市でもみられ、王から都市に派遣された「都市監督官」といってよいであろう。碑文では、メーディアのラオディケイア、ピエリアのセレウケイアの両都市にみられる(19)。ここで、これら二つの碑文を簡単に紹介しておきたい。ラオディケイアの場合、アンティオコス三世が王妃のラオディケー崇拝を要請した王令で（前一九三年）、それはまずサトラプ（ストラテーゴス）のメネデーモスに伝達され、それをメネデーモスがエピスタテースのアッポロドーロスに連絡するという形式をとっている。ピエリアのセレウケイアの場合、セレウコス四世が、宮廷序列で「名誉朋友」のアリストロコスをこのセレウケイアの市民に推挙した王令で（前一八六年）、エピスタテースのテオピロスと都市の執政官たち（アルコンテス）の両者に宛てられている。これらの碑文は、ほぼ同じ時期であることから、当時、エピスタテースが王国内の各都市におかれていたとみられる。それは、都市建設の時期にまで遡れるかも知れない。また、先にあげたアンティオコス一世時代のアッカド語史料（前二七五／四年）では、王の監督官（paqudu）と表わされており、旧来のオリエント都市にも派遣されていたことがうかがえる。

次にアデイガネス（adeiganes）であるが、ポリュビオスがあげているこの語は、かれの記述以外には見当らない。また、写本は一致してアデイガネスである。したがって、近代におけるポリュビオスの『歴史』の編集過程から、その語意が問題視され、オリエントの語彙から語源が追究されてきた(20)。

ところが、P.Rousselが海辺の（ピエリアの）セレウケイア出土のギリシア語碑文について、解説を試みたとき、その補遺において、アデイガネスをペリガネス（periganes）の語意に関連づけた。それは説得的な指摘とおもわれる(21)。ペリガネスなる語については、ストラボーンとヘシュキオスの説明に見出だせる。ストラボーンによれば、テスプロートイ、モロットイの両部族間では、老齢の男性をペリオイと呼び、マケドニア人の間でも、同様であるといい、これらの人々は貴顕の人たちをペリゴネスと呼び、それはラコーニア人やマッサリア人のゲロンテス（長老会）という呼び方に似ている、としている（Strab.VII,fg.2）。また、ヘシュキオスによれば、ペリガネスとは、敬意を払われた人々、つまり長老の意で、シリア人の間における評議員のこととしている（Hesychios,s.v.Periganes）。また、後代のティグリス河畔のセレウケイアの政情を取り上げたタキトゥス、プルータルコスも、後述するようにこの都市の「元老院」について触れている（Tac.ann.VI,42;Plut.Crass.32）。これらから、ティグリス河畔のセレウケイアにおけるマケドニア人植民者の伝統的権能がうかがえるのである。

次にアンティオコス三世時代の一つのギリシア語碑文を取り上げてみる。小アジアにおけるマイアンドロス河畔のマグネーシアでは、アルテミス・レウコプリュエーネー祭関係の碑文が多く出土している。その一つに、前二〇五年頃、この祭典への参加を承諾したペルシスのアンティオケイアの市民決議がある(22)。ここで問題にしたいのは、その碑文の最後に、この都市以外に祭典参加を承諾した都市名があげられていることである。その筆頭にティグリス河畔のセレウケイア、次いでセレイアス河畔のアパメイア、エリュトラ海岸のセレウケイア、エウライオス河畔のセレウケイア、その後に都市名、場所を判読できないものが続き、すべて一一都市と推定できる。これらは、ギリシア人植民の都市ゆえ、マグネーシアから祭典参加を求められたということができ、またティグリス河畔のセレウケイア以東の都市とみることができる。したがって、当時、ティグリス河畔のセレウケイアはギリシア人植民都市として東方で重きをなしていたといえるであろう。

四　アンティオコス四世以後とセレウケイア

アンティオコス三世は、ローマとの戦いで敗れ、前一八八年の「アパメイア条約」によって小アジアの殆どの領域を失った。また、東方では、バクトリア、パルティアが再び独立態勢を強めていた。このアンティオコスのあとは、セレウコス四世、そしてアンティオコス四世が王位を継いだ。この時期になると、シリアからバビュローニアにいたる地域は、セレウコス朝の威信をかけた領域であった。アンティオコス四世は、オロンテース河畔のアンティオケイアを整備し、この都市を有数の都市として古代世界に印象づけようとしたようである(23)。

おそらく、ティグリス河畔のセレウケイアについても、アンティオコス四世は何らかの方策を講じたと推定できるが、確証はない。前一六六年九月の日付で、かれはバビュローンの都市の建設者とされている(24)。これは、アンティオコス四世がすすめたオリエント都市のヘレニズム化政策の一環であろう。なお、プリーニウスによれば、アンティオコス四世とおもわれるが、かれはティグリス・エウラエウス両河の河口で、水害により破壊されていたアレクサンドレイアをアンティオケイアとして再建している（Plin.NH.VI.138-9）(25)。また、プリーニウスの記述からすれば、アンティオコス四世は ペルシア湾頭の支配を強化しており（Plin.NH.VI.152）、ペルシア湾、バビュローニア、シリアといった連結ラインを強化しようとした、とおもわれる。これに伴い、セレウケイアの重要性はいっそう高められたとみてよかろう。

アンティオコス四世後のセレウコス朝は、王家の内紛、それに東のパルティアからの圧迫などで衰退した。それでも、シリアからバビュローニアにいたる地域の支配に精力を注いだ(26)。

ディオドーロスによれば、アンティオコス四世は、ミレートス出身のティマルコスをメーディアのサトラプにおいたが、この王の没後、かれは反乱を起こして王と称し、ティグリス河畔のセレウケイアを一時占領した、と伝えている（Diod.XXXI.27a）。他方、アッピアーノスによれば、ティマルコスはバビュローニアのサトラプであったとしている（App.Syr.45:235）。これは、かれが王国東部、つまり上部諸州の長官として、セレウケイアに拠点をおいた、ということかも知れない(27)。ティマルコスは、メソポタミアまで勢力を拡大したようである。ユスティーヌスはティマルコスを「メーディアの王」とあげており（Just.Epit.Prol.34）、また前一六二―一六〇年頃、エクバタナ、ティグリス河畔のセレウケイアで発行した貨幣では「大王」と銘文した(28)。

しかし、すぐに（前一六一／一六〇年頃）デーメートリオス一世がティマルコスを倒し、バビュローニアからユーフラテス川の東方を掌握した。かれは「救済者」と称され、それがエピセットとなった（App.Syr.47:242）。このあと、デーメートリオス一世はアレクサンドロス・バラスに倒された。前一四八／七年頃になると、パルティアのミトリダーテース一世がメーディアを、エリュマイスの支配者カムニスキレスがスーシアナーを奪っている(29)。そこで、デーメートリオス一世の子デーメートリオス二世は、パルティアの勢力を阻もうとしたが、ミトリダーテースに敗れ、捕虜になった（前一四〇／一三九年）。

前一四一年六月には、ミトリダーテース一世がバビュローニアに侵入して、バビュローンとセレウケイアを占拠した(30)。デーメートリオス二世の軍隊によって王に推された弟のアンティオコス七世は、パルティア王になっていたプラアーテース二世にたいして進軍した（前一三一年）。アンティオコス七世はバビュローニア、セレウケイアを奪回し、メーディア、スーシアナーに進んだ。これにたいして、プラアーテース二世は、捕らえていたデーメートリオス二世を放ち、アンティオコスに対抗させようとした。アンティオコスは兵力において勝っていたが、前一二九年春、拙策のためプラアーテースに敗北した（Just.Epit.XXXVIII,10）。この結果、パルティアはメーディア、スーシアナー、バビュローニアを掌握することになった。以後、セレウケイアは再びセレウコス朝の支配に戻ることはなかった。

むすびにかえて

ティグリス河畔のセレウケイアに関する記述は、殆ど断片である。ナイル河口のアレクサンドレイアに関するポリュビオスの記述（Polyb.XXXIV.14:Strab.XVII.1.12:C797）などを手掛かりにすると、ある程度の社会事情を類推できるかも知れない。しかし、ここでは取り上げないでおく。セレウコス朝以後、セレウケイア事情を知る貴重な史料としてヨセフスとタキトゥスの記述がある。次に両史料をあげ、むすびにしておきたい。

ヨセフスは『ユダヤ古代誌』のなかで、後三五／三六年頃のバビュローニアにおけるアシナイーオスとアニライーオスの兄弟の盛衰物語を述べ（Joseph.AJ.XVIII,314-370）、その後セレウケイアに移り住んだユダヤ人を取り上げるに際して、セレウケイアの事情に触れている。つまり、当時のセレウケイアでは、多数のマケドニア人、かなりの数のギリシア人、それに自治権をもったシリア人が居住していた。そしてギリシア人とシリア人は絶えず争っていたが、ギリシア人が優勢であったという。この都市に入ったユダヤ人は、五年後に勢力争いに巻き込まれて五万人が殺害され、あるものはクテーシポーン に逃れたという（Joseph.AJ.XVIII,372-378）。ユダヤ人殺害の人数などについては、検討の余地があるかも知れないが、しかし当時のセレウケイア住民の情況を知る重要な手掛かりを与えている。なお、セレウケイア人はパルティア王の権威を認めなかったという表現もあるが、それは次にあげるタキトゥスの記述にも通じる。

タキトゥスは『年代記』のなかで、後三六年、勢力をえたパルティアのティリダーテースがメソポタミアで、マケドニア人の建設によるギリシア名の町々などを占領したことをあげ、セレウケイアについては次のように表現している。この強力な市は、城壁に囲まれていて、創建者セレウコスの意図を忠実に保持し、野蛮な慣習に一度も陥ったことはない。財力と見識によって選ばれた三百人が元老院を構成し、民衆自体も権限を有している。これら両者が協調しているときには、パルティア人は無視されている。しかし両者に対立がおこると、いずれの側も救援者を呼び込むが、一方に呼ばれた部外者がすべての者を支配することになる（Tac.ann.VI,42：国原訳参照）。たしかにパルティアの勢力下において、自治都市セレウケイアの政情は決して安定したものではなかったが、タキトゥスによるこの都市の評価がうかがえるのである。

【註】

（1） Streck.M.s.v.Seleukeia am Tigris.Paulys Realencyclopädie der classischen Altertumswissenschaft, Bd.IIA,1,(München,1921), 1149-1184.

（2） Downey,S.B.,s.v.Seleucia on the Tigris,The Oxford Encyclopedia of Archaeology in the Near East,(Oxford, 1997),Vol.4,513-514;Simpson,St.J.,s.v.Ctesiphon, ibid.,Vol.1, 77-79. 拙稿：「ティグリス河畔のセレウケイア（Ⅰ）—テル・ウマル（Tell ʻUmar）とヘーローオン（hērōon）—」『人文論究』（関西学院大学人文学会）L - 4,(2001), 29-40;「ティグリス河畔のセレウケイア（Ⅱ）—セレウコス朝期における役人の印章—」『人文論究』（関西学院大学人文学会）LI-3,(2001),54-65.

（3） Strabon, XVI, 1, 9(C739-740); Arrianos, anab.VII, 7, 3-7.

（4） Herodotos,I,189; Xenophon, anab.II,4,25; Strabon,II,1,26(C80); XVI,1,9(C739-740).

（5） Arrianos, anab.VII,8,1-11,19; cp. Plutarchos,Alex.LXXI,1-9;Diodoros,XVII,109,1-3; Curtius,X,2,12-4,3;Justinus,Epit.XII,11,1-12,10.

（6） Müller, C., Geographi graeci minores,Vol.1,(Paris,1855), Prolegomena LXXX-XCV, 244-256; Schoff, W.H., Parthian Stations, (London, 1914); Jacoby, F., Die Fragmente der griechischen Historiker, 3. Teil C,(Berlin-Leiden, 1958), Nr. 781; Sperri, W., s.v.Isidoros(Nr.5), Der Kleine Pauly,(Stuttgart,1987), 1461; Schuol, M.,Die Charakene(Oriens et Occidens I),(Stuttgart, 2000),115-118.

（7） Appianos,Syr.58(300-307); Brodersen, K., Appians Abriss der Seleukidengeschichte(Syriake 45, 232-70, 369),(München,1989), 165-167.

（8） Grayson, A.K., Assyrian and Babylonian Chronicles(Texts from Cuneiforms Sources 5),(Locust Valley, New York, 1975), No. 10, Pl. XVIII; Diodoros, XIX, 91, 1-2.

（9） Mehl,A.,Seleukos Nikator und sein Reich,(Louvain,1986);Grainger,J.D., Seleukos Nikator,(London,1900);Billows,R.A.,Antigonos the One-Eyed and the Creation of the Hellenistic State,(University of California Press,1990).

（10） Orth,W.,Die Diadochenzeit im Spiegel der historischen Geographie(Kommentar zu TAVO-Karte BV 2 “Diadochenreiche (um 303 v.Chr.)”,(Wiesbaden,1993),135-136.

（11） Hölbl, G., Geschichte des Ptolemäerreiches,(Darmstadt,1994), 27-28,285, Anm.78; Lund,H.S., Lysimachus,(London,1992),64,223, n. 39, 174-177, 251, n.70-252, n. 81; Orth,W., op.cit.,16-17; Grainger, J.D., op.cit., 100-102.

（12） Arrianos,anab.IV,1,3-4;4,1;cp.Curtius,VII,6,13;6,25-27;7,1;Justinus,Epit. XII,5,12.

(13) Newell,E.T.,The Coinage of the Eastern Seleucid Mints from Seleucus I to Antiochus III,(New York,1938;repr.with additions and corrections, 1977); Le Rider,G.,Séleucie du Tigre. Les monnaies séleucides et Parthes,(Firenze, 1998); Mørkholm, O., ed. by P. Grierson and U.Westermark, Early Hellenistic Coinage,(Cambridge,1991),178.

(14) Briant, P.,The Seleucid Kingdom, the Achaemenid Empire and the History of the Near East in the First Millennium BC, in: Religon and Religious Practice in the Seleucid Kingdom, ed. by P. Bilde, T. Engberg-Pedersen, L. Hannestad, and J. Zahle, (Aarhus University Press, 1990), 48-52.

(15) Sachs, A. J. and Hunger, H., Astronomical Daiaries and Related Texts from Babylonia,Vol.I,(Wien,1988), No. -273, Pls. 60-61; Smith, S., Babylonian Historical Texts,(London, 1924), 150-159,Pl.XVIII.

(16) Kuhrt, A.,The Seleucid Kings and Babylonia: New Perspectives on the Seleucid Realm in the East, in: Aspects of Hellenistic Kingship, ed. by P.Bilde, T. Engberg-Pedersen, L. Hannestad, and J. Zahle,(Aarhus University Press, 1996), 45-46; cp. Shrwin-White, S., Seleucid Babylonia: a case study for the installation and development of Greek rule, in:Hellenism in the East, ed. by A. Kuhrt and S. Sherwin-White,(London, 1987), 19.

(17) Sachs, A. J. and Hunger, H., op.cit., No.-273, 38; Kuhrt,A. and Sherwin-White, S., Aspects of Seleucid Royal Ideology: the Cylinder of Antiochus I from Borsippa, The Journal of Hellenic Studies, 111(1991), 71-86.

(18) Newell, E. T., op.cit., 85-86, 204-205.

(19) メーディアのラオディケイア：Robert, L., Inscriptions séleucides de Phrygie et d'Iran, Hellenica, 7(Paris, 1949), 5-20; Id., Encore une inscription grecque de l'Iran, Comptes rendus de l'Académie des inscriptions et belles lettres, (1967), 281-296; Austin, M.M., The Hellenistic World from Alexander to the Roman Conquest:A Selection of Ancient Sources in Translation,(Cambridge, 1981), No. 158. ピエリアのセレウケイア：Welles,C.B.,Royal Correspondence in the Hellenistic Age(=RC),(New Haven,1934), No. 45; Jalabert, L. et Mouterde, R., Inscriptions grecques et latines de la Syria(=IGLS), III,2,(Paris, 1953), N°1183; Austin, M.M., op. cit., No. 176.; Cohen, G.M., The Seleucid Colonies,(Wiesbaden, 1978), 80-81. アリストロコス：Savalli-Lestrade, I.,

Les Philoi royaux dans l'Asie hellénistique,(Genève, 1998), 42-44.

(20) Streck, M., op. cit., 1163-1164.

(21) Roussel, P., Décret des péliganes de Laodicée-sur-mer, Syria,23(1942-3), 31-32; IGLS,IV,(Paris,1955), N°1261, 22; Liddell and Scott, A Greek-English Lexicon(New Edition), s. v. adeiganes; Suppl., s.v. periganes; Walbank, F. W., A Historical Commentary on Polybius,Vol.I,(Oxford, 1959), 583; Cohen, G. M., op. cit., 80.

(22) Dittenberger, W., Orientis graeci inscriptiones selectae(=OGIS),Vol. I, (Leipzig, 1903), No. 233; Rigsby, K. J., Asylia,(University of California, 1996), No. 111; Austin, M. M., op. cit., No. 190; Burstein, S. M.,The Hellenistic Age from the battle of Ipsos to the death of Kleopatra VII: Translated Documents of Greece and Rome 5,(Cambridge,1985), No. 32,; cp. RC, No. 31.

(23) Strabon, XVI, 2, 4(C750); Malalas, Chronographia, (Bonn ed., 1831), 205; Downey, G., A History of Antioch from Seleucus to the Arab Conquest,(Princeton, 1961), 99-107; Mørkholm, O., Antiochus IV of Syria,(København, 1966), 118.

(24) OGIS, No. 253; Mørkholm, O., ibid., 100, n. 48, 117-118; Burstein, S. M., op. cit., No. 41.

(25) Mørkholm, O., ibid., 167-169; Schuol, M., op. cit., 106-109, 267-268.

(26) Habicht, C., The Seleucids and their rivals, The Cambridge Ancient History, Vol. VIII,(Cambridge,1989), 356-373.

(27) Bengtson, H., Die Strategie in der hellenistischen Zeit,Bd.II,(München,1944), 86-88.

(28) Le Rider, G., Suse sous les Séleucides et les Parthes,(Paris,1965),332-334; Houghton, A., Timarchus as King of Babylonia, Revue Numismatique, 21(1979), 213-217.

(29) Le Rider, G., ibid., 340-345, 349-354.

(30) Le Rider, G., ibid., 363-364.

第二章
エジプトは『折れた葦』か？
――前一千年紀のエジプト史再考に向けて――

藤井信之

はじめに

見よ、あなたはかの折れかけている葦のつえエジプトを頼みとしているが、
それは人が寄りかかるとき、その人の手を刺し通す。
エジプトの王パロはすべて寄り頼む者にそのようにするのだ(1)。

『折れた葦』。旧約聖書の「イザヤ書」を出典とするこの言葉は、衰退する老大国エジプトを象徴するものとして、

アメリカのエジプト学者ウィルソンが用いたものである(2)。新王国時代(第一八王朝―第二〇王朝)のエジプトは、北はシリア・パレスティナ、南はヌビアへと版図を拡大し繁栄を極めた。しかしその後は、国土の分裂と幾度かの異民族支配を経験することになる。この激動の時代を、エジプト学者は第三中間期(第二一王朝―第二四王朝)と後期王朝時代(第二五王朝―第三一王朝)に時代区分して呼んでいる(3)。新王国の終焉は前一〇七〇年頃、アレクサンドロス三世(大王)のエジプト到来は前三三二年のことであるから、この間およそ七五〇年を閲したことになる。しかしながら、古代エジプト史の概説では、新王国の終焉までのおよそ二千年に大半の頁が割かれ、この前一千年紀のエジプトについては、書物の末尾で簡単に扱われることが多い。そしてそこでは、文化の停滞あるいは形骸化と共に、老大国が外圧に苦しみながら緩やかに衰亡してゆく様が語られるのである。

しかし七五〇年にも及ぶ長い期間を衰退期とする、この一般化したエジプト史の見方に問題はないのであろうか。このあまりに過ぎた衰退史観が、この時代に見られる歴史事象の解釈を誤らせてはいないだろうか。あるいは、この史観にそぐわないとして捨象されてしまったものはないだろうか。この小稿では、このような問いを念頭におきながら、これまでの研究の問題点を指摘し、前一千年紀のエジプト史に如何にアプローチすべきか、その方法を論じて、等閑に付されがちなこの時代の研究意義を明らかにしてゆきたい(4)。

一　衰退史観の背景

前一千年紀のエジプト王国に関する衰退史観は、どの様にして導き出されてきたのであろうか。それは、二つの対比からきているように思われる。一つは、周辺諸地域、特にメソポタミアを中心とする西アジアの諸王国との対比である。この時代のエジプトは、クシュやアッシリア、それにペルシアなどの異民族による侵略が続いた。こうした対外的劣勢に抗する手段も、新興のギリシア人傭兵を頼むしかなかったことが強調される。もう一つは、新王国までのエジプトとの対比であり、この対比から確認される諸変化を王国衰退の根拠とするものである。この点では、先のウィルソンも強調していることであるが、擬古主義（アルカイズム）の隆盛に象徴される文化の停滞が挙げられる(5)。さらに、宗教の堕落と理解されることもある聖獣信仰の隆盛を挙げることもできる。また社会の変化として、王権の世俗化と神官勢力の拡大、世襲制の浸透による社会の硬直化、エジプト内への異民族の定住などが挙げられる。

しかしこれらの衰退論、なかでも新王国後の社会の変容に基づく衰退論は、新王国後のエジプトを長い衰退期と措定したことから、それを裏付けるために提示されてきたという一面があるように思われる。ウィルソンの議論にその典型を認めることができると考えるが、一般にエジプトの社会や文化の発展はアマルナ時代に頂点に達し、以後は停滞あるいは衰退していったとされる。このようなエジプト王国の意義が、聖書世界の起源となったヘブライ人の文化や西洋の起源と位置づけられるギリシア人の文化との関係で論じられた。その結果、エジプトはアマルナ時代まで発展したが、その後は停滞あるいは衰退し、更なる発展は新興のヘブライ人やギリシア人によって担われたとされるのである(6)。このような歴史観のなかで、新王国後のエジプト社会に観察される諸事象を、エジプトの停滞あるいは衰退と結びつけて考えてきたのではないだろうか。

このように、新王国以降緩やかに衰退しヘレニズム時代に至るという歴史観は、エジプト学が西洋の研究者によって主導されてきたことと無関係ではないように思われるのである。エジプト史には、彼ら西洋人の問題意識に基づいて書かれてきた面があるのではないだろうか。彼らにしてみれば、ギリシアや聖書との関係といったエジプトと西洋との関係が重要で、また評価されるべき点であった。従って、ギリシアやヘブライの文化興隆が認められる以前の新王国時代までが注目された。その後この両者は、エジプトはじめその他オリエント(7)諸地域から先進文化を主体的に選択受容し、独自の文化を発展させていった。西洋近代に流れ着く西洋史の説明軸は、オリエント世界を離れ古典期を中心とした古代ギリシアへ、そしてギリシア世界の拡大期としてのヘレニズム時代へと移され、さらにギリシアの後継者と位置づけられ、キリスト教を国教とすることになるローマ帝国へと移される。このように、前一千年紀はギリシア世界の興隆と拡大が主要なテーマとされてきた時代であった。こうした問題意識と歴史観が優先するなか、興隆するギリシア世界との対比で、衰退するオリエント世界という歴史像が構築されてきたのである。新王国後のエジプトの衰退、及びギリシア＝ペルシア戦争（所謂ペルシア戦争）[8]後のアケメネス朝の衰退は、西洋人が創り出した「古代オリエント→古代ギリシア・ローマ→中世ヨーロッパ→近代」、といった西洋史の枠組みに整合性を持たせる解釈であることに注意が必要である。また、「かつては進んでいたが、今は西洋に学ばなければならないオリエント（古代におけるヘレニズム時代と帝国主義時代以降の西洋化）」が読み込まれているとも考えられる。

近年、オリエンタリズム批判が盛んになったこともあり、ギリシアが対峙していたアケメネス朝ペルシアに関しては再考が進んでいる[9]。しかし、このアケメネス朝から一時独立するなど、オリエント世界にあって独自の道を歩んだ前一千年紀のエジプトについては、未だに研究が進んでいないのである。前一千年紀のエジプト史再考は、西洋古代史における西洋中心史観を克服し、さらには西洋史や世界史といったより大きな歴史の枠組みの再考をも射程内に捉えた重要な研究課題と言えるのではないだろうか。

二　古代オリエント・ギリシア史の枠組み

前節での検討から、前一千年紀のエジプト史再考は、オリエントからギリシアへという説明軸の移行を伴わない歴史の枠組みを設定し、その中にエジプト史を位置づけることによってなされなければならないであろう。それでは、古代オリエントから古代ギリシアへといったこれまでの西洋史的な説明から一度離れてみるとして、代わりにどの様な説明が可能であろうか。以下では一つの案として、前一千年紀のオリエント・ギリシア世界を、「前一二〇〇年のカタストロフィ」以降の再編期と、それに続くこの世界の周縁から起こった帝国化の動きとして捉えて概観してみる。そしてこの作業を踏まえて、前一千年紀のエジプト史を再考する視座を提示しようと考える。

古代オリエント世界の中心は、ナイル河畔のエジプトとティグリス・ユーフラテス両河地方のメソポタミアであった。メソポタミア南部のシュメール地方に興った文化は、アッカド・バビロニア地方からシリア、アナトリアへ、また東はエラムへと広がった。エジプトの文化も北はパレスティナからシリアへ、南はヌビアへと広まっていった。そしてこのオリエントの文化は地中海を渡り、やがてギリシア方面にも影響を与えていった。エジプトの文化もシュメールに興ったメソポタミアの文化も、各地で主体的に選択受容され、それぞれの地で独自の文化を発展させていった。そしてこれらの諸地域では種々の王朝の興亡をみながら、やがて前十五世紀頃には「アマルナ世界」と呼ばれる一つの国際社会を形成するに至る。この「アマルナ世界」は、エジプト新王国、ヒッタイト新王国、ミタンニ王国（後にアッシリア王国が取って代わる）、カッシート朝バビロニア王国の四強国を中心とした国際関係で結ばれた世界で、これらに加えて小アジア南西部に位置したと推測されるアルザワ、キプロスのアラシアなど、アマルナ文書に現れる国々から成る(10)。そして「アマルナ世界」の周縁に位置したミュケーネ時代のギリシアも、このオリエント世界の国際社会と政治的、経済的、文化的に密接な関係を持つに至っていた(11)。しかし、このギリシアからオリエント世界までを包含する国際社会は、前一二〇〇年頃に崩壊する(12)。所謂「前一二〇〇年のカタストロフィ」である。

前一千年紀のオリエント・ギリシア世界は、このカタストロフィ後の再編過程にあった。オリエント世界では四強国が衰退、あるいは滅亡し、民族移動の波に洗われた。地中海沿岸地方に大きな影響を与えた「海の民」。アッシリアやバビロニアに大きな影響を与えたアラム人。パレスティナに大きな影響を与えたヘブライ人。そしてエジプトに大きな影響を与えたのがリビア人であった。また国際秩序の崩壊が交易路を寸断し、銅や錫の供給を困難とし、代替金属の必要性を生じさせた。このことがヒッタイト王国崩壊による製鉄技術の拡散と相俟って、オリエント世界を徐々に鉄器時代へと移行させ、オリエント世界の政治や経済そして社会のあり方を変えていった。またギリシア世界も、カタストロフィ後の「暗黒時代」からアルカイク期にかけて徐々に鉄器時代へと移行し、ポリスを成立させるなどして、その社会を一変させていった(13)。エジプトで第三中間期と呼ばれるリビア系の人々による支配が続いた前一千年紀前半とは、カタストロフィ後に生じた諸要因に基づいて、それぞれの地方が新しい存立のあり方を模索していた再編期にあたっていたのである。

やがて前一千年紀の中葉になると、新しい国際秩序が模索され、オリエント世界全体の再編が進んでいった。それは政治的な統合を目指すものであり、帝国の出現をみることになる。このオリエント世界統合の動きは、古代オリエント世界の基幹となってきた文化発祥の地ではなく、その周縁から起こった。最初の動きは、比較的早く古代オリエント文化の洗礼を受けた南と北から、そして次に東と西から起こった。最初の動きとは、ヌビアに興ったクシュ王国と両河地方北辺に所在したアッシリアの拡大である。クシュはエジプトを征服（第二五王朝）すると北進してパレスティナへ進出したが、バビロニア、シリアを抑えて南下してきたアッシリアと対立して敗退した。しかしアッシリアの覇権は長く続かず、オリエント世界はエジプト（第二六王朝）、リュディア、メディア、新バビロニアの四国分立時代をむかえる。この頃アルカイク期にあったギリシアは、再びオリエント世界との交流を深め、その文化を発展させていった。

第二の統合の動きは、まずオリエント世界の東方辺境に所在したペルシアより起こり、次には西方辺境のマケドニアから起こった。アケメネス朝ペルシアは、メディア、リュディア、新バビロニアを相次いで滅ぼすと、前五二五年頃にはエジプトを征服（第二七王朝）して四国分立時代に終止符を打った。その後ペルシアは、イオニア地方の反乱にアテネが介入したことに怒り、アテネへ出兵した[14]。ギリシア＝ペルシア戦争の始まりである。この頃、ギリシア世界はアルカイク期から古典期へと移行し、アテネなどのポリスでは民主政がしかれていた。ギリシアはペルシア軍の撃退に成功したが、ペルシアはペロポネソス戦争やコリントス戦争に経済援助を武器に介入し、前三八六年には大王の和約によってイオニア地方の宗主権を確保した。しかし、それに先立つ前四〇四年にはエジプトが独立（第二八王朝―第三〇王朝）し、その再征服が緊要の課題となる。エジプトはスパルタなどと同盟を結びペルシアと対峙していたが、前三四三年にはペルシアがエジプトを再征服（第三一王朝）した[15]。この頃、ギリシア北方辺境にしてオリエント世界の西方辺境にあたる地に興隆したのがマケドニア王国である。マケドニアは、前三三八年のカイロネイアの戦いにテーベ・アテネの連合軍を破ってギリシアに覇権を確立すると、アレクサンドロス三世のもと東方遠征を敢行して、ペルシアを征服した。アレクサンドロス三世のエジプト到来は、その途上の前三三二年のことであった。前一千年紀の後半、それはオリエント世界の周縁に興隆した帝国の時代であり、エジプトはメソポタミアの中核地帯であるシュメール・バビロニア地方と同様に、服従と独立を繰り返していたのである。

三　前一千年紀のエジプト史再考の視座

先に挙げた新王国後のエジプト社会にみられる諸事象は、確かに否定的に考えなければならないような例が多い。しかし、視座の転換によって再考は可能であるように思われるし、むしろ必要であるとも思われる。この小稿において、議論の対象となってきた諸事象を一つ一つ検討することはできない。ここでは、これからの研究の基礎となる前一千年紀のエジプト史を考える視座を提示しておきたい。

歴史学では、かつて否定的にみられていた時代が見直されるということがしばしばある。例えばピーター・ブラウンによる古代末期論は、三世紀以降の地中海世界を衰退期とせず、新しい時代の胎動期と位置づける(16)。またギボンの『ローマ帝国衰亡史』(17)にみられるようなローマ帝国の衰退史観は、ビザンツ学の成立と発展でもはや支持されることはないであろう。今やその版図の違いから、トラヤヌス治下の帝国とバシレイオス二世治下の帝国を比較して、後者の時代を衰退期と論じる者はいないであろう。全く異なる歴史世界に存立した帝国を比較しても意味がないからである。今や帝国のギリシア化などの変容を、以前と対比して衰退と捉えることもないであろう。四世紀以降のローマ帝国史は長い衰退の歴史としてではなく、新しい歴史世界のコンテクストの中に位置づけられて再考され、その結果、成立し発展し衰退した一つの帝国の歴史と認識されるに至った。大切なことは、こうした視座の転換のおかげで、衰退史観からは見ることができなかった帝国の諸相が見えてきたことであり、それにより帝国に関する理解がよりいっそう深まったことである。そして社会の変化やその中での人間の生き様、さらには歴史の見方に関する理解も深まったのである。

エジプトの第三中間期は、「前一二〇〇年のカタストロフィ」以降のオリエント・東地中海世界の再編期にあたっていた。そしてその後の後期王朝時代は、帝国の時代にあたっていた。前一千年紀のエジプトは、新王国までのエジプトとは異なった歴史世界の中で存立していたのである。この点を踏まえるなら、性格の異なる国家へと変貌を遂げていたのはむしろ当然であった。変容も存立を保っていくためには不可避であったはずだからである。そうであるなら、王国の変容も肯定的に捉えることができる部分も出てくるのではないだろうか。いずれにしても、ナイル河畔の内も外も、存立の条件が異なるのであるから、新王国までのエジプトとの対比はそれほど意味をなさないであろう。従って、新王国後のエジプトを安易に衰退期とすることもできないはずである。なぜなら「衰退」は、比較対象があっての判断であり、この場合は、新王国までのエジプトと比較して判断されてきたからである。新王国後のエジプトは、前一千年紀のオリエント世界や東地中海世界の中で、そのコンテクストの中に位置づけて考察されなければならないだろう。この時代のエジプト社会にみられる諸事象も、変容したエジプト社会と連関させて検討してゆかなければならないであろう。このような立場に立って考察を進めるならば、我々は画一的な衰退史観から脱することができるだけでなく、聖書やギリシアという西洋世界との関係で位置づけられてきたエジプト史を、広く世界史の中に布置することも可能となろう。

四　前一千年紀の対外関係

前一千年紀のエジプトを衰退期とする見方のもう一つの要因が、西アジアの勢力との関係における劣勢である。しかし、前述した前一千年紀の歴史の枠組みから考えれば、限界はあるにしても、この対比から一概に衰退史観が導き出されるものでもないのではないだろうか。帝国の時代、エジプトは一時的にアッシリアの侵略を許したものの、概ねメソポタミアの勢力から独立していたし、ペルシアにはメソポタミア地方と同様に服従することになった。ここでは簡単に、アッシリア、新バビロニア、アケメネス朝ペルシアとの関係をみておこう。

一般にアッシリアの最大版図として示されるのは、アッシュルバニパル治下のエジプトをも含む版図である。しかし実際には、サイスの王を介したアッシリアによる間接支配は、アッシュルバニパルの治世の初期数年（九年以内と考えられる）のことであり、程なくエジプトはアッシリアへの朝貢を停止して独立した(18)。アッシリアの最盛期といわれるアッシュルバニパルの四〇年を越える長い治世（前六六八―六二七年）の大部分は、エジプトのプサメテク一世のやはり五〇年を越える長い治世（前六六四―六一〇年）の大部分と並行するものだったのである。アッシリアがエジプトを攻撃したのは、エジプトを支配していたクシュ王朝がアッシリア治下のパレスティナの反乱に加担したからである。エジプトがパレスティナに介入しないのであれば、アッシリアとしては無理にエジプトを制圧する必要はなかったし、またそれは国力の許すところでもなかったであろう。実際アッシリアは、プサメテク一世の離反に対し軍を起こしていないのである。しばしば示される最大版図の図は、アッシリアとエジプトの実際以上の力関係を人々に印象づけがちである。

次に新バビロニアとの関係である。サイス朝期（第二六王朝）のエジプト史では、前六〇五年にネカウ二世がカルケミシュで新バビロニアに敗れたことが大きく取り上げられる。しかし、その後新バビロニア軍を二度撃破していることにも注目すべきである(19)。国内の農業生産力に加え、水上戦力に力を入れて海上交通によって諸地域と結ばれた王国は、経済的に大いに繁栄したと考えられる(20)。この時期のエジプトは旧約聖書において否定的に取り上げられることから、その史観の影響を脱することができていないというのが現状で、そのため衰退期という印象を払拭できないでいるのではないだろうか(21)。

アケメネス朝ペルシアとの関係においても、一時的とはいえエジプトは独立を果たし、ペルシア軍を三度撃退してもいる(22)。反乱を繰り返し(23)、また六〇年余りも独立するなどしたエジプトの問題は、ペルシア帝国にとって対ギリシア問題に劣らず重要で深刻な問題であったはずである。前一千年紀後半のオリエント・東地中海世界史は、ペルシアとギリシアの対峙を軸に考えられがちだが、それは我々が西洋人と同様にギリシアの立場に立ってこの時代を見がちだからではないだろうか。あるいは、西洋人が創り出した歴史の枠組みにとらわれているが故、ペルシアとギリシアの関係に比重を置くことになっているのではないだろうか。両者の関係が重要ではないと言うつもりはない。ただこの時期のエジプトはペルシアやギリシアと並んで第三の極を形成し、独自の道を歩んでいたと考えることができるのではないか、ということなのである。それ故、ペルシアとエジプト、ギリシアとエジプトの関係も同様に重要な問題であったと言えるのではないだろうか。

またサイス朝期やペルシアから一時独立していた時期のエジプト軍については、いつもギリシア人傭兵の存在が強調される。ギリシア人傭兵が重要な位置を占めていたのは事実である。しかしここで強調しておきたいのは、そもそもエジプトでは古来より周辺諸民族が傭兵として重用されてきたという事実である。古王国時代のヌビア人傭兵、その後はアジア人傭兵やリビア人傭兵、さらに「海の民」に含まれるシェルデンなども傭兵として用いられた。そしてサイス期以降には、ギリシア人傭兵が重用されることになったのである。ギリシア人傭兵の問題は、エジプト軍制史の中に位置づけて考える必要もあろう。

帝国の時代が過ぎると、オリエント・ギリシア世界はヘレニズム諸王国によって分割支配されることになる。我々は、この時代におけるプトレマイオス朝前半の繁栄にもう少し注目してよいかもしれない。この繁栄は、前一千年紀のエジプトの歴史過程が生んだ果実だった可能性もあるからである。

このようにみてくれば、前一千年紀のエジプトの衰退は自明のものではないことが明らかである。次に節を改めて、プトレマイオス朝史研究の問題点も考えてみよう。

五　エジプト王国としてのプトレマイオス朝

プトレマイオス朝は、学問区分の問題もあって、王朝時代から分断されがちである。ヘレニズム時代については、我が国では西洋古代史として古典学やパピルス学など、ギリシア語史料からの研究が中心となってきた。プトレマイオス朝に関していえば、アレクサンドリアとエジプトの支配層を形成したギリシア・マケドニア人、及びアレクサンドリアとエジプト外のヘレニズム世界の関係などが研究の中心となってきた。それ故ヘレニズム時代の土着社会は、あまり研究されてこなかったと言える。しかしながら近年の我が国のヘレニズム研究では、大戸千之氏の研究に代表されるごとく、土着社会においてヘレニズムとは何であったのか、という視座からの研究の重要性が指摘されているのである(24)。こうしたことから、プトレマイオス朝期についても、土着社会からこの時代のエジプトを検討することが緊要の課題となっていると言えるだろう。また、「プトレマイオス朝研究の重要な柱は、ギリシア人とエジプト人の社会関係の究明である」と述べられることもあるが(25)、この課題を遂行するためにも、この時代の土着社会を知ることが必要である。そのためには、プトレマイオス朝治下の土着社会を伝える史料の検討から、該期の土着社会の実態を明らかにしてゆく努力が必要である。同時に、その社会をよりよく理解するために、どの様にしてヘレニズム時代の社会が形成されてきたのか、その歴史的変遷が検討されなければならない。ヘレニズム時代の社会が、王朝時代の社会と全く断絶したものであったとは考えられないからである。また、ギリシア・マケドニア人による支配の開始という政治的大変化の存在によって、この時代の社会や文化にみられる変化が説明されることが多いと思われるが、前一千年紀を通じての社会や文化の歴史的変遷の検討は、確認される変化がギリシア・マケドニア人支配によるものなのか、あるいは王朝時代の変容の結果なのかを明らかにするだろう(26)。従って、前一千年紀のエジプトの歴史的変遷の中にヘレニズム時代を位置づけて考えなければ、エジプトに生きた人々にとってヘレニズムとは何であったのかは見えてこないということになる。この課題の検討は、ギリシア語史料を中心としたこれまでのヘレニズム時代研究だけでは果たせない、エジプト学の課題でもある(27)。前一千年紀のエジプト史再考は、プトレマイオス朝期にまでその射程をもつ研究課題といえるであろう。

このように見てくると、今後はヘレニズム諸王国をギリシア史の延長としてではなく、古代オリエントに成立した王国として、古代オリエント史のコンテクストの中に位置づけて考察することが重要となってくるのではないだろうか。これは、柘植一雄氏が既に指摘していた課題でもある(28)。こうした立場の研究は、古代オリエント史をギリシア史に流れ込むものとする史観から我々を脱却させ、後のイスラーム世界にも繋がる自立的なオリエント・東地中海世界史の叙述に可能性を開くことにもなるであろう。そのためにも、前一千年紀のエジプト史再考は、緊要の課題となっていると考える。

おわりに

近代西洋において構築された前一千年紀の西洋史像は、西洋の起源と位置づけられたギリシア世界の発展と拡大、それに比して停滞し衰退するオリエント世界、という分かり易い歴史像であった。帝国主義時代における「発展する西洋、停滞する東方世界」といった世界観こそ、サイードが『オリエンタリズム』(29)で批判した「西洋によって創造されたオリエント像」の最たる例であるが、前一千年紀の歴史にも、これが反映されていたように思われる。前一千年紀のエジプト史は、これまでの西洋中心的な視座を転換させ、違った視座から再考されなければならないであろう。

エジプトは『折れた葦』か？　この問いに対して、本稿では一概にその様に言えないのではないか、ということをみてきた。しかし検討を要する課題も多い。それ故まず、前一千年紀のエジプトを考えるにあたっては、問題意識としてこの問いを発し続けることが重要であると考える。本稿では、このことを提起したかった。この場合、本稿で指摘したように、前一千年紀のエジプトは、前一千年紀のオリエント・東地中海世界の中に位置づけて、そのコンテクストの中で考察されなければならないだろう。この時代のエジプト社会にみられる諸事象は、エジプト社会の変容を前提として、それと連関させて検討を重ねていかなければならないであろう。そして滅びゆく王国としてではなく、興亡する王国として考察する必要があるだろう。

今日、我々は世界が一体化した多元世界の中に生きている。このような我々にとって、オリエント・東地中海世界という、より大きな世界に包含されながら存立の余地を探っていた前一千年紀のエジプトは、今日的な問題を内包する興味深い研究対象と言えるのではないだろうか。これまで研究が遅れてきた前一千年紀のエジプト史は、エジプト学の多様な研究課題の中でも重要な研究テーマと言えるであろう。

【註】

（1）「イザヤ書」三六：六。日本聖書協会一九八五年発行の聖書より引用。

（2）Wilson, J. A. *The Burden of Egypt* (Reprinted as *The Culture of Ancient Egypt*), Chicago 1951. 新王国後を取り上げた第一一章が The Broken Reed と題されている。

（3）時代区分の仕方は、研究者によって異なる。第二六王朝以降を後期王朝とするものもある。また以前は、新王国後の第二一王朝以降すべてを後期王朝とすることもあった。第三一王朝は第二次ペルシア支配期を指すが、もともとマネトンの王朝区分にはなく、後世に付加されたものと考えられている。Cf. Waddell, W. G. *Manetho with an English Translation*, London 1940, pp.184-185, n.1. なお本稿では、Late Period を末期王朝ではなく、後期王朝とする。これは末期王朝という用語が、本稿で問題とする衰退史観と深く関わっていると考えるからである。

（４）近年では、文化面を中心にこの時代を再評価しようとする概説もみられるようになった。例えば、Mysliwiec, K. *The Twilight of Ancient Egypt*, Ithaca, 2000; Lloyd, A. B. "The Late Period" in Shaw, I. (ed.) *The Oxford History of Ancient Egypt*, Oxford 2000, pp.369-394.　しかしこれらは、概説という性格から致し方のないことではあるが、この時代を衰退期としてきた背景に注意が向けられていないことから、この時代を全体として捉え直すまでには至っていない。

（５）Wilson, *op. cit.*, ch. 11, esp.pp.294ff.

（６）Wilson, *op. cit.*, ch. 11, esp.pp.309ff.　また、ウィルソンがエジプトの部分を担当した以下の書物も同様である。Frankfort, H. *et al. The Intellectual Adventure of Ancient Man*, Chicago 1946, p.119（H・フランクフォート他〔山室静・田中明訳〕『古代オリエントの神話と思想』社会思想社　一九七八年、一四四―一四五頁）。これに対しヤン・アスマンが、アマルナ時代後のエジプト神学の発展を論じている。しかし、その発展の行き着く先として示されているのは、ヘレニズム時代のギリシア哲学であり、さらには西洋近代の哲学である。新王国後の「文化の停滞」を再考するのに貴重な研究成果であるが、エジプト文化を過度に西洋との関係に還元してしまうと、古代エジプトをギリシアやキリスト教に流れ込むものとする西洋中心史観に陥る可能性もあることに留意する必要があろう。Assmann, J. *Ägypten: Theologie und Frömmigkeit einer frühen Hochkultur*, 2. Aufl., Stuttgart 1991（ヤン・アスマン〔吹田浩訳〕『エジプト　初期高度文明の神学と信仰心』関西大学出版部　一九九七年）; id., "Mono-, Pan-, and Cosmotheism: Thinking the 'One' in Egyptian Theology", *Orient* 33 (1998), pp.130-149（ヤン・アスマン〔吹田浩訳〕「一神教、汎神論、宇宙神教――エジプト神学に『一なる者』を考える」『史泉』八九（一九九九年）、一九―三五頁）。

（７）東方を意味するこの呼称は、西洋よりみたものであることと、「オクシデント」との対比のなかで「オリエント」が負の価値を内包させて用いられていたことなどから、今日その使用を避けようとする向きもある。代わりとして「古代西アジア」が用いられることもあるが、エジプトからヌビア、それにリビアを含めて「古代西アジア」としてよいのかという問題もある。また「西アジア」は、独自の歴史世界を古代から現代まで考えようとするとき、ヨーロッパと峻別できても「東アジア」と対をなしてしまい問題があるようにも思われる。かつて「東洋」・「西洋」とはまた異なる独自の歴史世界として「中洋」なる用語が提唱されたこともあったが、全く普及していない（杉勇『中洋の歴史と文化』筑摩書房　一九九一年、二三―四九頁）。我が国では、イスラーム以前のこの地域の歴史を一般に古代オリエント史と呼んでいるので、ここでは差し当たりオリエントを用いておく。この地域を如何に呼ぶかという問題は、この地域の歴史をどの様に捉えるのかという問題とも関わっており、今後の課題となろう。

（8）ペルシア戦争という呼称はギリシア、ひいては自身の起源をギリシアに求める西洋の立場からのものに過ぎない。ペルシア側に立てば、この戦争は「ギリシア＝ペルシア戦争」である。西洋の立場からみた西洋中心史観の克服が大きな課題となっている今、この呼称の使用は避け、「ギリシア＝ペルシア戦争」とした方がよいように思われる。

（9）一九八三年にはじまった研究会の成果が、*Achaemenid History* と題されて一九八七年から刊行されている。

（10）Cohen, R. and Westbrook, R. *Amarna Diplomacy*, Baltimore 2000.

（11）Güterbock, H. G. "Troy in Hittite Texts? Wilusa, Ahhiyawa, and Hittite History," in Mellink, M. J.（ed.）*Troy and Trojan War*, Bryn Mawr 1986, pp.33-44; Wachsmann, S. *Aegeans in the Theban Tombs*, Leuven 1987; Cline, E. H. "Amenhotep III, the Aegean, and Anatolia," in O'Connor, D. and Cline, E. H.（eds.）*Amenhotep III: Perspectives on His Reign*, Ann Arbor 1998, pp.236-250.

（12）Drews, R. *The End of the Bronze Age*, Princeton 1993.

（13）ただし鉄器時代への移行については、未だ不明な点が多く、議論が絶えない。例えば、高橋裕子「鉄の時代へ」『西洋史研究』新輯三三（二〇〇四年）、九六―一一〇頁を参照。

（14）イオニア反乱の原因については、議論がある。例えば、中井義明『古代ギリシア史における帝国と都市』ミネルヴァ書房 二〇〇五年、四一―七四頁を参照。

（15）Lloyd, A. B. "Egypt 404-332 B.C.," in *CAH*^{2} Vol. VI, Cambridge 1994, pp.345-349.

（16）ピーター・ブラウン［宮島直機訳］『古代末期の世界』刀水書房 二〇〇二年［原書は一九七一年刊行］。

（17）E・ギボン［中野好夫訳］『ローマ帝国衰亡史』ちくま学芸文庫 一九九五―一九九六年（全一〇巻）［原書は一七七六―一七八八年に刊行］。

（18）Kitchen, K. A. *The Third Intermediate Period in Egypt*, Warminster 1996（1st ed. 1972）, p.406.

(19)　前六〇一年と前五六八年に、エジプトはネブカドネツァル二世の攻撃を撃退している。なお、東部デルタ国境に位置するテル・エル＝マスクータの発掘結果は、前六〇一年に新バビロニア軍がこの町を突破した可能性を示している。Cf. Holladay, J. S. Jr. *Cities of the Delta, III, Tell el-Maskhuta*, Malibu 1982, pp.21-23. あるいは新バビロニア軍は、デルタ地帯に誘い込まれたのかもしれない。いずれにしても、この発掘報告に拠る限り、新バビロニア軍はデルタ地帯で撃退されたことになる。「エゼキエル書」二九─三〇章にみえるネブカドネツァル二世のエジプト征服は、実現することのなかった予言であるが、あるいはこの時の戦いが伝承の起源となっているのかもしれない。

(20)　サイス朝が海上交易に力を入れていたことは、ヘロドトスの『歴史』にみえる所伝（II.158-159; IV.42）や軍事称号において水軍（海軍）関係の称号が増加することなどから窺うことができる。Cf. Chevereau, P.-M. *Prosopographie des cadres militaires égyptiens de la Basse Époque*, Antony 1985, pp.235-237; James, T. G. H. "Egypt: The Twenty-fifth and Twenty-sixth Dynasties," in *CAH*² Vol. III Part 2, Cambridge 1991, pp.720-726. ネカウ二世の治世を転機として、エジプト軍は陸上戦力が国境防衛に、水軍（海軍）が対外交渉の維持にそれぞれ重点をおき、整備運用されるようになったと考えられる。ヘロドトスは、アマシス治下にエジプトは空前の繁栄を示したといわれる、と記している（II. 177）。これは、あながち由なきことでもなかったであろう。

(21)　同時代史料による証言を欠いているのだが、「エレミヤ書」三七：五によると、サイス朝はイェルサレムを救出すべく軍を出したが、目的を果たせなかった（前五八九／八年）。このことから、旧約聖書の記述はエジプトに対してかなり厳しいものになっている。典型的な例として、「エゼキエル書」二九─三二章を挙げることができるだろう。しかし、農業生産が豊かで、木材などの資源の調達は海上交易で果たせていたエジプトにとって、パレスティナ内陸部は交易路として確保する価値も乏しく、政治的な緩衝地帯としての意義ぐらいしかなかった。エジプト側から見れば、イェルサレムを積極的に救援する動機に欠けていたとも言えるだろう。

(22)　エジプトは前四〇四年にペルシアから独立し、およそ六〇年ほどに三王朝が交代した。この間、前三八五─三八三年、前三七四年、前三五一年にそれぞれペルシアを撃退している。また前三五八年ないし前三五四年にも戦いがあったかもしれない。

（23）前四八七／六年―前四八五／四年、前四六三／二年―前四四九年に反乱があった。そして前四一四／三年ないし前四一一年以降の反乱が、前四〇四年における第二八王朝のアメンイルディス（アミュルタイオス）の即位に帰結した。

（24）大戸千之『ヘレニズムとオリエント』ミネルヴァ書房 一九九三年。

（25）伊藤貞夫・本村凌二（編）『西洋古代史研究入門』東京大学出版会 一九九七年、一二三頁。

（26）例えば、意外なことかもしれないが、王朝時代のエジプト人は、占星術を行うことがなかったと考えられている。神殿や墓に一二宮を伴う円形獣帯が描かれるのもヘレニズム時代以降のことである。天文学的知識を伴うこれらのものはバビロニア起源であり、一般にはヘレニズム時代にギリシア人によってエジプトにもたらされたとされている。この点、例えばクリスチアヌ・デローシュ＝ノブルクール［小宮正弘訳］『エジプト神話の図像学』河出書房新社 二〇〇一年、一九九頁参照。しかしウィーン所在のデモティック・パピルスは、ペルシア支配期にバビロニア天文学がエジプト人に受容され、その研究がエジプトで始まっていたことを強く示唆している。Cf. Parker, R. A. *A Vienna Demotic Papyrus on Eclipse-and Lunar-Omina*, Providence 1959, pp.29-30, 53-54; M・ローウェ／C・ブラッカー編［島田裕巳他訳］『占いと神託』海鳴社 一九八四年、二二七頁。周辺諸地域との接触が増えた前一千年紀、エジプト人はヘレニズム時代の到来を待たずして、周辺諸地域の文化を積極的に受容し始めていたのではないだろうか。こうしたことから、ヘレニズム時代以前のエジプトの文化変容にも注意を払う必要があろう。

また大戸氏が論じておられるように、ヘレニズム時代にエジプトの神々、なかでもイシスが、地中海世界の各地で主体的に受容され、多様な変貌を遂げたことは確かであろう（大戸千之「ヘレニズム時代における文化の伝播と受容」歴史学研究会編『古代地中海世界の統一と変容』青木書店 二〇〇〇年、八九―一一六頁参照）。ただイシスは、新王国以降ハトホルなど他の女神の属性も兼ね備えるようになり、神格の区別がつき難くなっていった。このイシスの神格にみられるように、矛盾するものを整合性も図らずに積み重ねていくのは、エジプト文化の特徴でもある。多様なイシスを「一」に帰すような思想の発展も（同上書、一〇八―一一五頁）、新王国以降のエジプト神学との関係が、アスマンによって論じられている（前註（6）のアスマンの文献、及び吹田浩「古代エジプト思想とヘブライとヘレニズムの思想における「一者性のテーマ化」」『オリエント』四一―二（一九九八年）、一六六―一八〇頁参照）。こうしたことから、ヘレニズム時代におけるエジプトの神々の問題は、新王国以降のエジプト宗教の変遷に留意して考えてみる必要もあるのではないだろうか。

プトレマイオス朝の支配のあり方も、王朝時代のそれがどの程度継承されていたのかが問題になってこよう。この場合、比較的研究が進んでいるからといって、新王国時代の支配体制を参照するのは危険である。王国の変容は、当然、支配のあり方をも変えていったはずだからである。例えば、拙稿「リビア王朝の支配とアメン神官団」『西洋史学』一九二（一九九八年）、二三―四七頁参照。支配のあり方の問題も、前一千年紀の歴史的変遷を踏まえて考えてみる必要があるだろう。

(27)　最近の動向として、高橋亮介「プトレマイオス朝エジプト研究の新動向」『オリエント』四七―一（二〇〇四年）、一四八―一五九頁参照。

(28)　柘植一雄「プトレマイオス王朝」『岩波講座　世界歴史2』岩波書店　一九六九年、二〇六頁参照。

(29)　エドワード・W・サイード［板垣雄三・杉田英明監修　今沢紀子訳］『オリエンタリズム』平凡社　一九八六年。

第三章 アヤ＝ソフィア博物館南階上廊における Henricus Dandolo の銘の刻まれた大理石板について

相野洋三

はじめに

聖ソフィア大聖堂、今日のアヤ＝ソフィア博物館が博物館らしくなったのは、ごく最近のことのように思われる。私にとって二度目の訪問であった一九九五年には、まだ館内には説明パネルなどは設置されていなかった。二〇〇三年八月の訪問時では、すでに館内各所にさまざまの説明パネルが置かれていた。たとえば、南階上廊のほぼ中央辺りに、堂内各所の壁面に見られるモザイク人物像の位置を示す大きな説明台があり、この案内により、われわれは北階上廊の身廊よりの一地点に導かれ、角柱の高所、左右を小アーチに挟まれた狭く薄暗い空間に宝石と真珠でおおわれた豪華な衣装をつけたアレクサンドロス帝のモザイクを見上げることができる。ここは、普通は見落としてしまうところである。

もう一つ、おそらくこれまで多くの訪問者が気づかずに通り過ぎてしまったであろう場所にも説明板がたてられている。南階上廊を東に進んで、その中ごろ手前よりの右側に柱間、小ホールといってもいいような空間があるが、その西側壁面に有名な「嘆願《デエイシス》」のモザイクがある。問題の説明板はその反対側、つまり東壁の真下の床に立てられている。トルコ語と併記された英語説明文には、「Henricus (Enrico) Dandolo の墓。ヴェネツィアのドージェにして、第四回十字軍においてコンスタンティノープルに攻め込んだラテン軍の指揮者。ドージェは遠征中に死去し、ハギア＝ソフィアに埋葬された」とある。そしてその床には「Henricus Dandolo」の銘の刻まれた大理石板が見られる（写真参照）。矩形のさほど大きくない、長さ一メートル足らず、幅五〇センチほどのものであったように思う。

さて、この石板について、古くは一八九二年発行の「新ヴェネト紀要」に報告文がある。「トルコ人がコンスタンティノープルを奪った直後、聖ソフィア寺院はモスクにかえられたが、その後、おそらく著名な画家ジェンティーレ＝ベッリーニの願いで、スルタン、メフメットは墓を開かせ、ダンドロの武具の一部をその画家に与えた。画家はそれらをヴェネツィアに持ち帰った。ドージェのダンドロの埋葬の模様についてはDe bello Constantinopolitana［註（9）を参照］に見いだされる。Henricus Dandolo の銘がある大理石板は今日なお聖ソフィア寺院の南ギャラリーの床に見いだされる。しかし、ヴェネツィアの英雄の遺骨はトルコ人征服者の命令で四散させられた」(1)。これも古い文献だが、E・ピアーズの『コンスタンティノープルの陥落』に、「コンスタンティノープルの幾人かの考古学者により比較的最近のものとされているこの石板は数年前［十九世紀八〇年代］に発見されたもので、ダンドロを追悼して刻まれ、彼の死後間もない時期に現在の場所に置かれたに違いない」とある(2)。ごく最近では、Th.F.Madden がそのエンリコ＝ダンドロ研究において、ダンドロはユスティニアヌス帝の大聖堂に埋葬された最初の、そして唯一の人物であり、コンスタンティノープルがキリスト教のものでなくなるまで二〇〇年以上そこに眠り、「彼の墓はおそらく

写真　Henricus Dandolo の銘が刻まれた石板（2003 年 8 月）

階上廊に置かれたであろう」と書いている[3]。わが国では、浅野和生氏が近著『イスタンブールの大聖堂』で、「私としては、このモザイク〔嘆願〕と向かい合う位置、東壁の前の床下に、エンリコ・ダンドーロが葬られているのがどうしても気になるところである」と述べ、柱間の空間をダンドロの墓所と見なし、ダンドロが自分の墓所の壁面にビザンティン人のモザイク職人に命じて「このすばらしいモザイクを作らせた」ことの推定の根拠とされている[4]。

ところで、問題の大理石板がダンドロの墓石の一部であり、あるいは追悼して文字が刻まれ、ダンドロの死後間もないころ現在の場所に置かれたとの上記の諸家の言及には、確たる証言が与えられていない。そこで、ヴェネツィア史の古典の一つ、H・クレッチュマイアの『ヴェネツィア史』にあたってみた。「流布された伝承によれば、彼の遺体はコンスタンティノープルの征服者、スルタン、メフメット二世によってその遺骨が四散されるまで、二世紀半にわたってここ〔聖ソフィア寺院〕に眠っていた。しかし、もしかすると、彼の棺は今日も教会の内部に隠されて存在するかもしれない。ただし、教会の南の画廊の床の大理石板に見られる Henricus Dandolo の文字は一八六五年に初めて刻まれたもので、何の重要性もない」[5]。このクレッチュマイアの「しかし」以下の部分は、ヴェネツィア古文書館の機関誌「ヴェネト紀要」（一八八〇年）に掲載されたダンドロの墓石に関する調査報告記事(6)中の、ギリシア人学者パスパティの覚書によるものであることがその註記によって知られる。この報告記事は、関西学院大学西洋史研究会第六回年次大会(二〇〇三年一一月)における発表、「第四回十字軍史余話――エンリコ＝ダンドロの石棺」において紹介し、同時にダンドロの墓について私自身の推測をもつけ加えた。以下、それをここに改めて活字にうつし、さらに、発表の時点ではまだ入手していなかったダンドロの墓石に関する別の考察(7)を新たに紹介し、博物館南階上廊に見られる「Henricus Dandolo」の銘の刻まれた大理石板について、現時点で知り得た情報を報告することにする。

一　エンリコ＝ダンドロの死と埋葬

第四回十字軍によるコンスタンティノープルの最終的占領の翌月、一二〇四年五月、フランク側とヴェネツィア側それぞれ六人の皇帝選挙人により、フランドル伯ボドゥアンがコンスタンティノープルの皇帝に選出された。一二人の選挙人一同が集まったのはダンドロが宿舎とする「世界でもっと美麗な建物の一つ」、聖ソフィア寺院に近接する総主教宮殿であった。ヴェネツィアのドージェのままで「ロマニア帝国の八分の三の統治者《ドミナトール》」と称したダンドロは、ローマ皇帝の戴冠式に則って聖ソフィア寺院で行われたボドゥアンの戴冠式からほぼ一年後に死去する。いわゆるラテン皇帝ボドゥアン一世の外交上のあまりにも愚かな失策と皇帝にあるまじき蛮勇によって生じた一二〇五年四月のアドリアノープルの惨劇(8)――アドニアノープル郊外でブルガリアの王カロヤン率いるブルガール人とワラク人(バルカン半島のラテン系牧羊者、ルーマニア人と同系とされる)の攻撃を受けて、同時代のギリシア人歴史家ニキタス＝

コニアティスの言う「精鋭のラテン人」の多くが倒れ、皇帝自身は囚われのまま不帰の客となる――、その惨劇と夜を徹しての逃避行軍がすでに病を患っていた老人のさしもの強靱な体躯にも致命的な結果をもたらしたものと思われる。ダンドロの死はコンスタンティノープルに逃げ帰って間もないころ、同年の五月か六月、齢は九七歳であったと言われる。ダンドロの信頼厚い戦友、先の逃避行軍をダンドロと共に指揮して、とにかくフランク軍の全滅を回避したジョフロワ＝ド＝ヴィルアルドゥアン、著名な第四回十字軍の従軍記、『コンスタンティノープル征服記』の著者は、その従軍記の中で、彼の遺体は「聖ソフィア寺院に手厚く葬られた」(9)と書いている。葬儀に列席したであろうジョフロワの証言は、確かであろう。しかし、ジョフロワは遺体が聖ソフィア寺院のどこに埋葬されたかについては語っていない。

二　ドージェの墓の調査に関するイタリア外務省政務課の回答およびギリシア人学者の覚書

ことの発端は、一八七八年一一月二〇日、イタリア王国のある著名な軍人の令嬢がヴェネツィアの古文書館を訪れ、同館長にコンスタンティノープルの聖ソフィア寺院にエンリコ＝ダンドロの墓石のあることを伝えたことである。このことを聞き知ったアンジェロ＝ダル＝メディコなるものがそのような偉人の遺体と墓を早急に回復すべきはヴェネツィアの義務であると表明する。この言葉に動かされ、また以前、征服者メフメット二世がイタリア人画家ジェンティーレ＝ベリーニィにエンリコ＝ダンドロの墓を開くことを許し、そこに見いだされたダンドロの剣と拍車などを与えたという記事(10)を思い出した館長はローマの外務大臣にこの旨を伝え、外務省を通じて墓の調査を依頼する。外務省政務課はこの要請を快諾し、一八八〇年一月、コンスタンティノープル駐在大使のコルティ伯爵を介してコンスタンティノープルの博物館の長に調査の正式依頼を行う。同古文書館は同年の内に、外務省政務課からの回答とコンスタンティノープルのギリシア人学者の覚書の写しを受け取り、それらを『ヴェネト紀要 Archivio veneto』に報告した(11)。以下に、回答と覚書の全文をそれぞれ紹介する。

○外務省政務課からの回答（一八八〇年四月二九日、ローマ発信）（伊文）

先の一月一三日の書簡（N.18）による貴下からの依頼を快諾し、本省は国王陛下の在コンスタンティノープル使節、Corti 伯爵にドージェ、エンリコ＝ダンドロの墓がなおサンタ＝ソフィアに存在するかどうかを調査するよう依頼した。

コルティ伯爵は正確な事実を手に入れるため、コンスタンティノープルの博物館の長 Berthier 殿および他の適任の人々に調査の依頼を行った。後者の中には本市の歴史的記念物の来歴にもっとも精通しているギリシア人学者、Paspati 殿が含まれている。

詳細な調査の後、ベルティエ殿は、ダンドロの墓の痕跡はサンタ＝ソフィアにも、また別の場所にも見いだすことができなかったと報告した。彼は、その後、破壊されてしまったが、サンタ＝ソフィアに付属する建物の一つにそれがあった可能性をつけ加えた。

それに反して、パスパティ殿の意見では、ダンドロの遺体は、聖堂の祭壇の下に埋葬され、ずっとそのままである可能性がある。しかし、コルティ伯爵は、サンタ＝ソフィアがマオメットの崇拝に捧げられている限り、十字架の英雄《エローエデッラ クローチェ》の武具を探すため、祭壇の上に敷かれた絨毯と石板を移動させる許可を得ることはできないと判断している。

パスパティ殿が本件に関してコルティ伯爵のために書いた覚え書きの写しをお送りする、喜んでいただけることと思う。

もう一人の学者の意見は部分的にパスパティ殿のそれに近い。コルティ殿はその人物の名前を知らしていないが、その学者は、ダンドロの墓所はサンタ＝ソフィアの教会がモスクに変えられた時、マオメット二世によって破壊されてしまったと答えた[12]。

○ギリシア人パスパティ殿の覚書の写し（一八八〇年三月一七／二九日、コンスタンティノープル発信）（仏文）

第四回十字軍の指導者、Henricus Dandolus は一二〇五年コンスタンティノープルで死去し、聖ソフィア寺院に埋葬された。

十字軍士たちはビザンツ人の伝統に従い、彼の遺体を寺院の祭壇の下に埋めたと、私には思われる。従って、実際にそれが存在するのなら、墓を探さねばならないのは祭壇の下であって、他所ではない。コルティ伯爵閣下によって引き合いに出されたジェンティーレ＝ベリーニィが墓を開き、剣と拍車を取りだしたというのは、伝承にすぎない。その時期、いったい誰が聖ソフィア内の墓を開き、そのような貴重な品を取得することができただろうか？……（ママ）おそらくそれは祭壇の下に埋められたであろう、しかしこの場所は石板と分厚い絨毯で被われている。

聖ソフィアの南階上廊の婦人席《ジネセ》の大理石の敷石に《Henricus Dandolo》の銘が刻まれたのは一五年前である。人がこの銘文を誤解し、またダンドロという著名な市民をもつヴェネツィアがこの銘文を調べるよう命じたことには驚きを禁じ得ない。

この銘文が偽物であることは以下の事実から生じる。

一　刻まれた文字は最近のものであることから。
二　語の綴りから。実際、Henricus DandolusあるいはHenrico Dandoloと書かねばならない。《Henricus Dandolo》ではない。
三　教会あるいは修道院において婦人席に埋葬するという習慣は決してなかったことから。Dandoloの銘が刻まれた場所は、その厚さが辛うじて五〇センチあるかどうかである。
コンスタンティノープルの事物について無知な外国人はしばしば誤りをおかす、聖ソフィアの婦人席にダンドロの墓を見つけたと言明する人々の場合もそうである(13)。


さて、以上の調査結果の回答とパスパティの覚書から、私は発表時においてつぎのようなコメントを行った。

回答は、イタリアの外務省がコンスタンティノープル駐在大使コルティ伯爵を介してコンスタンティノープルの博物館の長に依頼し、そして同長が当地の学者の協力をえて行われた調査結果の報告である。回答は、問題の南階上廊の石板については触れていないが、ダンドロの墓およびその痕跡はサンタ＝ソフィアにも、また別の場所にも見いだすことが出来なかったとしている。南階上廊の石板を別にすれば、一八八〇年の調査時から今日に至るまで、ダンドロの墓あるいは石棺の類は発見されていないように思える。もし発見されたのであれば、この注目すべき発見は大きく報道されているはずである。W. Treadgold の最近の浩瀚な『ビザンツ国家・社会史』(14)を含めて何冊もの著名なビザンツ通史にも、第四回十字軍関係のめぼしい書物にもこの件については言及されていない(15)。

問題の南階上廊の石板については、ギリシア人学者パスパティの見解が大変説得的であるように思われる。もっとも文字が刻まれたのは最近であるとの発言については、それが誰によって、どのような目的でなされたのかについて一言の説明もないので、われわれには判断のしようがない。しかし、銘文の綴りの誤りの指摘は、これが名のない一庶民のものでないこと、ダンドロの死去した当時、コンスタンティノープルには博学のラテン人聖職者が少なからずいたことを考えれば、傾聴に値すると思われる。同様に、教会あるいは修道院において婦人席に埋葬するという習慣は決してなかったという指摘も重要である。もっとも重要なのは銘が刻まれた場所が厚さ五〇センチほどにすぎないという指摘で、これが事実であれば、そこに石棺をはめ込むことなど不可能と思われる。

画家ジェンティーレ=ベリーニがダンドロの墓を開き、剣などを取りだしたという話しは、これもパスパティのいうように単なる伝承に過ぎないと思われる。事実、冒頭で紹介したヴェネツィアの古文書館の館長が思い出したという記事は、註（10）に引用しているように、「古い伝承」によるものであった。

F・バービンガーの『征服者メフメット二世とその時代』によると、スルタンや宮廷人の肖像、宮殿内部の装飾などを描いたベリーニは一四七九年九月から八一年一月までイスタンブルに滞在した。バービンガーは、その滞在中については逸話の類しか残っておらず、それらの信憑性はチェックできないとしており、スルタンによってベッリーニに与えられた栄誉の黄金の鎖がおそらく画家のイスタンブルでの働きを示す唯一の思いでの品（十六世紀にはなおベッリーニ家に保持されていた）であろうと記する以外、ベッリーニによってダンドロの剣がヴェネツィアにもたらされたという逸話は取り上げられていない[16]。

そこで、以上の検討から、つぎのように締めくくった。ダンドロの石棺はすでに失われてしまっていること、南階上廊の床の下に石棺を据えることは不可能であること、墓あるいは石棺の置かれていた場所はパスパティの言うように祭壇の下か、あるいは今日聖堂の南側に近接してメフメト三世（一五九三―一六〇三）、セリム二世（一五六六―七四）、ムラト三世（一五七四―九五）、ムラト三世の息子たちの霊廟があるが、コンスタンティノープルの博物館の長、ベルティエの言うように聖ソフィア寺院の付属の建物であったように思われる。そして、最後に私自身の推測を付け加えた。

先の外務省の回答にある学者などによればダンドロの墓、あるいは石棺は一四五三年聖ソフィア寺院がモスクにかえられた時、破壊されたとあるが、私はその時にはすでに石棺はなかったのではないかと思う。四本あるミナレットのうち、東側の最初の二本は確かにメフメット二世によって建てられたものであり、当然、祭壇や説教壇、イコンなどのキリスト教寺院として本来あった備品は撤去され、ミフラブやミンバルなどが取りつけられた。これら以外、メフメット二世は聖ソフィア寺院の内部にはほとんど手をつけなかった。堂内の人物を描いたモザイク壁画がすべて漆喰で塗りつぶされるのはより後代のことで、大円蓋の中心に描かれた万能のキリストのモザイクが撤去されるのは十七世紀の始め、その他の人物モザイクが漆喰で覆われるのは、一七一七年になってからであるとされる(17)。

ダンドロとメフメット二世の間には二五〇年以上の歳月が流れている、とにかくメフメット二世にはダンドロをことさら憎む理由はまったくなかった。トルコ・ギリシア・スラヴの三カ国語を話したと言われるメフメットは、ヨーロッパの歴史と地理に非常な関心をもっていた。チリアコ＝ダンコーナともう一人のイタリア人が「毎日、二六歳の青年スルタンのために、ローマ史、ディオゲネス＝ラエルティオス、ヘロドトス、リウィウス、クゥイントゥス＝クルティウス、ローマ教皇・フランス王・ロンゴバルド王の各年代記を読んだという」(18)。もし、スルタンが第四回十字軍の歴史を読み聞かされたなら、コンスタンティノープル征服の先駆者としてダンドロに敬愛の念さえ覚えたかも知れない。

一二六一年八月一五日、コンスタンティノープル入城を果たしたミカイル八世パレオロゴスは、聖ソフィア寺院においてギリシア人総主教により改めてローマ人の皇帝として戴冠された。ダンドロの石棺はこの時、あるいはその後間もない時期にギリシア人によって破壊されたであろう。ニキタス＝コニアテスによって「もっとも老獪で、ローマ人に降りかかった惨事の張本人」(19)と決めつけられたダンドロに対する激しい憎しみ、深い怨念は、当時のギリシア人の共有する感情であったに違いない。かりに石棺が祭壇の下の石棺安置所に置かれていたとしても、引きづりだされ、遺骨ともども粉砕されたに違いない。以上は私の推測にすぎない。これを単なる推測以上のものにするためには、ギリシア人による石棺の破壊を伝える証言を見つけださねばならない。私は一二六一年以降のギリシア人の著作にきっと何らかの証言が見いだされるのではないかと思っている。

しかし、疑問は解かれないままである。一体、現在、南階上廊の床に見られる「Henricus Dandolo」の銘が刻まれた石板は、何時、誰が、どのような目的で設置したのであろうか。この疑問について、一つの可能な答と思えるものが、冒頭に述べた、発表の時点ではまだ入手していなかった R.Gallo のダンドロの墓石に関する考察の中に与えられている。以下、ガッロの述べるところの要点を紹介する。

三　石板についてのR・ガッロの見解

ガッロの行論はパスパティの覚書への反論としての形をとり、ダンドロの遺品と墓について、および南階上廊の石板についての二つの部分からなる。まず、パスパティが「単なる伝承にすぎない」として無視したジェンティーレ＝ベッリーニによってヴェネツィアにもたらされたダンドロの遺品の話は事実であり、「ダンドロの墓はオリエントの帝国の崩壊まで手つかずのままであった」[20]ことを主張する。しかし、その遺品の話に関して、彼の依拠するものはすでに註（10）で言及したラテン語書簡と、それより以前の、しかしかなり後代の証言（十六世紀）であり、それらの信憑性が検討されねばならない。しかし、検証は十分になされているとはいえない。従って、ここでは彼の依拠する証言を註で示すにとどめて[21]、南階上廊の石板についてのガッロの見解を紹介する。なお、ダンドロが埋葬された墓については、やはり後代の、十六世紀および十七世紀の証言[22]を紹介した上で、ガッロ自身は、一〇九六年死去したドージェ、Vitale Falier の墓(23)が今日なお聖マルコ寺院の中庭に残されていることから、ヴェネツィア人の伝統にしたがって、聖ソフィア寺院の祭壇の下でも、また南階上廊でもなく、アトリオに置かれたと推定している(24)。

さて、ガッロによれば、パスパティの主張、すなわち現存する碑文の文字が最近刻まれたものであることが事実であれば、それはコンスタンティノープルの征服者メフメット二世によってではない。そうであるなら、他のムスリムで、ヴェネツィア人のダンドロ、この異教徒に対して、「サンタソフィアの誇り高き帝国モスク Superba Moschea Imperiale di Santa Sofia」に、このような敬意の印を捧げようとするものがありえようか。では、キリスト教徒のうちで、自ら進んで、あるいは命令を受けて、モスクの中で邪魔されることなく、このようなことを敢えて行い、作成することができたものがいるであろうか。ガッロはただ一人のキリスト教徒の名をあげる。すなわちイタリアの建築家 Gaspare Fossati。彼は一八四七年から一八四九年まで、幾世紀にわたって放置され、非常に悲しむべき状態、崩壊が時間の問題であったモスクの徹底的な修復(25)という困難な仕事をスルタンのアブデュルメジト一世から引き受けて、行った。この時、建物の修築の外に、モザイクの修復も行われている。この作業に協力した弟の Giuseppe Fossati は、「昔のモザイクの表面は注意深く剥がされ、汚れが取り除かれた。その後、大きな損傷、落下、破壊の恐れのあるものを確認し、固めてから、再び漆喰でおおわれた。狂信的な時代でなくなれば、以前のように太陽の光のもとに呼び戻されるように、このように再びおおわれて、安全に保存されたのである。これは至上の君主（スルタン）の変わらぬ願いであった」と書いている。一八四九年七月、スルタンの臨席のもと、ウレマ（宗教指導者）たちそしてフォッサッティ兄弟も出席して、厳粛な落成式が執り行われた(26)。

さて、修復作業について、彩色のリトグラフによる非常に美しい図版が注釈付きで出版されている(27)。図版 XII はガスパーレ＝フォッサッティの描いた「ギャラリー、すなわち婦人席を現した側面図」であるが、それにはエンリコ＝ダンドロの銘のある石板の図が付されており、ガッロはそこに記された次の注記を取り上げる。すなわち「一二〇五年コンスタンティノープルで死去した提督ダンドロの記念物が置かれたのは、この場所である（C'est dans ce lieu que fut placé le monument de l'Amiral Dandolo mort à Constantinople en 1205)」。そして、ガッロは「置かれたのはこの場所」という表現に注目し、これはフォッサッティ兄弟の手によって設置されたことを示すものと見なし得るとする(28)。この推測はとにかく、以上の状況から、問題の石板を設置したのがフォッサッティ兄弟である可能性は考えられうると思われる。なお、パスパティの指摘する「Henricus Dandolo」の綴り上の誤りについては、建築家になるために、フォッサッティ兄弟は少なくともラテン語に関して、語学上の知識を深める必要がなかったとしている。

しかし、ガッロのつづく断定は、直ちに受け入れることはできない。すなわち、フォッサッティはサンタ＝ソフィアの修復作業中にダンドロの遺物を発見し、「これらの名誉ある埋葬」の許可をスルタンに嘆願した。結局、それらの遺物は問題の大理石板の下に納められたことになる。まず、問題は、たとえスルタンのアブデュルメジトがウレマたちの反対を押し切り二人の異教徒に建物の修復を託し全面的な協力を行い、また上記のモザイクの件に見られるようにいかに開明的であったとしても、アヤ＝ソフィアのモスク内に異教徒の遺物を埋葬することを許可するなどとうてい考えられないことである。そして、それにもまして問題なのは「遺物の発見」の証明がなされなければならないこと、しかし、これについてはまったく論じられないばかりか、その遺物がダンドロの遺品なのか、遺骨なのかについても言及されていない(29)。

おわりに

問題の大理石板が、パスパティの言う一八六五年より少しずれがあるが、十九世紀の中ごろ、アヤ＝ソフィアの大修築を請け負ったフォッサッティ兄弟によって、その意図と方法はとにかくとして、今日ある場所に設置されたというガッロの見解は、大きな可能性をもっているように思われる(30)。しかし、もしこれが事実であるとしても、ダンドロが本来埋葬された場所には関係ない。埋葬場所はポルティコあるいはナルテックスであるのか、それともアトリオ、祭壇下の墓室、聖堂付属の建物なのか、依然として不明のままとなる。結局、確かと思えるのは、同時代人、ジョフロワ＝ド＝ヴィルアルドゥアンの「ダンドロは聖ソフィア寺院に手厚く葬られた」との証言だけである。したがって、「二」の最後で述べた私自身の推測は修正することなく、そのままにしておくことにする。

【註】

（1） N. Barozzi, Sulla tomba del Doge Enrico Dandolo a Costantinopoli, *Nuovo Archivio Veneto*, 3, Venezia, 1892, p.213.

（2） E. Pears, *The Fall of Constantinople Being the story of the fourth Crusade*, originally published, London, 1892, and republished, New York, 1975,p.393, note 1.

（3） Thomas F. Madden, *Enrico Dandolo & the Rise of Venice*, Baltimore & London, 2003, p.194, note 145. なお、Madden は註で後述の R. Gallo の報告をあげているが、後段で述べるように Gallo はダンドロの遺体は階上廊に埋葬されたとは言っていない。

（４）浅野和生『イスタンブールの大聖堂――モザイク画が語るビザンティン帝国』中公新書、二〇〇三年、一八三―八四頁。伊藤俊樹氏もジョフロワ＝ド＝ヴィルアルドゥアンの『コンスタンティノープル征服記』（筑摩書房、一九八八年）において、「その名を刻んだ墓石は、現在も聖ソフィア寺院の片隅に残る」と注記している（二三一頁）。

（５）H. Kretschmayr, *Geschichte von Venedig*, vol.1, Gotha, 1905, p.321.

（６）Ricerche sulla tomba del Doge Enrico Dandolo a Costantinopoli, *Archivio veneto*, t.XIX, parte II, Venezia, 1880, pp.357-359.

（７）Rodolfo Gallo, La Tomba di Enrico Dandolo in Santa Sofia di Costantinopoli, *Rivista Mensile della Citta di Venezia*, 6, 1927, pp.270-83. なお、この文献は Biblioteca Nazionale Marciana（Venezia）所蔵のものを、本研究会会員の藤井信之氏のご尽力により関西学院大学付属図書館を介して複写することができた。ここに謝意を表しておく。

（８）アドリアノープルの惨劇についてのもっとも詳細な叙述は、J.Longnon, *L'Empire Latin de Constantinople et la Principauté de Morée*, Paris, 1949, pp.77-82 によって与えられる。

（９）*Villehardouin, La Conquête de Constantinople*, sect. 388：II, pp.198-99. 伊藤俊樹訳・註『コンスタンティノープル征服記』一五六頁。なお、ジョフロワの外に、十七世紀のヴェネツィアの歴史家 Paolo Ramusio がダンドロの遺体の埋葬について触れている。「遺体は大理石のすばらしい棺におさめられ、天然の石に刻まれたサン＝マルコの標識とドージェ帽とともに囲壁の中に安置された」（*Della guerra di Costantinopoli per la resitutione di de gl'Imperatori Comneni fatta da' sig. Venetiani et francesi l'anno MCCIV, Libri sei di Paulo Rannusio venetiano*, Venetia, 1604, p.158 [Gallo, op. cit., p.271]）。

（10）この記事は、一七五〇年の Girolamo Zanetti のラテン語書簡（*Ad Jo Brunatium epistola*, Venetiis, 1751, p.11, n.1）にみえるものである。「かの勇敢なドージェの剣もまたメタルと共に子孫たちのもとで大切に保管されてきた。それは十分幅広の長剣で最上の鋼でできていて、学者たちが言うように非常な弾力性をもっている。金と銀で精巧におおわれた美しい彫刻で飾られている。柄の部分には H.DANDL の文字と共に十字架の印が見える。古い伝承によれば、それは Gentili Bellini によってヴェネツィアにもたらされた、そしてその伝承がダンドロの子孫の家族によって確かめられたことは手書きの年代記 Ms. Chronico で知られるところである」（Ricerche sulla tomba del Doge Enrico Dandolo, p.357, n.1.）。

（11）Ricerche sulla tomba del Doge Enrico Dandolo, p.357.

（12）Ibid., p.358.

（13）Ibid., pp.358-59.

（14）W. Treadgold, *A History of the Byzzantine State and Society*, California, 1997.

（15）例えば、Donald M. Nicol, *Byzantium and Venice. A Study in Diplomatic an Cultural Relations*, Cambridge Univ. Press, 1992, p.152は、「彼は聖ソフィア寺院に埋葬された」と記すにすぎない。

（16）Franz Babinger, *Mehmed the Conqueror and His Time*, edited by W.C. Hickman, trans. from the German [*Mehmed der Eroberer und seine Zeit*, Munich, 1963] by R. Manheim, Princeton University Press, 1978, pp.379-80. なお、後述のガッロもこの黄金の鎖の話についてより詳しく紹介している（Gallo, op. cit., pp.275-76）。出典は十六世紀のフィレンツェの芸術家Giorgio Vasari, *Le vite dei piu eccellenti pittori ecc. Vita di Jacopo, Giovanni e Gentile Bellini, con una introduzione, note e bibliografi di Aldo Foratti*, Firenze, 1916, p.59。

（17）*HAGIA SOPHIA-A VISION FOR EMPIRES*, essay by Cyril Mango, photographs by Ahmet Ertug, published Ertug&Kocbiyik, Istanbul, 1997, p.XLVIII, p.L.

（18）久志本秀夫『イタリア人文主義とギリシア古典文化――ルネッサンスの古代憧憬』（刀水書房、二〇〇〇年）、一八一頁。Franz Babinger, *Mehmed the Conqueror and His Time*, p.112.

（19）*O City of Byzantium, Annals of Niketas Choniates*, trans. by Harry J.Magoulias, Detroit, 1984, p.337.

（20）Gallo, op. cit., p.271.

（21）ガッロのあげる証言のうち、十八世紀以後のものは除いて、ここでは次の二点をあげる。その一つは一五五六年ヴェネツィア政府よりコンスタンティノープルの征服（十三世紀）の歴史を書くことを命じられて、『コンスタンティノープルの戦いについて』を書いたPaolo Ramusio。Ramusioはその中で「サンタ＝ソフィアのバジリカがモスクにその姿を変えた時、エンリコ＝ダンドロの墓はトルコ人征服者マオメット二世により破壊されたが、そこからドージェのエンリコ本人の銅よろい・かぶと・拍車・剣は古美術品として、またそれぞれが大変すぐれた価値をもっていたので取り出された。これらの武器は、その後、Giovanniの兄弟、当代の優れた画家で数年間マオメットのもとにあったGentil Belliniによって、帰国に際して、ヴェネツィアはエンリコの血統を引くSan Lucaのダンドロ家にもたらされた」（*Della guerra di Costantinopoli per la restitutione di de gl'Imperatori Comneni fatta da sig. Venetiani et francesi l'anno MCCIV. Libri sei di Paulo Ramusio venetiano*, Venetia, 1604, p.158）。他はドージェ、Lorenzo Priuliの司祭であったAntonio Stellaのラテン語による証言、すなわち「［エンリコ＝ダンドロの］遺体は、その後、Amuratis filio［ムラト二世の息子］、トルコ人皇帝Maomethe［メフメットによって］掘り出された。……Henricus［エンリコ］が身に帯びた最高司令官の武器、剣、盾はトルコ人の皇帝のもとにながくとどめ置かれたが、その後……メフメットの肖像を描いた画家Gentili Belino［ジェンティーレ＝ベッリーニ］に贈り物として与えられた。そしてそれらは同人物によってヴェネツィアにもたらされた……」（Antonii Stellae, *Clerici Veneti, Elogia venetorum navali pugna illusrium*... Venetia, 1558, pp.84-85）。

（22）ポルティコに置かれたとするのは、Francesco Sansovino, Venetia etc. con le aggiunte ello Stringa, Venetia, 1604, c.374 t.、アトリオとするのはAntonii Stellae, Clerici Veneti, Elogia venetorum navali pugna illustrium.... Venetiis, 1558、L' imprese et espeditioni di Terra Santa et l' acquisto fatto dell' Imperio di Cnstantinopoli dalla Serenissima Republica de Venetia di Andrea Morosini, Venetia, 1627（Gallo, op. cit., p.271, n.3, n.4, n.5）である。

（23）今日のサン＝マルコ寺院は三度目に立て直されたものであるが、それはドージェ、Domenico Contariniによって着手され、彼の後継者たちによって継承され、Vitale Falier（1084-96）の時に完成された（Donald M. Nicol, *Byzantium and Venice*, Cambridge, 1988, p.51）。

（24）Gallo, op. cit., p.277.

（25）改修・修復の内容については、ごく最近出版された『ハギア・ソフィア大聖堂学術調査報告書』（中央公論美術出版、二〇〇四年）に説明されている。

（26）Gallo, op. cit., pp.280-281.

（27）*Aya Sofia Constantinople as recently restored by order of H.M. the Sultan Abdul Medjid - From the original drwaing by*

Chevaler Gaspard Fossati, lithographed by Lovis Hache esq. London, 1852, P. e C. Colhaghi.

（28）Gallo, op. cit., pp.281-82.

（29）Gallo, op. cit., pp.282.

（30）Cyril Mangoは上記註（17）の『聖ソフィア寺院』に聖堂の歴史についての論文を寄稿しているが、その中で、石板に刻まれた銘は「明らかに十九世紀の偽造物であり、これには多分Fossatiが関わったものとおもわれる」と書いている。これはガッロの報告によるものなのか、残念ながら、注記がない。なお、マンゴは、ダンドロはおそらく前廊に埋葬されたであろうとしている（*HAGIA SOPHIA - A VISION FOR EMPIRES*, p.XLVIII）。

第四章　小松済治の伝記史料の「批判的」検討
――十九世紀後半の日独交渉史の研究のために――

荒木康彦

一

従来、ドイツの大学で学籍登録した最初の日本人学生は、一八七〇年にハイデルベルク大学に学籍登録した赤星研造（一八四四―一九〇四）であるというのが、定説であった。一八七〇年のハイデルベルク大学の学籍簿（Die Matrikel der Ruprecht-Carls-Universität in Heidelberg. Sommersemester 1870.）を調査してみると、事実赤星は同年五月五日に学籍登録している(1)。しかも、毎学期ごとに刊行されている同大学の住所録（Adreßbuch der Ruprecht-Carls-Universität in Heidelberg）を閲覧してみると、一八七〇年夏学期から一八七三年夏学期にかけて赤星の名前・住所その他が見出される(2)。

しかしながら、洵に意外なことには、赤星が学籍登録する以前の一八六八年一〇月二一日に日本人がハイデルベルク大学で学籍登録しているのを見出した。従って、ドイツの大学に学籍登録した最初の日本人学生を発見したことになる。この人物は、一八六八年冬学期の同大学学籍簿（Die Matrikel der Ruprecht-Carls-Universität in Heidelberg, Wintersemester 1868.）において、登録番号は五九番、登録日は一〇月二一日、姓名は Sêdzi Masima、年令は一九才、出生地は Yeddo（Japan）、父母または保護者の身分および素性は Arzt（医師）、宗教は Cofusius（儒教）、研究は Medizin（医学）と記載しているのである(3)。そして、同大学の住所録を精査してみると、一八六八年刊行の一八六八―六九年冬学期の同大学住所録(4)及び一八六九年刊行の一八六九年夏学期の同大学住所録(5)の「学生の欄」の M の件に、Masima については見出され、記載時期は一八六八年聖ミカエル祭の休暇、この場合は即ち冬学期、居住地及び祖国は江戸・日本、研究は医学、住居の通り及び建物番号は Grabengasse 16、住居の家主は校長 Louis の寡婦となっている。だが、以後の同大学住所録には彼の名前は出てこない。従って、Sêdzi Masima は一八六八―六九年冬学期と一八六九年夏学期の二学期のみハイデルベルク大学に在籍したことになる。自ら採取した膨大な日・独・英・蘭・仏の一次史料の解読及び批判を通じて、この人物は馬島済治、後に改姓して小松済治（一八四八―九三）であり、会津藩が幕末に派遣した留学生であり、当時長崎の外国人居留地に居たドイツ人カール・レーマン（Carl Lehmann 1831-74）がその留学を後見していたこと等を、解明することが出来た。また、それを通じて、従来殆ど見落とされてきた十九世紀中葉の、換言すれば幕末・維新期の日独交渉史の陰影に富んだ展開についてもある程度解明することも出来た(6)。

更にその後、ドイツ留学からの帰国後の小松の動きについて実証的研究を進めた結果、明治期にドイツに傾斜しながら日本が近代国家の体制を確立する過程の幾つかの節目で、しばしば小松が独自の役割を演じていることも浮上してきた。明治維新直後から廃藩置県の間の政治的混迷期に和歌山藩によって構築されたプロイセン的な軍事官僚制国家への小松の参画、そして所謂「岩倉使節」の米欧回覧の際の書記官としての小松の活躍、そして明治国家がドイツ法の影響下に法治国家として確立されていく時期における司法省高級官吏としての小松の活動が、それである。

従って、十九世紀後半の日独交渉史の枠組において、小松についての個人史的研究をなす重要性が分かってきた。だが、そこに大きなアポリアが存在していることもまた判明した。即ち、小松の纏まった伝記史料が従来未発見であるために、小松の全生涯を俯瞰出来ぬというアポリアに逢着せざるを得なかった。東京都谷中霊園に存在する「従五位勲五等小松済治君之墓」に彼の生涯を述べた碑文を発見して、前述の如き彼のハイデルベルク大学留学の経緯を解明する一史料として既に活用したのであるが、この碑文は彼の全生涯を簡単ながら俯瞰していることから、これを改めて彼の「伝記史料」として「批判的に」検討することによって、つまりこの碑文を他の断片的な一次史料や彼の特定の時期についての一次史料と対照することを通じて、このアポリアの解明のための突破口を索出したい。

二

先ず、ここでこの墓の外的特徴を記しておきたい。高さ約三二センチ幅約一〇七センチの丸みを帯びた自然石を土台にして、その上に高さ約一五〇センチ最大幅約八五センチの不規則で平坦な自然石が墓石として立てられている。平滑に研磨され墓石の前面に高さ約一一七センチ幅約五四センチの枠が彫られ、その中央部に大きく「従五位勲五等小松済治君之墓」と篆刻されている。そして、その右に六行、左に六行、流麗な草書体で四百余文字の碑文が細刻されている。この碑文の部分は以下の通りである。

君諱壽盛通称済治平姓祖父以降称馬島仕会津侯考諱常謙母安藤氏君少敏穎従学杉原
南摩両師又更和蘭之文于山本川崎二子年十二失怙十八遊長崎就独乙人霊満傳其国語
竟従是伯林宿学四年遥知国変急皇帰朝則侯国既亡乃貫属和歌山藩復称小松氏藩方策
兵制君輔道尽力明治四年出仕兵部省是年有全権大使欧米巡聘之行君挙二等書記官随
焉明年更任外務書記官叙正七位尋転陸軍省八年任判事進従六位初奉職東京上等裁判
所後転大阪十一年更立于大審院叙勲六等明年罷職十八年再起為司法書記官命草訴訟
規則及民法案廿年為民事局長廿二年叙正六位明年転司法参事官是年叙勲五等賜瑞宝
章廿四年復判事補横浜裁判所長更賜菱光旭日章叙従五位在任二年退職二十六年五月
十二日病卒于東京下谷龍泉寺之邸年四十七諡曰青松院独撫清痴居士葬谷中塋域君無
子弟三郎嗣家余與君為義兄弟誓上之文何用多言乃銘曰　君之為人　闊達不覊
曰兵曰法　学之所宣　曰花曰月　心之所記　半生事業　子知我知
明治三十二年五月十二日　中林隆経篆書　山内昇撰並書　宮亀筆剋

この碑文を「批判的に」検討する、換言すれば「史料批判」の手続きで以て検討するということからすれば、先ず「外的批判」から始め、次に「内的批判」に取り掛かねばならない。

先ず、「外的批判」であるが、ここでは自ずと「来歴批判」（Herkunftskritik）が中心とならざるを得ない。この碑文の最後の行に「中林隆経篆書」とあることから「従五位勲五等小松済治君之墓」と中林隆経、即ち中林呉竹(7)（一八二七―一九一三）が篆書し、「山内昇撰並書」とあることから四百余文字から成る文章を山内昇(8)（一八四〇―一九二三）が作成し且つ書き、それを宮亀なる職人が墓石に刻して、「明治三十二年五月十二日」にこの墓が建立されたということであろう。だが、碑文の八行目から九行目にかけて小松が病没したのは明治二六年五月一二日となっていることから、彼の逝去から丸六年目の七年忌が、この墓石の建立の契機ということになる。小松の死没の年月日は、明治二六年五月一四日付け『東京朝日新聞』に掲載された小松の訃報(9)からも、同年五月一二日と確認出来る。それ故に、この碑文が作成された期日と碑文に記された諸事実は最低六年の隔たりがあることになる。史料批判における当該主義の原則からすれば、この碑文に記されている細かい内容の事実関係等には、取り扱いの上で注意を要するということになろう。そして、この当該主義からすれば、当然もう一点指摘しておかねばならないのは、この碑文を作成した人物についてである。それは前述の如く、当該人物、つまり小松自身ではなくて、「義兄弟」の契りを結ぶ程、極めて親しい関係にあったとはいえ、その友人に過ぎない点も、少しく注意を要する点であろう。だが、この碑文を作成した山内昇は、後に触れる様に会津藩出身で、しかも明治維新直後から廃藩置県の間に「山内熊之助」と称して、小松同様に和歌山藩に出仕した経歴を持ち、こうした点から山内は小松の経歴などを熟知していたといえよう。

三

次に、この碑文の「内的批判」に取り掛からねばならない。この碑文の形式は、被葬者の経歴を述べた部分、その後に置かれた「銘」部分とから成っており、近世の墓石に見られる碑文の形式を踏まえたものであり、碑文の作成者の被葬者に対する気持ちが「銘」によって披瀝されている。従って、この場合は、山内昇による小松済治の主観的把握が吐露されている訳である。

小松済治の墓に刻られたこの碑文の内容の構成は、（Ⅰ）家系、（Ⅱ）学問上の師、（Ⅲ）長崎遊学、（Ⅳ）ドイツ留学、（Ⅴ）帰国とその後の和歌山藩への出仕、（Ⅵ）明治政府に出仕した明治四年から同一二年の官歴、（Ⅶ）明治一八年に政府に再出仕してから同廿六年に退職するまでの官歴、（Ⅷ）死亡の時期およびその当時の境遇等、（Ⅸ）小松と山内の関係等、（Ⅹ）銘、となっている。

先ず（Ⅰ）についてであるが、この「従五位勲五等小松済治君之墓」と同一の墓域に「馬島瑞延之墓」と「会津藩馬島瑞謙先生之墓」が建てられている。前者の墓石の側面に「誠心院念誉致生瑞延居士　文政十三年一月二日没　行年四十八歳」と刻されている。後者の墓石の裏面には「山内昇敬撰並書」の三百余文字から成る碑文が刻されており、その冒頭部分には「先生諱常謙字子謙号飯山又石舟通称瑞謙會津人襲父箕裘而学醫夙志蘭学（中略）娶安藤氏生四男一女長曰済治次某次三郎（後略）」と述べられ、更にこの被葬者の死没に関しては安政六年「八月六日俄然罹病没于和田倉藩邸時年四十有八」とされている。しかも、「馬島瑞園伝」(10)なる小文の冒頭部によれば、「名は瑞園杏雨ト号ス父ヲ瑞延トイフ元千葉ノ人幕府ノ医師馬島ノ門ニ入リ眼科を修メ師ニ技量ヲ顕シ馬島ノ姓ヲ与ヘラル（後略）」とあるから、ここに出て来る瑞延が「馬島瑞延之墓」の被葬者であり、また馬島瑞園と「会津藩馬島瑞謙先生之墓」の被葬者とは兄弟同士となる。従って、馬島瑞延（一八三〇年没）が小松済治の祖父であり、この瑞延は馬島流眼科を修めて馬島の姓を許され、その後会津藩に出仕し、その子馬島瑞謙（一八五九年没）が小松済治の父であるということになる。母は安藤氏となっている点については、（明治四年）正月一九日付けの郡山の安藤久兵衛宛て大阪の小松済治発信書簡(11)は、「（前略）老母事も旧臘着阪来日々兎角不快にて今以於和歌山ぶらぶら致居候（後略）」と記されているので、小松済治の実母が郡山の安藤家出身であることは確実である。

（Ⅱ）についてであるが、杉原とは会津藩士杉原外之助(12)（一八〇六―七一）と、南摩とは同じく南摩綱紀(13)（一八二三―一九〇九）と推測される。また、山本とは会津藩士山本覚馬(14)（一八二八―九二）と、川崎とは川崎尚之助(15)（一八三七一七五）と推測され、前者は安政四（一八五七）年に開設された蘭学所で教師となったと、後者も同年に同じく蘭学所で教鞭を執ったと、されている。従って、小松（当時は馬島）済治は、会津において以上の様な人物を師として、勉学に励んだということになろう。

（Ⅲ）について、つまり小松が数え年の一二才で父を失った後、同じく一八才で長崎に遊学したという点についてであるが、小松が長崎に遊学していたことを示す一次史料は、未だ発見出来ていない。だが、会津藩側の一次史料の中に、彼の長崎派遣について言及されているものがある。それは西郷文吾・内藤近之助・一瀬要人・神保内蔵助より高橋外記・田中土佐・一瀬勘兵衛・井深茂右衛門・上田一学宛の九月朔日付（年号記載欠）書簡(16)――この書簡はその内容や前後の書簡から元治元（一八六四）年のものと考えられる(17)――には「此節柄鉄砲疵療治致候医師無御座候、甚以御差支ニ御座候所、蘭科之医師御吟味之上急ニ御召抱ニ相成可然哉」とされ、その訳は「此度戦争ニ付鉄砲疵之者多分有之」、会津藩の藩医に治療させたところ、かえって悪化する仕儀になったからである。この「戦争」とは元治元年七月の禁門の変に他ならず、この点からも、この書簡が「元治元年」九月朔日付けのものであることが分かる。そして、この書簡によれば、会津藩でも蘭方は「此先必用之職道ニ候間吟味有之可然哉」と考えられので、「両三人修行生被仰付可然哉」と判断され、その人選について触れられている。そして、「若手ニ而順甫、波江外ニ其表ニ馬島瑞謙実子済次郎と申者、素性宜敷者之由ニ候間被仰付可然哉」とされ、「順甫波江済次郎義蘭科修行被仰付、長崎表江被差下候旨、瑞真儀医師御雇勤之形を以京都表江被差登候、右ニ付御扶持五人分被下候旨被仰付可然哉」と提議されている。この「馬島瑞謙実子済次郎」とは、後の小松済治に他ならず会津藩によって、この少し後に彼は蘭科の修行生として長崎に派遣されたと、いえよう。

次に問題となるのは、彼の長崎遊学への出立時の年齢及び長崎での勉学場所である。この碑文は(Ⅷ)の件で「二十六年五月十二日病卒」、「年四十七」としているから、明治二六（一八九三）年に病没し、享年四七才ということになるから、逆算すれば小松済治は一八五八年に父を失い、一八六四年に長崎に遊学したということに、従って、また一八四七年に出生したということになろう。しかし、既述の如く父の瑞謙が死没したのは一八五九年であったし、Sédzi Masima は一八六八年一〇月二一日にハイデベルク大学の学籍簿に一九才と記しているので、ここに矛盾が生じる。私は、この矛盾を解決する襖・日の一次史料を見出すことが出来た。それは、ウィーン万国博覧会の時に同地で刊行されていた「一般絵入り万国博覧会新聞」第二巻第一四号（Allgemeine Illustrirte [sic !] Weltausstellungs-Zeitung.Band II.Nummer 14.）(18) に掲載された「T・コマツ」（T.Comatz）と題する記事、それから「明治十八年公文録　官吏進退司法省　自一月至七月」の中の「職第四六〇号　和歌山県士族小松済治」(19) の司法省任用に関する書類に添付されている小松済治の履歴書である。前者は「日本使節団の書記官兼日本の博覧会委員」として活躍する「T・コマツ」、即ち小松壽盛のプロフィールを報じたものであるが、そこには「彼は一八四八年に Yeddo（江戸）で生まれた」とされている。後者は、小松が明治一八年に明治政府に再出仕する時に、提出した履歴書であるが、その冒頭部に「和歌山縣士族　小松平壽盛通称済治　嘉永元年戊申十一月生」と明記されている。以上の史料操作から、小松済治は嘉永元（一八四八）年一一月生まれであることを立証し得た訳であり、従って、彼がハイデルベルク大学に学籍登録した時は、一九才一〇カ月程であり、父瑞謙が死没したのは一八五九年であり、済治が数え年一二才の折であるといえる。「T・コマツ」なる新聞記事では、彼の出生に触れた後に、彼は「重要な商業地にして当時外国人が滞在してよい唯一の都市であった長崎（Nagasaki）で初歩教育を受けた。小松は故国の学校を卒業した後に、ヨーロッパに来た。」と陳述されている。それ故に、小松が数え年の一八才以降に、即ち一八六五年以降に初歩教育を受けた長崎における――この新聞記事の文脈上、「医学の」ということになるが――学校とは、具体的に何かということが問題となる。それは、文久元（一八六一）年にオランダ海軍々医ポンペ（J.L.C.Pompe van Meerdervoort 1828-1908）の提議で創設された「長崎養生所」が慶応元年に改称されて「精得館」となった西洋式医学校と推測される。しかし、「精得館」の一次史料は明治維新直後に処分されてしまったようで、全く現存していない。それ故、馬島済治の「精得館」在学は文献史料の上では確かめようがない。しかし、慶応元年頃撮影とされている「精得館受業生」と題する写真(20)があり、この写真に撮影されている一三人の氏名も総て伝えられているが、そこに馬島済治の名前がある。それ故に、馬島済治が長崎の「精得館」で数え年一八才以降、即ち慶応元（一八六五）年以降学んだと、判断してよいであろう。また、小松の長崎遊学の件で、看過できない重要性を持つのは、彼にドイツ語を教え、(Ⅳ)の件では彼をドイツに伴ったとされる「独乙人霊満」である。この人物の素性や活動は、国内外で自ら発見した多数の史料に立脚して、既に拙著で明らかにした(21)ので、ここでは最低限必要な史料を挙げるに止めたい。だが、「霊満」は片仮名表記すればレーマンとなるが、幕末期の長崎の諸史料にはドイツ人レーマンなる名前は出てこない。「起万延元年庚申終慶応二年丙寅　長崎製鉄所一件」(22)所収の諸史料に出てくるオランダ人「造船師　レーマン」、幕末期の長崎の外国人居留地に関する包括的一次史料である「自文久二年至慶応元年　外国人名員数書」(23)・「自慶応二年正月至同年十二月　外国人并支那人名前調帳」(24)・「慶応三年正月ヨリ十二月マデ　外国人名前調帳」(25)に出てくる蘭人「レーマン」（あるいは「レイマン」と表記）が「独乙人霊満」と判断される。前者の諸史料によれば、この人物は文久二年三月に長崎製鉄所に雇用されたが、慶応元年三月に解雇されている。後者の諸史料によれば、この人物は長崎の外国人居留地に慶応元年五月に現れたが、その後この名前は消え、慶応二年四月以降外国人居留地に居住している。レーマンはこの間の慶応元年初夏に横浜に現れ、外交問題を引き起こし、「蘭人」ではなくて「孛人」と判明するのである(26)。その後、長崎の居留地に落ち着いたレーマンは武器商人として活動していたことが、一次史料から確認できるが、それらの中で最も注目されるが、レーマン側と会津藩山本覚馬及び中沢帯刀との間に取り交わされたところの、ドイツ製後装ライフル銃たる撃針銃（Zündnadelgewehr）三〇〇〇挺とその付属品及び弾薬製造機三台を和歌山藩に納入する「約定」(27)（一八六七年四月二九日付け）、同銃一三〇〇挺とその付属品及び弾薬製造機一台を会津藩に納入する「約定書」

(28)(一八六七年五月四日付け)である。ここに、小松(当時は馬島)の母藩である会津藩及び同藩士山本覚馬――小松の師である――とレーマンとの接点が見出せるからである。だが、具体的に小松とレーマがどのような契機で出会ったかは、史料の上では未だ確認出来ず、今後の課題としたい。

次に(Ⅳ)のドイツ留学であるが、碑文によれば小松はレーマンに従って渡独したとされるが、後者の一時帰独の目的は日本人女性との間の娘をドイツで私生児認知の法的手続きをすること、そして無論会津・和歌山両藩から受注した小銃を調達することであった。問題は小松がどの様な形で、何時レーマンに伴われて出国したかである。赤星研造の場合は、慶応三年二月に母藩の筑前藩側から蘭国渡航の「御印章」、即ち旅券の発給願(29)が出されており、また幕末期に横浜で刊行されていた英字新聞 The Daily Japan Herald(1867,13,June)に掲載されている「乗客」の欄に Akabosi の名前が見出される(30)ので、赤星研造の離日の時期や経緯を知ることが出来る。当時、馬島を名乗る小松済治の場合は、このような史料は見出せない。だが、こうした意味では決定的な重要性を持つのが、一八六七年五月一一日付けの京都の山本覚馬宛の長崎のカール・レーマン発信のオランダ語書簡(31)(写し)である。山本によって明治九年に裁判の証拠として提出された当該書簡が明治一一年に返却される際に、写されて京都府側に保管されていたので、写しとはいえ、一次史料と位置付けてよいものである。関係部分を引用すれば、以下の様に述べられている。

(前略)ところで、私は今月の一五日に馬島(Masima)と共に上海に、そしてそこから更にわが祖国に出発します。そして、これらの銃が早く良く出来る様に配慮致す所存です。私はパリ経由で旅行するでしょう。そして馬島に大博覧会を見学させるつもりですが、それは彼にとって大きなものになるでしょう。(中略)貴方たちの主君が許された費用(middel)ではきっと十分ではないでしょうが、しかし、私は自分の弟に対するのと同じ様に彼にきっと配慮致しましょう。貴方たちの主君は費用の不足をきっと聞き届けさせられるだろうと私は確信致します。

（後略）

それ故に、碑文にあるように小松がレーマンに連れられて、留学のために離日したのであり、しかもその時期が一八六七年五月一五日であったといえよう。しかも、それは「T・コマツ」と題する新聞記事にある、小松が（医学の）初歩養育を受け長崎の学校を「卒業した後に、ヨーロッパに来た」という陳述とも矛盾しないのである。上海発行の英字新聞 The North-China Herald の一八六七年五月二三日付けの「海運情報」の欄によれば、Fei-loong なる船が同年五月一五日に長崎を発って、同月一七日に上海に入港している(32)。また、同年六月二九日付けの同紙の「乗客」の欄に、Lemann（sic !）なる人物が同月二三日に Malacca 号なる船で、上海を発って香港に向かっている(33)。従って、レーマンに伴われた馬島は、このレーマン書簡に述べられているように、一八六七年五月一五日長崎を発って、上海を経由してヨーロッパに向かったことを確認することが出来た。碑文では「伯林宿学四年」となっており、この「四年」とは足掛け四年であろうが、小松が離日したのは、記述の如く一八六七年であり、帰国は「T・コマツ」なる新聞記事に従えば一八七〇年であるから、この点は正確である。しかしながら、この時期のベルリン大学の学籍簿には無論、Masima の名前は認められないから、小松が「伯林」に留学したとされているのは疑問である。というのも、当時の小松のヨーロッパでの足跡を示す、非常に貴重な日・独の一次史料を見出すことが出来たからである。前者は、慶応三年にボードインに連れられて赤星等と共にオランダ留学に出発した緒方洪哉（一八四三―一九〇九）が、長崎在住の池田謙斎（一八四一―一九一八）宛に出した一八六八年三月八日付け書簡(34)であり、そこでは「御地ニ遊学仕居候馬嶋会津人、当節『フロイセン』オルテンビュルクに勤学罷存、毎度書状差送り申候」とされている。小松は長崎の精得館で学んだのであるから、「御地ニ遊学仕居候」とは、そのことを意味しており、しかも「会津人」の馬島とは馬島済治、つまり小松済治を指しており、「オルテンビュルク」とは北ドイツのオルデンブルクである。一八六八年初めオランダ在住の緒方がオルデンブルク——レーマンの出身地——在住の馬島済治と頻繁に書簡を遣り取りしていたことを意味している。そして、後者はレーマンが一八六八年八月八日にオルデンブルク大公宛てに提出した、同年七月二八日付けの「オルデンブルク出身商人カール・ヴィルヘルム・ハインリヒ・レーマンの娘ルイーゼ・シャルロッテ・オトキの私生児認知のための恐乍申上書」(Unterthänigstes Gesuch des Kaufmanns Carl Wilhelm Heinrich Lehmann aus Oldenburg um Legitimation seiner Tochter, Louise Charlotte Otoki)[35]であり、そこでレーマンは「昨年の夏以来故郷の都市に戻って、彼はそこからハンブルク出身の六年来の協力者と共にレーマン＝ハルトマン商事会社(Lehmann=Hartmann & Comp.)を大坂(日本)で結成した」のであり、「日本から帰る際に父親は愛する子供と別れることは出来ず、ここでキリスト教的な教育と家族の元での故郷とを授けるために、彼は子供を帯同したのである。既に帰路でその子はパリにおいて洗礼を受け、ルイーゼ・シャルロッテ・オトキ(Louise Charlotte Otoki)と名付けられ(中略)そしてさしあたり寄宿学校に入れられたハイデルベルクにおいて、一八六七年一二月一四日に公証人ディリンガー(Dillinger)ならびに証人によって正式に承認された」と述べている。従って、小松はレーマンの故郷であるオルデンブルクに一八六七年夏から少なくとも翌六八年初めまで滞在し、その後ハイデルベルク——レーマンの娘が寄宿舎に入っていた場所でもある——に移ったのである。また、現在パリには一一の福音派教会が存在するが、それらの殆ど総てを歴訪して教会の記録簿(registre)を精査した結果、第四区の「ビエット(Billetes)教会の一八六六年一月一日から一八七一年七月三〇日までの記録簿」[36]の一八六七年一二月七日の件に、レーマンの娘 Louise Charlotte Otoki の受洗簿を見い出すことが出来た。小松はレーマン親子と共に、山本宛てのレーマン書簡にある様に、パリも訪れたということになろう。以上から、碑文にある「伯林宿学」は、山内の誤記あるいは誤認といえよう。

さらに、碑文の（V）、つまり帰国とその後の和歌山藩への出仕の件を検討しなければならない。碑文によれば、遥かヨーロッパの地で国変を、つまり明治維新を知り、急皇として帰朝したところ、会津藩は滅藩処分を受けて存在せず、彼は和歌山藩に出仕し、小松姓に復した、とされている。本論冒頭部で明らかにした通り、Masima は一八六九年夏学期までハイデルベルク大学に在籍していた訳であるから、当然帰国は同年後半以降である。だが、私は、洵に意外な史料において、帰朝しようとする小松の動きを発見することが出来た。その史料というのは、明治維新直後にオランダに赴いた金沢藩の伍堂卓爾が後年書いた『一世記事』(37)と題する半生記であり、文献の性質上、史料として活用するには慎重でなければならないが、その記述内容は概ね信用に価する。伍堂は明治二年四月三日に長崎を発ち、五月二九日にマルセイユに到着し、パリを経由して六月六日にロンドンに入り、その直後から伍堂はオランダのユトレヒトで「修行ニ従事」するのだが、そうした時期に「普国留学の会藩医学生馬島瑞謙（後チ小松済治ト改名ス）屡々『ユトレヒト』町ニ来遊し余等の寓居に寄宿ス」る。伍堂はロンドン留学中の金沢藩神戸清右衛門と協力して一八六九年九月にオランダ陸軍一等軍医スロイス（P.J.A.Slüys 1833-1913）を金沢藩に雇用する契約を結び、さらに、伍堂・神戸はその他数名の教師の雇用と教育教材購入の計画を立て、「語学教師ハ英人ヲ其他ハ独逸人ヲ選抜スヘキ事ニ決ス依テ教授通弁役トシテ馬島瑞謙ヲ金沢へ雇入レソレカ為メ馬島氏留学中ノ負債及ヒ帰朝旅費（凡ソ洋銀二千弗）仕拂フヘキコトニ内約」して、伍堂自身は単身先んじて藩庁の許可を求めて帰帆し、明治二年一二月廿八日に長崎に帰着した。帰国した伍堂は翌明治三年二月に金沢医学校出仕を任じられ、「欧州ニ残駐セシ神戸清右衛門は普国『ギーゼン』ニ於テ諸条約結了後小松済治ヲ伴ヒ同月帰藩シ同人ヨリ具ニ上申」したが、「然ルニ小松済治ハ日数二十日間神戸方ニ滞在シテ」金沢を去っている。従って、小松済治は、一八七〇年三月に帰朝したことが確認できた訳である。だが、碑文にある様に「急皇帰朝」か、「T・コマツ」なる新聞記事にある様に「長いフランス及びイギリス旅行の後に彼は一八七〇年に日本に帰」ったかは、『一世記事』では分からない。また、この「T・コマツ」

と題する新聞記事では、帰朝後に「彼は国家の役人となり、そして或る州に於いてプロイセンの将校の助けでヨーロッパの原理による軍隊の完全な再編成を遂行した」とされており、これは碑文の「貫属和歌山藩（中略）藩方策兵制君輔道尽力」に照応するものであろう。そして、小松の和歌山藩への出仕は、以下のような日独の一次史料から確認出来る。幕末・維新期の紀州和歌山藩士録ともいうべき「和歌山御家中御目見得以上以下伊呂波寄惣姓名帳」(38)の中の「コ」の件に「中之間席廉　新　小松済次《ママ》」として出て来る。更に、一八六九―七一年間に和歌山藩の軍事教官を務めたドイツ人カール・ケッペン（Carl Köppen 1833-1907）が書き残した和歌山滞在期の日記(39)（一八六九年一二月から一八七一年六月まで）の一八七〇年九月の条に「一〇日、Comatzu Szedzi 氏が和歌山に来た」と追記されている。そして、性格上その信頼性には注意しなければならない史料ではあるが、このケッペンが最晩年期に物した回想録である「わが諸体験と旅行とプロイセン王国の操典によって日本の軍隊を初めての創出したことへの回想」(Rückblick auf meine Erlebnisse, Reisen und erste Ausbildung japanischen Militärs nach Königlich Preußischen Reglement)(40)の一八七〇年のところで「(前略)この頃 Komatzu なる人士が紀州に来たが、彼は何年かハイデルベルクに学び、そしてわたしの元に配属された(後略)」と陳述されている。従って、一八七〇年の帰朝後、約半年にして小松は新たに和歌山藩に仕えることになったといえるが、この間の経緯は史料の上からは明らかではない。

（Ⅵ）については、記述の小松済治の履歴書に記載されている官歴と照合すれば、一先ず史料批判は果たせよう。この履歴書は、前述の如く、碑文に言う明治「十八年再起」の時に、つまり明治一八年に再出仕する折に提出したもので、従って明治一二年七月廿五日の依願免官迄の官歴が大略以下の様に列記されている。「明治四年辛未正月十一日」に「大阪兵部省御用掛申付候事」、「同年九月二日」に「兵部省七等出仕被仰付候事」、「同年十月十日」に「今般特命全権大使欧米各国へ被差遣候ニ付二等書記官トシテ随行被仰付候事」、「明治五年壬申二月」に「大久保全権副使一應帰朝直様欧州へ罷越候条随行被申渡候事」、「同年十月十七日」に「任外務三等書記官」、「同六年一月」に「墺私利國博覧会事務官兼任心得被仰付候事」、「同年二月十五日」に「叙正七位」、明治「七年三月卅一日」に「補陸軍七等出仕」、「同年四月二日」に「陸軍省第一局第六分課被仰付候事」、「同年五月九日」に「補司法省六等出仕」、「同年五月十日」に「東京上等裁判所詰被仰付候事」、「同月廿四日」に「任六等判事」、「同年九月廿日」に「叙従六位」、「同十年十月廿四日」に「大阪上等裁判所在勤被仰付候事」、「同十一年二月廿五日」に「当分大審院詰被仰付候事」、「同年六月廿九日」に「叙勲六等」である。故に、碑文にあるこの時期の官歴は、以上を正確に略記したものといえる。この（Ⅵ）と（Ⅶ）との間の時期について碑文では触れることはなく、また当該時期の小松の動静を伝える史料は未だ発見できず、その発掘は今後の課題としたい。

（Ⅶ）に該当する時期の小松の官歴については、纏まった史料は存在しないので、当時刊行されていた『官報』の全号を通覧して、これを抜き出してみると、大略以下の如くなる。明治一八年三月「勲六等小松済治ハ昨九日司法省ニ於イテ左ノ通仰付ケラレタリ（中略）御用掛被仰付候事（中略）議事局員ヲ命シ候事」(41)、同二〇年三月一三日に「司法書記官」を命じられ(42)、同年一一月四日に「司法省民事局次長」を「被仰付」(43)、同二二年一二月一二日に「叙正六位」(44)、同年一二月二八日に「任司法省民事局長」及び「叙奏任官二等」(45)、同二三年一二月一八日に「任司法省参事官」及び「叙奏任官二等」(46)、同月二六日に「叙勲五等瑞寶章」(47)、同二四年二月七日に「任判事」(48)、「補横濱地方裁判所長」(49)、同二五年一〇月八日に「横濱地方裁判所長判事　小松済治」「退職ヲ命ス」(50)となっている。従って、この時期の彼の官歴も大略正確に碑文に刻されている。だが、碑文にある「命草訴訟規則及民法案」について、現段階では史料によって裏付けられ得ない。

（Ⅷ）については、既述の如く、『朝日新聞』掲載の訃報からも死亡年月日は碑文にある通りであることが確認できたが、死没の詳しい状況はこのいずれにも触れられていない。当時の歌舞伎界に深い繋がりを持った小松の病状や最期の様子が、明治二六年の『歌舞伎新報』の諸号の「音信」の欄に掲載されているのを発見出来た(51)。それらを総合すると、小松は同年の年始回礼の時に胃病による痛みを覚え、三月一五日に外神田和泉町の帝国大学医科大学第二医院に入院し、五月一二日午後三時三〇分頃死没し、遺体は龍泉寺町の自邸に移され、同一四日に谷中に埋葬されたということになろう。故に、碑文にある「病卒于東京谷中龍泉寺町之邸」というのは、山内の記憶違いなどによる誤りということになろうか。

（Ⅸ）については既に外的批判の所である程度触れたので、ここではそれを補足するに止めたい。私が見出すことが出来た山内の墓(52)には、「雙松院香渓日昇居士」の戒名と共に「山内昇　行年八十三才　大正十二年十月廾八日没」と刻されてあった。故に、彼は小松より二才だけ年少であり、同じ会津藩の出身で、同時期に和歌山藩に出仕した訳であるから、小松と「義兄弟」の契りを結び、銘にある様に彼の「為人」及び「事業」を熟知していたということになろう。そして、山内昇は会津藩の書家山内香雪の継嗣で、彼自身書家であったので、小松済治の為に健筆を振るったのであろう。

（Ⅹ）の件で、つまり「銘」において、山内は小松の経歴以外で後世に伝えたい彼のプロフィールを「曰兵曰法学之所宣　曰花曰月　心之所記」という含蓄深い字句で彫琢している。というのも、小松は「再起して」司法省に出仕する少し前の明治一六（一八八三）年に、明治憲法の制定に大きな影響を与えたことでよく知られるドイツの国法学者ルードルフ・グナイスト（Rudolf Gneist 1816-95）の著作『法治国家』（Der Rechtsstaat, 1872.）を『建国説』と題して翻訳・出版しているからである(53)。私の書誌学的考察の結果、これはグナイストの著作の最初の邦訳であることを確認することが出来た。また、小松の歌舞伎の台本『義（織田信長）』が「遺稿」として『歌舞伎新報』に掲載されており(54)、それは彼が市川団十郎の大後援者であり、歌舞伎に造詣が深かった(55)ことに由来するものだからである。また、山内が「君之為人　闊達不羈」と、「半生事業　子知我知」と吐露しているのも、（Ⅸ）について触れた彼と小松の関係から首肯し得るが、それは史料批判を問題の次元を超え、伝記叙述の上での問題であるから、伝記史料の「批判的」検討を主題とする本論は此処において擱筆さるべきである。

【註】

（1）Universitätsarchiv der Ruprecht-Carls-Universität in Heidelberg.A 702/12.

（2）Adreßbuch der Ruprecht-Carls-Universität in Heidelberg. Sommer-Halbjahr 1870.Heidelberg 1870.S.9;Adreßbuch der Ruprecht-Carls-Universität in Heidelberg.Winter-Halbjahr 1870-71.Heidelberg 1870.S.9;Adreßbuch der Ruprecht-Carls-Universität in Heidelberg.Sommer-Halbjahr 1871.Heidelberg1871.S.9;Adreßbuch der Ruprecht-Carls-Universität in Heidelberg. Winter-Halbjahr 1871-72.Heidelberg 1871.S.10;Adreßbuch der Ruprecht-Carls-Universität in Heidelberg. Sommer-Halbjahr 1872.Heidelberg 1872.S.10;Adreßbuch der Ruprecht-Carls-Universität in Heidelberg.Winter-Halbjahr 1872-73.Heidelberg 1872.S.10;Adreßbuch der Ruprecht-Carls-Universität in Heidelberg.Sommer-Halbjahr 1873.Heidelberg 1873.S.10.

（3）Universitätsarchiv der Ruprecht-Carls-Universität in Heidelberg.A 702/12.

（4）Adreßbuch der Ruprecht-Carls-Universität in Heidelberg.Winter-Halbjahr 1868-1869.Heidelberg 1868, S.15.

（5）Adreßbuch der Ruprecht-Carls-Universität in Heidelberg.Sommer-Halbjahr 1869.Heidelberg 1869,S.17.

（6）拙著『近代日独交渉史研究序説―最初のドイツ大学日本人学生馬島済治とカール・レーマン―』（雄松堂出版、平成一五年）参照。

（7）幕末・明治・大正期の書家。名は隆経、梧竹は号。会津藩の書家山内香雪（一七九九―一八六〇）の弟子。

（8）会津藩士、後に和歌山藩士。山内香雪の養子。名は昇、通称は熊之助、香渓は号。「和歌山御家中御目見得以上以下伊呂波寄物姓名帳」（和歌山県立公文書館所蔵　県立図書館移管資料一〇〇四）の中の「ヤ」の件に「中之間席廉　元斗南藩　新　山内熊之助」とあるのが、香渓山内昇のことと判断される。
（9）「小松済治氏逝く」明治二六年五月一四日付け東京朝日新聞。
（10）「馬島瑞園伝」（『北陽史談』第六年第一一号　昭和七年）二頁。この一文は来歴が不詳で、細かい事実関係の信頼性は必ずしも確かではない。
（11）福島県郡山市安藤氏蔵。
（12）名は凱。会津藩士。天保末年に日新館で「学館預」となり、後に医学寮で本草学を教えた。日本史籍協会編『会津藩教育考』（東京大学出版会　昭和五三年）六五三頁。
（13）通称は三郎。会津藩士。安政四（一八五七）年開設された会津藩蘭学所の教師を勤めた。若松市役所編『若松市史　下巻』（昭和一七年）五九六頁。
（14）名は良晴。会津藩士。同藩蘭学所の教師を勤めた。前掲書同頁。
（15）通称は尚斎。但馬出石出身。会津藩蘭学所が開設された安政四年、会津来着。前掲書同頁。
（16）『会津若松市史・史料編Ⅰ　幕末会津藩往復文書　上巻』（会津若松市発行　平成一二年）二九二―二九三頁。
（17）この点については、前掲拙著三七―四一頁参照。
（18）Allgemeine Illustrirte Weltausstellungs-Zeitung,Band II,Nummer 14. また、イタリアの新聞 L'ESPOSIZIONE UNIVERSALE DI VIENNA DEL 1873 ILLUSTRATA.Volume Primo Della 1.ª alla 40.ª Dispensa. Millano 1873. にも T.COMATZ なる記事が掲載されているが、両記事の内容は全く同じで、従って同一のニュース・ソースに依るものであろう。
（19）国立公文書館所蔵二A―公四〇八一。
（20）京都市の半井氏旧蔵で、現在は防府市の荒瀬氏蔵。「精得館受業生」（『中外醫事新報』第一二一六号　昭和一年九六―九七頁）。
（21）この点については、前掲拙著四五―八六頁。
（22）「起万延元年庚申終慶応二年丙寅　長崎製鉄所一件」東京大学史料編纂所所蔵　外―五三。

(23)「自文久二年至慶応元年　外国人名員数書」長崎歴史博物館所蔵一四―一一七。
(24)「自慶応二年正月至同年一二月　外国人并支那人名前調帳」長崎歴史博物館所蔵一四―三―四。
(25)「慶応三年正月ヨリ一二月マデ　外国人名前調帳」長崎歴史博物館所蔵一四―一三―六。
(26) 前掲拙著五四頁参照。
(27)「庚午七月　独逸人レーマンより旧会津藩足立泉相手取小銃代金滞一件」長崎歴史博物館所蔵一四―四〇七―三所収。
(28) 同所収。
(29)「覚」（松平美濃守内粟田貢より長崎運上所宛て御印章下渡願　慶応三年二月）、「慶応三年　諸家買入物伺御付札　卯従正月五月至」長崎歴史博物館所蔵一四／一七一―三／一所収。
(30) The Daily Japan Herald,Vol.2,No.1,119(1867,13,June), PASSENGERS.
(31) Carl Lehmanns schrijven, Nagasaki 11. Mei 1867. 京都府立総合資料館所蔵明一一―一〇。
(32) The North-China Herald And Market Report, Vol. I, No.7(MAY 23TH,1867),SHIPPING INTELLIGENCE.
(33) The North-China Herald And Market Report, Vol. I, No.12(JUNE 29TH,1867),PASSENGERS.
(34)「池田謙斎宛て緒方洪哉書状、ユトレヒト　一八六八年三月八日」（池田文書第六一文書）〔「日本医史学雑誌」第三七号第三号平成三年「池田文書の研究（五）」四三四頁〕。
(35) Niedersächsisches Saatsarchiv Oldenburg.Bestd. 31-15. Nr.65-6.
(36) Registre des Billettes du ler Janvier 1866 au 30 Juillet 1871.
(37) 金沢県立玉川図書館蔵。（特）一六、六二―一一六。
(38) 和歌山県立公文書館所蔵　県立図書館移管資料一〇〇四。
(39) Carl Köppens Tagebuch. Historisches Seminar der Universität in Kiel.
(40) Carl Köppen, Rückblick auf meine Erlebnisse, Reisen und erste Ausbildung japanischen Militärs nach Königlich Preußischen Reglement. Japanologisches Seminar der Universität in Bonn. Tr<K.59>10-2.S.18.

(41) 太政官文書局『官報　第五百四号』(明治一八年三月一〇日)五頁。
(42) 内閣官報局『官報　第千百拾八号』(明治二〇年三月二六日)二五三頁。
(43) 同『官報　第千三百八号』(明治二〇年一一月七日)五一頁。
(44) 同『官報　第千九百四一号』(明治二二年一二月一六日)一六一頁。
(45) 同『官報　号外』(明治二二年一二月二九日)一四頁。
(46) 同『官報　第二千二百四三号』(明治二三年一二月一八日)二四六頁。
(47) 同『官報　第二千二百五一号』(明治二三年一二月二七日)三六八頁。
(48) 同『官報　第二千二百八三号』(明治二四年二月一二日)九三頁。
(49) 同号九四頁。
(50) 内閣官報局『官報　第二千七百八八号』(明治二五年一〇月一一日)一〇七頁。
(51) 『歌舞伎新報　千四百七三号』(歌舞伎新報社　明治二六年五月一三日)『歌舞伎新報　千四百七四号』(同月一五日)・『歌舞伎新報　千四百七五号』(同月一八日)。
(52) 東京都港区薬王寺内。
(53) ルトルフ・グナイスト編述・小松済治訳『建国説　一名法治国家論　上巻』(出版人　荒川邦蔵　明治一六年)国立公文書館蔵　三二三―一二三三五―四八三。
(54) 『歌舞伎新報　千五百廾八号』(明治二六一一月二九日)―『歌舞伎新報　千五百三六号』(明治二六年一二月二六日)及び『歌舞伎新報　千五百四二号』(明治二七年一月二六日)。作者名は、いずれの号でも「小松清癡居士」となっている。
(55) 鈴木要吾『蘭学全盛時代と蘭疇の生涯』(東京医事新誌局　昭和八年)二三一頁。

【追記】

①引用史料の題目及びそこに出てくる表現その他は原典尊重の意味でそのままにしている。

②元号を付していない年代は、すべて西暦によるものである。

第二部　キリスト教世界の史的構図

第五章　エルサレム王アマーリック一世のエジプト遠征

梅田輝世

はじめに

第一次十字軍運動によって誕生した中東に於ける十字軍国家、所謂ラテン四国は、初代エルサレム王ボードワン一世（一一一八年没）とボードワン二世（一一三一年没）の治世、エルサレム王を軸とする統治体制の基盤が固まるとともに、最大の領土を得た。北はユーフラテス河上流部（エデッサ伯領）から、南は紅海湾頭アイラ（アカバ）に至るシリア・パレスティナ地方の沿海部を主体とし、一部内陸部の外ヨルダン地方を含んでいた。つまりエジプト、シナイ半島とシリア内陸部との二つのイスラム世界の間にラテン・キリスト教の世界が出来た事になる。歴代エルサレム王や諸侯たちは、ヨーロッパのまたイタリア諸都市の、そして何よりもビザンツ帝国の軍事力と援助を頼みとし、騎士修道会（騎士団）の力を借りて、イスラム諸勢力と対戦するとともに、休戦協定や和平条約を繰り返して存続してきた(1)。しかし、在地第二世代の王たちになると状況は変化する。特にモースルとアレッポを支配したトルコ人のアタベク・ザンギー ʿImād al-Dīn Zangī（一一四六年没）が、一一四四年エデッサを占領して以降、エデッサを失った十字軍諸国は厳しい立場におかれることになった。ザンギーは「対フランク・ビザンツ聖戦（ジハード）」を唱えてトルコやアラブ諸政権の統合を計り、彼の死後、次子ヌール・アッディーン Nūr al-Dīn Maḥmūd（一一七四年没）が、アレッポを継ぐとともに父親の「対フランク・ビザンツ聖戦」を継承し、一一五四年にはダマスカスを占領して、シリアの統一に成功した(2)。次の目標はイスラム世界の統一であり、これによりジハード戦の成功がより確実なものとなる。

これに対しフランク側は、エルサレム王位継承をめぐる抗争、諸侯勢力の分立、政争、加えて在地諸侯と新来の諸侯や騎士たちとの見解の不一致など内部での抗争が目立ってくる。エデッサ奪回を目的として組織された第二次十字軍のシリアでの動きとその結果が、その一端を如実に物語っている。第六代エルサレム王アマーリック一世 Amalric（Amaury）のエジプトへの遠征は、このような状況の中で行われた。彼にとっても、ヌール・アッディーンにとっても、エジプトが相手方の手に落ちることはどうしても避けなければならない。王の五回にわたるエジプト遠征がどのようになされたのか。ここでは、王に仕え、王子たちの教育係を務め、さらにエルサレム大司教にもなったティレのウイリアム William of Tyre（一一八五年以降没）の記録(3)をもとに、アラブ史料と合わせて事実関係を整理しておきたい。

一　エジプト・ファーティマ朝の政情不安

ファーティマ朝はシーア派の一分派である過激派のイスマイール派の王朝で、カリフは宗教と政治両面の統轄者として専制的主権をもち、なかば神格化されていた。カリフの下、文官は宰相が、武官は総司令官が、それぞれ実務を統括してきたが、第九代カリフのムスタンシル al-Mustanṣil（一〇九四年没）の治世、アルメニア人の軍司令官、バドル・アッジャマーリー Badr al-Jamālī（一〇九四年没）に宰相を兼任させ、その子アフダル al-Afḍal（一一二一年没）がこれを継いで、文武両権の実権を掌握して以降、カリフの傀儡化が始まる。十世紀以降シリアに広く領土をもち、バグダードのカリフを凌ぐほどの繁栄を誇った王朝も一気に衰退の道を辿ることになった。一一五四年のカリフ、アッザーフィル al-Ẓāfir（一一五四年没）殺害事件は、こうした事情を如実に示すものである[4]。十三代カリフに六歳のファーイズ al-Fāʾiz（一一六〇年没）を据えたアラブ人の宰相タライ Ṭalāʾi b. Ruzzīk（一一六一年没）は、シリアの覇者となったヌール・アッディーンとの和平交渉を進め、一一五八年一〇月にはダマスカスに使節を送って、ジハード戦への協力を申し出ている[5]。この混乱期にファーティマ朝はパレスティナでの最後の領地アスカロンを、エルサレム王ボードワン三世によって奪われたのである。一一六〇年カリフ、ファーイズの死後、宰相タライは十一代カリフ、ハーフィズ al-Ḥāfiẓ（一一四九年没）の孫に当たる九歳のアル・アーディド al-ʿĀḍid（一一七一年没）を即位させたが、翌六一年、カリフ宮殿の不満分子の策略で暗殺され、宰相位はタライの息子ルッジーク Ruzzīk（一一六二年没）が継いだ。同年、上エジプトのアラブ人知事シャーワル Shāwar（一一六九年没）が蜂起してカイロに入り、ルッジークを殺害、自ら宰相位についた。タライが信頼していた部下で、バルキーヤ連隊の長であり、宰相宮殿の侍従長でもあったアラブ人ディルガム Ḍirgham（一一六四年没）は、一一五八年パレスティナでの対フランク戦に勝利して凱旋、タライの子ルッジークにも仕えたが、ルッジーク亡き後、逆に宰相になったシャーワルに取り入ってその宮殿の侍従長に納まった。しかし九カ月後、ディルガムは兄弟や軍の支持を受けて、シャーワルに対して挙兵、一一六三年八月宰相に就任した。シャーワルはシリアに逃れ、復位のための運動を行うことになる(6)。

二　アマーリック王のエジプト遠征

アマーリック一世は、兄のボードワン三世を継いで、一一六三年二月一八日戴冠した。ともにエルサレム生まれの二世である。ティレのウイリアムは「ボードワン王の死後八日目、王の弟アモーリが王位につき、世襲権利により王国は彼のものとなった」(7)と述べ、王の戴冠をめぐり、諸侯たちの分立、教会分裂の危機もあったことを加えている。その理由は主に彼が即位前、まだヤッファ及びアスカロン伯であった時代に、エデッサ伯ジョスリン二世Joscelin（一一五九年没）の娘アグネスAgnes of Courtenayと既に結婚していて、二人の子供シビルSibylとボードワンBaldwin（後のボードワン四世）がいたこと、王とアグネスの間柄が近親関係にあり、教会法で禁じられていた間柄である点で結婚の合法性に疑念がもたれたことにあった(8)。結局王はアグネスと離婚し、二人の子供は正当な継承者とすることで戴冠に至ったという(9)。

アマーリック王は即位から一一七四年七月の死に至るまで治世一一年の間に、少なくとも五回のエジプト遠征を行った。第一次遠征は即位後すぐ、一一六三年九月、第二次は一一六四年夏、第三次は一一六七年一―八月、第四次は一一六八年一〇月から翌六九年一月にかけて、第五次は一一六九年一〇―一二月である。以下順次、その内容をみてゆくことにする。

第一次遠征

王の即位のとき、丁度エジプトはファーティマ朝最後のカリフ、アル・アーディドの治世の末期に当たり、宰相位がシャーワルからディルガムに移った直後の事である。一一六三年八月、ダマスカスに逃れたシャーワルはヌール・アッディーンに保護を求め、宰相位に復帰させてくれるなら、エジプトの国家収入の三分の一と遠征隊に要した費用全額を支払い、デルタ北東部の一部を割譲する旨約束した。ヌール・アッディーンの方は最初乗り気でなかったというが、シャーワルの巧みな弁舌に次第に心を傾けていった。シャーワルに遅れてディルガムからも使者が来て支援を求めたが、シャーワルとの約束をもつヌール・アッディーンはこれに応じず返した。ヌール・アッディーンがシャーワルを受け入れたことを知り、かねてからエジプト侵略への意欲に燃えていた王は、一一六三年九月、最初のエジプト遠征を行った。ウイリアムによると、「エジプト人が彼の兄と結んでいた合意による年貢金支払いを拒否した。それで王は騎士の強力な軍勢と大軍を招集して九月初旬、大軍勢を率いてエジプトに下った」(10)のである。シナイ半島を経てビルバイスを攻囲した王に対し、ディルガムも大軍を率いて抗戦し、丁度ナイル川の増水期にあたるのを利用して、堰を二カ所壊して洪水を起こし、王の進攻を阻止した。ウイリアムは「王は勝利者として凱旋し、王国を栄光で飾った」(11)というが、ディルガムのこの作戦は成功し、双方とも多数の死傷者をだしたものの、王はやむなく退却しエルサレムに戻ったとするのが実情であろう。

第二次遠征

一一六四年四月、ヌール・アッディーンは父ザンギーの代からの腹心の部下であるクルド人の将軍シルクーフ Asad al-Din Shirkūh（一一六九年没）に、エジプト遠征隊の準備にかかるよう命じ、自らはこれを救援するためバニヤース地方に出兵し、侵略攻撃した(12)。これを知ったディルガムはエルサレム王に使者を送り、滞っていた年貢金の支払いは勿論、王の要求通りの金を送る代わりに援助してくれるよう懇願した。この使者が帰国する前に、シルクーフが率いるシリア軍が、シャーワルを伴い出発した。彼らはフランク領を避け、ヨルダン東岸から死海の南に出、シナイ半島を経て四月にビルバイスを奪取、五月にはカイロを前にディルガム軍と対峙した。ディルガムは、カイロからの脱出を計ったが、二四日、シャーワルに捕らわれて斬首され、彼の一族もことごとく殺害された。翌二五日、シャーワルはカリフの承認をえて宰相に復位した(13)。

宰相の座を手に入れるとシャーワルは、シルクーフが率いるシリア軍をカイロ市内に入れずに郊外に留め置き、約束の費用の支払いも言を左右にして行わず、シルクーフを警戒する一方、エルサレムに使者を出して、王の軍事支援を求め、シリア軍をエジプトから追い出してくれるなら、王と先の宰相ディルガムとの間で締結された条約を即時遂行し、必要ならさらに多くの報酬を支払うと伝えた(14)。

七月、アマーリック王は、協定に基づいて、ガザ、アリーシュを経てエジプトに入り、八月にはビルバイスに向かった。ビルバイスはシルクーフの甥、サラーフ・アッディーン Ṣalāh al-Dīn Yūsuf（一一九三年没）が守っていたが、シルクーフもこれに合流し、アマーリック王の率いるフランク軍とエジプト軍の連合軍による攻囲に耐えた。ビルバイス攻囲は三カ月に及んだ。この間、エルサレム王の不在を幸いに、ヌール・アッディーンは、八月一〇日にハーリムの城塞を攻囲し、一二日にはボードワン三世が一一五八年に奪ったこの城塞を奪回した。このとき、王の留守中王国を預かっていたアンティオキア侯ボヘムンド三世 Bohemond（一二〇一年没）、トリポリ伯レイモンド三世 Raymond（一一八七年没）をはじめ、キリキアの公コルマン Colman、ユーグ Hugh of Lusignan など名だたる伯侯たちが捕虜となり、アレッポの城塞内の牢に投獄された(15)。このトリポリ伯の捕囚で、八月一二日、王はトリポリの摂政を兼任することとなったのである。

一〇月、ビルバイスに籠城し、兵糧攻めで陥落寸前であったシルクーフに対して、王はあえて休戦協定を結んだ。

シリアでのヌール・アッディーンの動きに危機を察したためである。協定により一〇月末、王はパレスティナに、シルクーフはシリアへと、両者同時にエジプトを撤退した(16)。帰国後王は、アレッポ城内に捕らわれた捕虜の解放につとめ、六五年夏、アンティオキア侯ボヘムンドは解放されてアンティオキアに戻った。彼は妹マリア Maria と少し前に結婚したため義兄弟となったビザンツ皇帝マヌエル一世 Mamuel Comenus（一一八〇年没）を頼ってコンスタンティノープルに行き、自らの身の代金の資金援助を得るとともに、長年くすぶり続けていたアンティオキア問題に一つの方向を打ち出したのである(17)。

シリアに帰還したシルクーフは、一一六六年末からエジプト遠征を計画し始めた。まずバグダードのカリフの支持を取り付け、主君ヌール・アッディーンに決断を迫った。こうして六七年一月、シルクーフを総司令官とするシリア軍の二度目のエジプト遠征隊が成った。この動きに危険を感じた宰相のシャーワルは、アマーリック王との間に相互援助条約の締結をもちかけ、身の安全をはかった。王もすぐさま大評議会を開き、聖俗諸侯たちの賛同と資金調達の途をとりつけ、第三次遠征へと向かったのである(18)。

第三次遠征

シルクーフが行軍に必要な水、糧食などを十分に準備し、大軍を率いてシナイ半島に入ったとの報告を受け、王は急遽手勢を集めて出発し、これを阻止しようと砂漠に進んだが、シルクーフを見い出せず、一旦帰国した。そして王国全土の都市から、騎士、騎兵、歩兵ともども全軍を招集し、アスカロンで集結するよう命じた。神殿騎士団はエジプトと条約中との理由で参加しなかったが、聖ヨハネ騎士団総長は参加した。一一六七年一月三〇日、王が率いるフランク軍は、行軍に必要な糧食、備品一切をもち、ガザを経てアリーシュに至り、後続軍を待った。そして全軍集結後、ビルバイスに入り、シルクーフの率いるシリア軍を渡河前に阻止しようと、ナイル東岸のカイロ近くに野営し待ち伏せた。ところがシルクーフ軍は、シナイ半島を経た後、敵の裏をかき、カイロの南、上流部で渡河して西岸のギザに陣を置いた。ナイルを挟んでフランク・エジプト連合軍とシリア軍が対峙することになったのである。シルクーフはシャーワルに書簡を送り、互いに協力して異教徒フランクを討とうともちかけたが、シャーワルはこれを嫌い、使者を殺害したうえ、逆に王に知らせた。王の助けなしにシリア軍を追いだせないと知ったシャーワルは、王を引きとめる策として古い協定を更新し、恒久不可侵の和平条約を締結しようと考えた。年貢金は高額となり、カリフの財庫から王に支払われる額は四〇万ディナールで、うち二〇万は即時支払い、残りは特定の時期に支障なく支払われることとなった。ウイリアムによると、双方の合意を得た条項には「王は自らの手で誠実に、不正手段も悪意もなく保証する。シルクーフとその全軍を完全に破滅するか、完全に駆逐するまでエジプトの国土から絶対に立ち去らないことを」との誓約があったという(19)。

シャーワルの動きに不信感をもっていた王は、この条約をさらに正式に締結し、保証をえようと、カリフ直々の承認を求めた。そこで王は、アラブ語を話し、思慮分別のあるユーグ Hugh of Caesarea と、神殿騎士団の騎士ジョフリー Geoffrey Fulcher たちから成る使節団を結成し、カリフ宮殿に送り込んだ。一行はシャーワルの案内をうけ、厳重に防備され、豪華絢爛な装飾のある、荘厳で広大な宮殿の奥深くに入り、カリフに謁見し、条約書に印を得た(20)。以降カリフの宮殿も、フランク・エジプト軍が防衛することとなったのである。

三月一八日、ナイル西岸のバーバイン近郊でフランク・エジプト連合軍がシリア軍と対決した。シルクーフ側は、完全武装した一万二〇〇〇のトルコ兵と一万―一万一〇〇〇のアラブ槍兵などを持ち、これに対してフランク側は三七四人の騎士、それに軽装の騎兵、力にならないエジプト兵で、結局連合軍側は多くの将兵、騎士を失い、王は辛うじてカイロに戻った(21)。このとき先の使節団を率いたカエサレアのユーグも捕虜になった。シルクーフはこの後アレキサンドリアに行き、市住民の支持を得て迎え入れられた。彼は甥のサラーフ・アッディーンにアレキサンドリアを委ね、自らは上エジプトに行って、ベドウィンや地方勢力と結び、支持を取り付けた(22)。北と南からの挟撃戦を考えてのことである。連合軍側はアレキサンドリアを攻囲し、その包囲は七五日続いたが、サラーフ・アッディーンの指揮の下、市民たちも飢餓状態に陥りながらも攻防戦によく耐えた。上エジプトのシルクーフは、捕虜のカエサレアのユーグと交渉し、彼を和平調停役に立てようとしたが、断られ、彼の同僚で同じく捕虜となっていたアルヌルフ Arnulf of Turbesselを、王の下に送った(23)。シルクーフからの休戦申し入れは、直ちに王により、シャーワルらも列席する閣議にかけられて、休戦条約の受け入れが決議された。条約締結には先のユーグも加わり、双方の合意のもと、アレキサンドリアは無血で解放された(24)。こうして八月、フランク軍、シリア軍双方ともそれぞれ帰国の途についたのである。

王はエジプトを出発する前、協定に基づきカイロにフランク人弁務官と駐屯隊を残した。カイロの動向調査と毎年一〇万ディナールの支払い実行を監督させるためである。八月二一日王の一行はアスカロンに入り、帰国した。帰国後すぐ、マヌエル帝の下に派遣していた使者が、王妃となるマリア Maria Comnena 一行を伴って、コンスタンティノープルからティレに到着したとの知らせをうけた。王はすぐに急行し、八月二九日にティレで挙式した(25)。こうしてビザンツとの連合遠征隊の計画がいよいよ具体的になることとなった。

第四次遠征

一一六七年夏、マヌエル帝からの使節がエルサレムに到着した。王のエジプト遠征を援助するための同盟条約締結のためである。この使節に同行して、ティレの副司教になったばかりのウイリアムはコンスタンティープルに行ったが、彼の帰国前に王は四度目の遠征に旅立った。カイロに残したフランク駐屯隊から、宰相シャーワルの約束不履行と、ヌール・アッディーンに再三使者を送ってその援軍をえようとしているようだとの報告を受け、事実その噂さが広く伝わっていることを知ったためである。再び王国の全軍勢が招集された。王のこの遠征を強く支持したのは、聖ヨハネ騎士団総長のギルバート Gerbert Assallit で、ウイリアムは、自ら作った借財をこの遠征で稼ぎ出そうとしたのだと言う(26)。神殿騎士団の総長は遠征への出兵を断った。

アマーリック王とその軍勢は一一六八年一〇月二〇日、アスカロンを発ち、月末にはビルバイスに到着した。すぐさまこの都市を包囲攻撃して、一一月三日武力で占領した。住民は兵と民間人の区別なく、見さかいなく捕らわれ、虐殺され、略奪された。これまでに無かったそのすざまじい蛮行ぶりを報告されたシャーワルは、迷った末ヌール・アッディーンに使者を送り、助けを求めた。ヌール・アッディーンは、これに応じてシルクーフに三度目の遠征準備を命じた。王の方はビルバイスからカイロに向かってゆっくり進軍し、一二月三日にはカイロ市城壁に向けて攻城機や戦具を据え付け、攻囲網を整えた。恐怖に駆られたシャーワルは、あらゆる策略を使い、また二〇〇万ディナールで、王に撤退してくれるよう求めた(27)。王が出発前に出帆を命じていた艦隊もティンニースに着き、ナイルを遡上して王の軍との合流を試みたが、エジプト軍によるナイルの封鎖作戦で阻止され、またシルクーフ出動の噂で止むをえず帰国した。王の率いる陸上軍も一旦ビルバイスに引き揚げ、守備隊と合流した。進退に窮したシャーワルは、フランク軍の占領前にと一二月一二日、フスタートの焼き打ちを命じた。

カリフ宮殿のあるカイロを政治都市とするなら、その南に隣接するフスタートは商業と産業の町である。町は五四日間燃え続け、壊滅状態になった。事態に驚いたカリフは、急使をたて、ヌール・アッディーンに親書を持たせ救援を懇願した(28)。ヌール・アッディーンはこれを受け、遠征を渋るシルクーフに特別手当と、武器、家畜を与え、麾下の親衛隊から二〇〇〇人の精鋭隊をつけ、急ぎ一一六九年一月、エジプトに向け送りだした。フランクによるエジプト支配を恐れての事である。シリア軍の到来を知り、ヌール・アッディーンのシリアでの動きに危険を察知した王は、六九年一月二日エジプトを去り帰国した。

一月八日、シリア軍はカイロに入城し、一八日には、シルクーフがサラーフ・アッディーンの助けを得てシャーワルを捕らえて、殺害した。こうしてシルクーフは同日カリフから宰相位を与えられ、治安回復に努めたが、三月二三日突然死亡し、サラーフ・アッディーンが叔父を継いで宰相になった(29)。彼はすぐ、カリフの宮廷人は勿論、官僚たちを更迭し、軍隊も再編して統治体制を確立した。一一七一年九月一三日、カリフ、アーディドが病死し、ファーティマ朝は終わる。サラーフ・アッディーンの主君ヌール・アッディーンがシリアとエジプトを支配することになり、ここに対フランク・ビザンツ聖戦の目標の一つ、イスラーム世界の統一が成ったのである。

第五次遠征

一一六九年九月、前年のビザンツ・フランク条約協定に基づき、エジプト遠征のためのビザンツ艦隊がアッカに到着した(30)。王はこれを歓迎し、力を得て、一〇月一五日アスカロンを発ち、陸路エジプトに向かった。九日後ペルシウム（ファラマー）を経てナイル東岸、河口近くで渡河してダミエッタに到着した。そして三日遅れでダミエッタに着いたビザンツ艦隊と共に、ダミエッタの攻囲戦を開始した。ビザンツ・フランク連合軍はナイル河口にあるこの港町を、水陸両面から封鎖し、軍を率いて急ぎ駆けつけたサラーフ・アッディーンとの間で激しい攻防戦が続いた。大した成果も得られないうちに、ビザンツ艦隊の乗組員たちの間で食糧不足が目立ちはじめ、加えて大雨にたたられ、船火事も起こった。それで戦いの続行不可能との判断で艦隊は引き揚げた。陸上軍の方も大雨に困り果て、飢餓状態になり、遂に休戦要望の声が起こった(31)。全滅を恐れた王の判断で町の住民と包囲軍側との間で、市場での売買取引が許され、次いで一二月、王は撤退し、兵たちも攻城機など戦いの用具を焼却した後、強行軍で何の成果も無く、二一日アスカロンに戻った(32)。

一一七一年三月、王は一〇艘のガレー船でアッカを出港し、コンスタンティノープルを訪れた。マヌエル帝から歓待をうけ、ビザンツ・フランク同盟条約を更新して、七月に帰国した(33)。

帰国後王はキリキア遠征に行ったが、ヌール・アッディーンのカラク攻撃で阻止された。一一七四年五月一五日ヌール・アッディーンが病死し、同年七月一一日、アマーリック王も病死した(34)。ビザンツとの同盟に加え、シチリアと結んで、その援助を得てのエジプト遠征を計画中の出来事だった。

王の死後、アグネスとの間に生まれたボードワン四世(一一八五年没)が、七月一五日、一三歳で戴冠する。彼はハンセン病だったが、よく統治し、果敢にサラーフ・アッディーンと渡りあい、エルサレム王国及び十字軍諸国の維持に務め、その成果も得た。しかし彼の死後は同母姉のシビル Sibil とマリア・コムネナを母とするイサベル Isabel とのあいだで反目が表面化し、これに連なる諸侯たちの派閥争いが続き、サラーフ・アッディーンの攻撃をかわすリーダーを得られないまま、エルサレム王国はじめ十字軍諸国は、一気に衰退への道をたどることになる。

【註】

(1) 梅田輝世「エルサレム王国の成立(1)、(2)」参照。
(2) 梅田輝世「ヌール・アッデイーンのダマスカス攻略」、「ヌール・アッデイーンのダマスカス支配」参照。
(3) Historia Rerum in Partibus Trasmarinis Gestarum. 参考文献参照。以下の註では W.T. と省略、英訳は tr. と付記する。
(4) 梅田輝世「ファーティマ朝カリフ・ザーフィルの殺害事件の記述について」参照。Lane-Poole, S., p.175. スユーティーの「カリフ史」によると、A.H.574年のカリフ、ザーフィル殺害以降、エジプト人は破滅的状況に陥った。これに対しアッバース朝カリフはヌール・アッディーンに対して外交文書をだし、彼にエジプトの政権を委ね、エジプト遠征を命じたとある。Suyūṭi,Tārīkh, p.440.Tr., p.463。しかしIbn al-Athīr の al-kāmil にこの記事はない。

（5）Ibn al-Athīr, vol.11, p.270.

（6）Ibn al-Athīr, p.298-9. Jamāl al-Dīn, p.113-4. Cahen, M., "Ḍirghām", p.318-9.

（7）ティレのウイリアムは、ボードワン三世が一一六二年二月一〇日、ベイルートで後継ぎ無く死亡し、八日間かけてエルサレムに運ばれたと記し（Vol. 18, 34, P.880, tr., P.293-4）、アマーリックの戴冠は一一六三年二月の一八日前、つまり二月一八日としている。（Vol. 19, 4, p.883, tr., p.295-6）英訳者は訳注で、この日付について検討し、ボードワン三世の死を一一六三年とすべきだと結論付けているが、確かに王位継承に一年の差があったとは考えにくい。Baldwin M.W.,The Latin States.(p.548), Elisséeff, N.,(p.561）はじめ、多くの史家たちがボードワン王の死を六三年としている。しかしDērenbourg, H.は、アマーリックの即位を一一六二年二月一〇日とし（p.309）、Cahen(Ḍirghām, p.318)、Stevenson,（p.184）、そしてRunciman(vol.2, p.361）も六二年説をとっている。

（8）W.T. vol.19, 1, p.883-4, tr., p.295-6. Nicholson, R. L., p.30-31.

（9）W.T. vol.19, 4, p.888. tr., p.300-302. Hamilton, p.159-60. Mayer は、この問題を取り上げ、くわしく論考している。("The Begining of King Amalic...") アマーリック王は即位後すぐ、マヌエル帝に使者をだし、ローマ（ビザンツ）人から花嫁を得たいと依頼、同時にアンティオキア問題についての帝の意見を打診したという。Kinamos, V 13, p.178.

（10）W.T. vol. 19, 4, p.890、tr., p.302. アマーリック王の即位を一一六二年とするカーエンは、六二年九月、先にタライが約束していた年貢金の不支払を口実にして王は遠征し、ディルガムがこれを迎え撃ったとする。（Cahen, p.318）ランシマンは、ボードワン王が一一六〇年エジプトを侵略した際、一六万ディナールの年貢金支払いを約束されていた。それが政変で支払われていなかった事を口実にしたとしている。（p.367-8.）

橋口説によると、ヌール・アッディーンはファーティマ朝を倒しイスラム世界の支配者になろうと種々の計略をめぐらした。

まずダマスカスの忠臣で外交畑の大物ウサーマをカイロに派遣し情勢を打診、次いでアレッポの武将シルクーをカイロの宮廷に送りこみ内部から策応させようとした。このようなヌール・アッディーンの野心実行の前に阻止しようと、アモーリーは第一次エジプト遠征計画をたてたという。（p.168-9.） Stevenson も金額は異なるがカーエンと同じ説をとる。（p.185-6.）

（11） W.T. vol. 19, 4, p.889.tr., p.302.

（12） Ibn al-Athīr, p.304-5.

（13） W.T. vol. 19, 5, p.892.tr., p.304. Elisséeff によると、ディルガムは五月二四日逃亡、落馬して翌二五日死亡したとある。（p.584）
Jamāl al-Dīn, p.114.

（14） W.T. vol. 19, 7, p.893.tr., p.305.

（15） Ibn al-Athīr, p.301-6. Elisséeff, p.590-5.

（16） W.T. vol. 19, 11, p.900.tr., p.310-11.

（17） ウイリアムはヌール・アッディーンが人質を解放したのは、マヌエル帝の介入を恐れてのことだと情勢を分析している。W.T. vol. 19, 11, p.900. tr., p.311. Elisséeff も同じ見解をとり、ボヘモンドの身の代金は一〇万ディナールだったという。（p.589-60.）このときボヘモンドは、マヌエル帝に身の代金を依頼し、これと引き換えに hommage をして皇帝の家臣となり、ギリシア総主教とともに帰国した。こうしてアンティオキアで Greek Catholic が復活したのである。Runciman, p.371. Baldwin, "The Latin States," p. 554.

（18） W.T. vol. 19, 13, p.902-3. tr., p.313-4.

（19） W.T. vol. 19, 17, p.931. tr., p.318.

（20） このとき、アマーリック王に取り立てられ、エルサレム王室に仕えていたウイリアムは、カリフ宮殿の様子を細かく記述している。彼は厳重に防備され、華やかで荘厳な宮殿内の様子、列柱、泉水、珍しい動物を集めた動物園、鳥たちが群れ飛ぶ庭園、宝石と黄金で飾られたカーテン、黄金の玉座に御簾越しに座るカリフと、秘密のベールに包まれたカリフと一行の会見、宮殿内での儀礼、作法など詳細に述べている。使節団の長を務めたユーグが、誓約の印として素手での握手を求めたところ、宰相はじめ宮廷人達一同が驚きあわてたこと、結局カリフは手袋をはずし、握手に応じたと特記している。カリフ宮殿に行った人達から、彼自身が直接聞き取ったのだと記しているが、ファーティマ朝のカリフ宮殿の様子を知る貴重な資料として広く利用されている記事である。彼はまたカリフとは何か、バグダードのカリフとの相違点は何かなど、蘊蓄をかたむけて述べているが、彼がアラブ語史料を使っていた事を明示する一例である。W.T.vol 19, 18, p.932. tr., p.322-5.

(21) W.T. vol.19, 25, p.925.tr., p.311.　Jamāl al-Dīn, p.115-6.　Baha’al-Dīn, p.42-3.

(22) Ibn al-Athīr, p.326.　Jamāl al-Dīn, p.115.

(23) W.T. vol.19, 29-30, p. .tr., p.934-6. アラブ史料では上エジプトからシルクーフがアマーリック王宛てに書簡を送り、シャーワルのみに利があるこの戦いを止めようと申しで、王がこれに同意して休戦となったとある。Ibn al-Athīr, p.325.

(24) W.T. vol.19, 31, p.937.tr., p.341-2.

(25) W.T. vol.20, 1, p.940. tr., p.345.　Kimamos, p.179.　Magudalino, p.74.

(26) W.T. vol. 20, 5, p.948. tr., p.350.

(27) W.T. vol.20, 7, p.951. tr., p.353.　Elisséeff, p.632-4.

(28) Jamāl al-Dīn , p.116.

(29) W.T. vol.20, 10, p.956-7.tr., p.356-8.　Jamāl al-Dīn, p.40.　Baha’al-Dīn, p.116-7.

(30) W.T. vol.20, 13, p.961-6.tr., p.360-3.　Kinnamos, V19, p.208-9.

(31) W.T. vol.20, 15-16, p.964-9. tr., p.363-8.

(32) W.T. vol.20, 17, p.970. tr., p.368-9.　Magdalino は、この失敗はアマーリック王が勝った場合、ビザンツとの分割を望まず、籠城側と協定して作戦を中止したためだとしている。(p.74-5.)

(33) W.T. vol.20, 20-24, p.983-6. tr., p.379-83.

(34) W.T. vol.20, 31, p.1000-1001. tr., p.394-6.

【参考文献】

Baldwin, M.W., "The Latin States under Baldwin III and Amalric I, 1143-1174", ed. Setton , A History of the Crusades. 6 vols, The Uiv., of Wisconsin Press, 1969-1989. Vol.1, p.528-62.

———— , "The Decline and Fall of Jerusalem, 1174-1189", ed. Setton, ibid., p.590-621.

———— , Raymond III of Tripolis(1140-1187). Princeton Univ. Press, 1936. Reprinted AMS., 1978.

Cahen, M., "Ḍirgham" Encyclopeadia of Islam. new ed., Vol. 2, p.318-9.

Dērenbourg, H., Ousāma ibn Mounḳidh. Vie d'Ousāma. Paris, 1889.

Ehrenkreutz, A.S., Saladin. State Univ. of N.Y.Press, Albany, 1972.

Elisséeff, N., Nūr ad-Dīn. un grand prince musulman de Syrie au temps des Croisades. 2 vols., Damas, 1967, Vol.2.

Gibb, H.A.R, "The Rise of Saladin 1169-1189", ed. Setton, ibid., p.563-89.

———— , "The Career of Nūr ad-Dīn" ibid., p.513-527.

———— , "The Life of Saladin," Oxford, 1973.

Hamilton, B, "Women in the Crusader States ; the Queens of Jersalem 1100-1190". Crusaders, Cathers and the Holy Places. Variolum, Collected Studies Series. Ashgate, 1999.

Kinnamos, tr., Brand, C.M., Deeds of John and Manuel Comnenus. Columbia Univ. Press, N.Y., 1976.

Lane-Poole, S., A History of Egypt. 4th ed., London,1968.

———— , Egypt in the Middle Ages. London, 1925.

Magdalino, P., Manuel I Komnenos, 1143-1180. Cambridge Univ. Press, 1993.

Mayer, H.E., "The Beginning of King Amalric of Jerusalem," ed., Keder, B.Z., The Horns of Hattin. London, Jerusalem, 1992. p.121-135.

Nicholson, R.L., Joscelyn III and the Fall of the Crusader States. Leiden, 1973.

Runciman, S., A History of the Crusades.（Penguin Books）3vols., Vol.2.

Stevenson, W.B., The Crusaders in the East. Cambridge Univ. Press. reprint Beirut, 1968.

William of Tyre, Historia Rerum in Partibus Transmarinis Gestarum. Recueil des Historiens des Croisades. 16 vols, Paris, 1841-1906. Historiens des Occidentaux, vol.1.

tr., and annotated, by Babcock, E.A. and Krey, A.C., A History of Deeds done beyond the Sea. 2 vols., Columbia Univ. Press, 1943.

Ibn al-Athīr, al-Kāmil fi al-Tārīkh. 13 vols, Beirut, 1982. Vol. 11.

———, Histoire des Atabecs de Mosul. R.H.C., Historians Orientaux. vol.2. Paris, 1887.

Bahā' al-Dīn ibn Shaddād, tr., Richards D.S., The Rare and Excellent History of Saladin. Ashgate, Hampshire, 2002.

Jamāl al-Dīn, Aḥbār al-Duwal al-Munqaṭi'a. ed., Ferré A., Institut Français d'Archeorogie Oriental du Cairo, 1972.

Kamāl al-Dīn Ibn al-'Abdīn, ed., Dahan, S., Ta'rīkh Ḥalab. 2 vols, Damas, 1954.

Ibn Khallikān, Wafayāt al A'yān. 6 vols, Cairo, 1948. vol. 3.

Ibn Muyassar, ed., Massé H., Akhbār Miṣr. Cairo, 1919.

Abū Shāma, Kitāb al-Raudatain fi aḥbār al-Daulatain. 3 vols, Cairo, 1919, vol. 3.

Ṣibt Ibn al-Jawzī, Miar'āt al-Zamān fi Ta'rīkh al-A'yān. Decca, 1951, vol. 1.

Suyūtī, Tarīkh al-Khurafā. Cairo, 1959. tr., History of the Caliphs. Amusterdam Oriental Press, 1970.

橋口倫介『騎士団』近藤出版社、一九七一年。

———『十字軍騎士団』（講談社学術文庫）、一九九四年。

梅田輝世「ヌール　アッディーンのダマスカス攻略」梅花短期大学研究紀要第二八号、一九七九年三月、七一―八二頁。

———「ヌール　アッディーンのダマスカス支配」前掲紀要、第三〇号、一九八一年三月、一〇七―一二〇頁。

———「ファーティマ朝カリフ・ザーフィルの殺害事件の記述について」前掲紀要、第三二号、一九八四年三月、八五―九七頁。

――――「エルサレム王国の成立(1)」前掲紀要、第四五号、一九九七年三月、一三三―一四三頁。

――――「エルサレム王国の成立(2)」前掲紀要、第四七号、一九九九年三月、四七―五八頁。

――――「テイレのウイリアムによるアサッシン（暗殺教団）の記述について」前掲紀要、第五〇号、二〇〇二年三月、一二九―一三五頁。

第六章
イングランド宗教改革期の教区教会と教会巡察

山本信太郎

はじめに

現在のイングランド宗教改革史研究の興隆の出発点となったディケンズの研究は、ヨークシャないしはヨーク司（主）教区を対象とした地域史研究を基礎としていた。その後、ディケンズの描くイングランド宗教改革像はいわゆる修正主義の総攻撃を浴びることになるが、ディケンズの切り開いた緻密な地域史研究ないし社会史研究がイングランド宗教改革史研究の主流となって研究が積み重ねられてきたことは良く知られている(1)。それらの研究の中でも、特に近年集中的に研究の蓄積を厚くしてきたものとして、都市を対象とした研究と教区というフィールドを対象にした研究が注目に値する。都市を対象とした研究は、ドイツを中心にした大陸の宗教改革史研究がいち早く取り組んできた課題でもあり、イングランド宗教改革史分野での盛りあがりもこれに呼応したものであるとも言えよう。他方、イングランドは宗教改革によってカトリックから国教会への移行を経験するものの、その教会行政制度を基本的に維持したため、教区は変わらず教会行政の最末端の単位であり続け、また一般の人々が最も身近に宗教生活を営む場であった。すなわち、教区は政府の宗教政策と人々の日々の宗教生活が交錯する場であったので、神学者の運動としてよりは、議会制定法を中心とする政策によって遂行され、それらの政策に対する人々の受容ないし抵抗を問題にすることが多いイングランド宗教改革史研究の格好の材料とされてきたのである(2)。本稿は大きな枠組みとして、この教区の視点からのイングランド宗教改革史研究の立場に立っていることをあらかじめ述べておきたい。

ところで、ディケンズの宗教改革史像に対して修正を迫る修正主義の主張は大きく言って二点に要約されてきた。第一に、ディケンズが民衆の中にプロテスタント的な要素を認め、下からの宗教改革像を描いたのに対し、修正主義は民衆の中のプロテスタント的要素を否定し、気の進まない民衆に上から押しつけられたものとしての宗教改革を強調した。その結果、第二点として、宗教改革の達成（何をもって達成とするかは議論の分かれるところであるが）の時期を従来よりも大きく下らせることになったのである。すなわち、そのような文脈からは、プロテスタント宗教改革という全体的なスパンの中で、改革者の意図する宗教改革が順調に進まなかったことが強調されることになる。全体的な構図としては、筆者もそのような考え方に大きく異論を唱えるものではない。

しかし、より詳細に教区の視点から、特にミッド・テューダー期という宗教的激変の時期を考察の対象としてきた筆者には別の側面を強調することも可能である(3)。エドワード六世治世（一五四七―五三）の急進的なプロテスタント改革の後、メアリ一世治世のカトリック復帰（一五五三―五八）を経て、再びプロテスタントのエリザベス一世治世へと宗教政策の振り子が大きく揺れる時期であるミッド・テューダー期の教区教会をつぶさに観察するならば、少なくとも教区教会を可視的に変革（あるいは復旧）しようとするプロテスタント・カトリック双方の政策はかなりの程度忠実に実行されていることが看取されるのである。すなわち、エドワードの政府は治世初年に出された指令injunctionと呼ばれる宗教命令文書によって、それまで聖堂を彩り、民衆の崇敬の対象であったキリストや諸聖人の聖画像ないしそれに類する教会装飾物の撤去を推進した。また、一五五〇年には内陣の奥深く設置された祭壇を撤去し、より教区民に近い場所に聖卓を設置することを命じ、礼拝様式の総合的な変革を企図したのである。これは聖堂内の可視的な光景を一新することによって、教区民に政府のプロテスタント改革の意志を視覚的に理解させようとしたイメージ戦略であったと言えよう。これに対しメアリの政府は同じく指令をもって、教区教会の光景が旧に復することを命令する。五年後に即位したエリザベスの政府は、一般的にはエドワードの政府に比して穏健なプロテスタント政策をとったとされるが、教区教会の可視的な変革については基本的にエドワードの政策を踏襲した。すなわち、前二者と同じく治世の最初に指令を出し、教区教会からの聖画像撤去と、エドワード政府が治世四年目になって行った祭壇撤去と聖卓設置を指示したのである。

以上のように、教区教会の光景を全く塗りかえようとする政府政策はプロテスタントからカトリックへ、そして再びプロテスタントへと短期間のうちに激しく揺れ動いたのであるが、本稿でも主要史料として用いる教区委員会計簿churchwardens' accountの記載から、プロテスタント・カトリック双方の時期において、それらの政策が教区教会においてかなりの程度忠実かつ迅速に実行されていることが確認される。そのような事実が、ただちに宗教改革の進展ないし達成を直接に計るものさしとなりえるわけではない。しかし、ミッド・テューダー期に見られたこのような教区教会の態度は、その後の国教会の展開過程に重要な前提を与えていると考えられる。そこで問題となるのは、教区教会にこのような態度をとらしめたのが何であったかということである。本稿が検討作業の対象とするのは、そのような教区教会に働いた諸力の一端として考えうる宗教改革期イングランドの教会巡察ecclesiastical visitationである。教区が有した教会行政の最末端の単位としての側面を考えるならば、まず想定されなければならないのが、中世以来、教会行政の要とされた教会巡察だからである。

一　近世イングランドの統治における教会巡察

まず、教会巡察なるものを近世イングランドの巡察ないし巡回という幅広い統治技法の文脈の中に位置づけておきたい。イングランドでは、一五三〇年代のいわゆるテューダー行政革命によって中央政府の官僚化は進んだものの、地方統治の実態は無給の名望家によって担われていたことは周知の事実である。したがって、近世イングランドにおいて中央政府ないし中央政府に連なる存在による地方巡回が、統治において一定の重要な役割を果たしていたことは容易に想像出来る。統治技法としての地方巡回は、近代以降の政治におけるそれよりも格段の重要性を有していたのである。

中央による地方巡回としてまず想起されるのは、巡回裁判 assizes であろう。在地の治安判事によって担われた四季裁判 quarter sessions に対して、もっぱら重罪の刑法犯を対象とした巡回裁判は、イングランドを六つの巡回区 circuit に区分し、年に二回、地方の主要都市に中央からの判事を迎えて開廷された。儀礼的な装いをともない、巡回してくる王権の代理者たる巡回裁判官を迎えて行われた巡回裁判は、州の有力者たちが集う地方の一大イベントでもあったので、実際の司法の機能を超えて、王権による地方統治を視覚的に示す場でもあった(4)。

さらに、より宗教改革ないし宗教政策に密接に関連した巡回としては、国王巡察 royal visitation がある(5)。イングランド全体の教会に対する国王巡察が最初に企図されたのは、国王至上法をもってローマからのイングランド教会の離脱を完成させたヘンリ八世がトマス・クロムウェルに命じて巡察を行わしめた一五三五年のことである。これは国王至上法によって確定された、イングランド教会に対する国王至上原則を実質化させ、俗人と聖職者の双方に残存したローマ教会の霊的権威への信奉を排除するためになされた全国的な教会査察であり、一五三五年から翌年にかけて実施された。またこの巡察は、全国の修道院の状況をも調査し、修道院解散に向けての予備作業という側面をも有していたのである。

続く国王巡察はエドワード六世治世の初年に行われた。すでに述べたように、エドワードの政府は最初の議会の開会前に指令を公布して教区教会の改革に着手したが、この指令の内容を徹底するために国王巡察が行われたのである。この国王巡察ではイングランドを六つの巡回区に分け、それぞれの巡回区に大主教クランマと枢密院によって任命された四―六名の巡察使が派遣され、教会の査察にあたった。エドワード治世初年の国王巡察の方式はメアリの治世を経たエリザベス即位の翌年に行われた巡察にも引き継がれ、メアリの治世下に撤廃された国王至上法と礼拝統一法を再び制定し、エドワードの路線を踏襲した指令を発布したエリザベスは、前例にならって、それらの議会制定法と指令の徹底のために、即位直後の一五五九年に国王巡察を行ったのである。

以上のように王権は宗教政策の徹底化のために国王巡察という形をもって直接の巡察を行った。しかし、それらは各治世に一度限りのものであったに過ぎない。これに対して教区教会にとって、中央政府が直接行ったものではないものの、より頻繁になされた巡回査察が教会巡察であった。教会巡察の柱となった主教区巡察と大執事管区巡察は、主教区ないし、主教区の下位単位である大執事管区 archdeaconry ごとに行われたが、国王巡察と違って定期的になされるものであった。教会巡察の詳細は次節に譲るが、本稿が課題とする教会巡察とは、以上のような近世国家にとって重要な統治技法の枠組みの中にあったことを確認しておきたい。また、君主の交代にともなって教区教会への政策が一八〇度転換したミッド・テューダー期においては、より一層の重要性を秘めていた可能性が指摘出来るだろう。ただし、そのことを十分に論じるためには、教会巡察の実施者である高位聖職者と王権との関係が問題にされるべきであるが、ここでは、国教会成立以降の高位聖職者の任命が王権によって掌握されるようになり、特にエドワードからメアリへ、メアリからエリザベスへの治世の交代とともに大幅な主教人事の入れ替えがあったことを指摘しておくに留めたい。

なお、次に本稿が教会巡察を取り上げる際の視角と方法を確認しておきたい。まず、研究史上の教会巡察の取り扱われ方を見ておこう。教会巡察は、教会法廷と並んで教会行政において枢要の役割を担ったため、教会行政の制度史的な把握においては当然言及されるべき存在であった(6)。また、教会巡察は中世以来存在したものであるが、国教会が成立する宗教改革期においては、国家による宗教的統制の武器として利用されうるとの視角からの研究が行われてきた。よって、その効力が注目されることも当然であろう(7)。それらの研究によって、教会巡察の具体的な手続きやあり方の諸相が明らかにされてきたわけだが、基本的にそれらの研究が依拠してきたのは巡察を行う側の史料、すなわち、主に主教側の史料である。またそれら巡察の記録は、査察される側の教区教会の姿を記録したものでもあるため、それらの巡察記録を用いて、宗教改革期の教区教会や広く社会の実態に迫ろうとした研究も存在している(8)。

主教側の史料を用いたそれらの研究は、教会巡察のあり方を明らかにする上では極めて重要であるが、本稿では「はじめに」で述べた意図に従って、巡察を受ける側である教区の史料から巡察をとらえることを試みたい。具体的には、すでに述べた教区教会の重要史料である教区委員会計簿にどのような形で教会巡察に関する事柄が記載されるかを、ある程度まとまった形で抽出し、そこから教区教会にとって教会巡察がどのような存在であったかを考察する(9)。このような方法をとることが、教会巡察についての理解をより複眼的なものにするとともに、一貫して教区教会の視点から宗教改革を考えていこうとしている筆者の関心とも一致するからである。

なお、教会巡察の重要性を認識し、そのあり方を問う研究はイングランドに限ったものでないことを最後に付言しておきたい。大陸、特にドイツ語圏の宗教改革史研究においては、近年、宗派体制化 Konfessionalisierung という概念をキーワードに、特定の宗派を基礎にして国家規模での社会の同質化が進行し、社会の規律化につながっていくことが盛んに研究されているが、そのような過程において、領邦君主や司教による教会巡察が重要な役割を担ったことが指摘されているのである(10)。

二　教会巡察の概要

本節では、これまでの研究の蓄積に依拠しながら教会巡察のあり方についてまとめておきたい。教会巡察は中世以来の教会行政の要であり、一般的に十三世紀に習慣化したと言われるが、その行為主体の位階によっていくつかの種類が存在する。イングランドには大主教が管轄する大主教管区 province が南のカンタベリと北のヨークの二管区存在するが、大主教によって管区全体を対象に行われたのが大主教管区巡察 metropolitical visitation である。大主教管区巡察は、巡察が行われている期間、管区内の主教区の主教権限を停止して行われる強力なものであったが、基本的にはそれ以下の巡察とは異なって、定期的に行われるものではなかったようである(11)。よって、頻度の面から教区教会にとってより身近な存在であったと考えられるのが、主教区巡察と大執事管区巡察であった。

主教は自らの主教区に着任後、原則的に一年以内に主教区巡察を行った。それ以降は三年ごとに巡察を行うのが通例であったが、主教区によって巡察の頻度は異なっていたようである。例えば、ヨーク主教区の主教区巡察は四年に一度行われた(12)。主教区巡察においては、巡察に先立って、主教区ごと、そして巡察ごとに巡察質問条項 visitation articles とよばれる文書が作成され、巡察において査察されるべき内容が確定された(13)。この巡察質問条項に対する違反者は告発され、教会法廷において裁かれる対象となったのである(14)。巡察は主教自身によって行われる場合もあれば、そうでないこともあった。主教自身が巡察に参加しない場合は、主教区の主要な役人である主教区尚書 chancellor が代理を務めたり、任務を委託されたコミッサリ commissary が巡察にあたることになった[15]。

主教区の下位単位が大執事管区であるが、この大執事管区において行われたのが大執事管区巡察である。大執事管区巡察は主教区巡察より頻繁に行われるのが通例であり、最低でも年一回行われたようである。例えば、コルチェスタ大執事管区（ロンドン主教区）では習慣的に年二回の大執事管区巡察が行われた[16]。このように、主教区巡察に加えて、より頻繁に行われる大執事管区巡察の存在によって、教区教会は定期的に査察の対象とされていたのである。

ただし、ここで注意しておかなければならないことは、教会巡察という言葉から想起出来るような形で、巡察使が管轄下の全教区教会に直接の査察を行ったわけではないということである。すなわち、教会巡察は主教区巡察にせよ大執事管区巡察にせよ、複数の特定の地域中心地において行われ、各教区教会の代表がそこに出頭する形式で行われた。例えば、一五九四年のヨーク主教区巡察は、四月二四日から五月二五日までの期間に行われたが、サウスウェル Southwell、ドンカスタ Doncaster、ポンテフラクト Pontefract、ヘルムズリ Helmsley、ベヴァリ Beverley、マートン Malton、リポン Ripon、ヨーク York の順番に計八箇所で行われたし、一五八八年のコルチェスタ大執事管区巡察では、三つの教区教会が巡察の開催地とされた[17]。

教会巡察の目的は、基本的には各教区の聖職者や教区教会、教区民の状況を査察し、これを矯正することにある。ただし、主教区巡察においては、すでに述べたように巡察に先立って巡察質問条項が作成されたから、時期や主教区によって査察されるべきことがらの詳細は異なっている[18]。ここではより一般的に教会巡察の目的とされた事柄を確認しておきたい。教会巡察についての十六世紀中葉における言及としては、エドワード六世治下の一五五二年に起草された新しい教会法の案文 Reformatio Legum Ecclesiasticarum の中に「巡察について」という項目が存在する[19]。この新教会法案は最終的に貴族院で否決されてしまうため[20]、実際の拘束力をもったわけではないが、同時代の教会人がどのように教会巡察を捉えていたかを示すものと考えることが出来る。

まず、第一章「教会巡察の目的」によれば、「司牧される人々が健全であり、聖職者によって執り行われる聖務が適切であるために、また敬虔でたゆまぬ礼拝によって教会の状態が正しく保たれるために」、「大主教、主教、大執事は彼らの教会を訪れ、査察せねばならない」と述べられており、教会巡察の本質が教区教会の調査と矯正であることを知ることが出来る。ただし、第三章「巡察の形式」では「巡察は最も簡便には、習慣的になされているように、全ての人々がある特定の場所に集まってなされるべきことが好ましい」として、上述したように、教会巡察が必ずしも管轄下の全ての教区教会を巡回するものではないことが示される。また同じ章の後段では、巡察において犯罪者が摘発されるべきこと、そして彼らに罰が科されるべきことがうたわれており、法廷としての巡察について言及がなされているのである。

以上のようなことから、イングランド国教会は全国八〇〇〇の教区教会に対し、それらを統制し、宗教政策を徹底させるために各種の教会巡察を用いる意図があったことが分かるであろう。それでは、実際に教会巡察は教区教会の史料の中にどのようにあらわれるのであろうか。これが次節の課題となる。

三　教区教会から見た教会巡察

すでに述べたように、教区教会がどのように教会巡察を受け止めていたかを考えるのが、本稿の主たる目的である。具体的な作業としては、教区の主要史料である教区委員会計簿の中から、教会巡察に関わる項目を拾い出していき、それらを検討することになる。教区委員会計簿は、あらゆる教区に存在した俗人の役員である教区委員が、その主たる任務である教区の出納業務のために記録したものであるが、収入・支出とも何のためになされたか、詳細に一件ずつ記載されることが多いために、その中から巡察に関わる支出項目を拾い出すのも比較的容易である。ただし、注意しなければならないことは、当該教区の所属する主教区ないし大執事管区の巡察が行われる際に、各教区教会が必ずしも金銭をともなった支出をするとは限らないことである。支出がなければ会計簿に巡察に関わる記載が残ることはないわけであり、これは会計簿という史料を用いる際の限界とも言える。したがって考察の結果は、当該教区教会への教会巡察の頻度を測る物差しにはならないこと、さらに言えば必ずしも巡察の全体像を明らかにするものではないことをあらかじめ断っておきたい。

次に、取り上げた教区委員会計簿について述べておきたい。ここではやや大雑把に教区教会のタイプをいくつかに分類し、それぞれのタイプの教区教会の教区委員会計簿を調査した(21)。まず第一に首都ロンドンおよびウェストミンスタの教区教会として、セント・マイケル・コーンヒル教区（ロンドン主教区）とセント・マーティン・イン・ザ・フィールド教区（同）、第二にカウンティの主要都市の教区教会として、レスタのセント・マーティン教区（リンカン主教区）とウスタのセント・マイケル・イン・ベドウォーディン教区（ウスタ主教区）、第三に地方都市の教区として、シュロップシャのラドロウ教区（ヘリフォード主教区）を取り上げた。また第四の分類として非都市的な教区というカテゴリを設けた。これは必ずしも農村の教区と言えるわけではないが、教区がある程度の面積を持ち、教区内に複数の集落（township）が散在するような非都市的な要素を多分に持つ教区である。このカテゴリに含まれる教区教会としては、ランカシャのプレスコット教区（宗教改革以前にはコヴェントリ・アンド・リッチフィールド主教区、後にチェスタ主教区）、シュロップシャ（現在はウスタシャ）のヘイルズオウエン教区（ウスタ主教区）、デヴォンのモーバス教区（エクセタ主教区）を取り上げた。なお、作業の結果を以下で考察していくが、それぞれの記述の典拠を示す場合は本文中のカッコ内に当該教区の教区委員会計簿の頁数を記すことにする。

まず、作業の結果の全般的な傾向から述べておこう。すでに述べたように、教区委員会計簿に記載された教会巡察に関わる項目の出現頻度は、そのまま当該教区への巡察の頻度となるわけではないものの、これについて言及しておくならば、教区による違いが著しいことが分かる。例えば、ヘイルズオウエン教区においては、一五三〇年代末以降、ほぼ数年ごとに巡察に関わる支出項目が見いだされるが、他方、ラドロウ教区の場合は、少なくとも巡察という語そのものが含まれている記載は一五六〇年度（p. 97）と一五六九年度（p. 137）のわずか二回と極端に少ない。記載の少ない教区では、巡察にともなう支出がなかっただけかもしれないのであるが、これらの教区に対する巡察の状況は会計簿の考察からだけでは推測の域を出ることはない。ただし、少なくとも今回取り上げた教区の会計簿で巡察に関わる記載が全く見いだされない教区がなかったことは強調しておきたい。

次に、会計簿に見いだされる巡察関係の記載のなされ方を検討しておこう。全体的な傾向として、多くの項目が巡察に関する支出であることは分かっても、具体的に何のために支出されたものであるかは不明である。すなわち、単に「巡察のための支出 for the visitation」とだけ記載されたものや、「巡察において誰々に支払った paid to ～ at visitation」、「どこそこの巡察のための費用 in expense at the visitation at ～ 」などとだけ記載されたものが多く見いだされるのである。また、そのような記載のされ方をする場合、その記載からだけでは当然その巡察が主教区巡察であるか大執事管区巡察であるか判断することはほぼ不可能であり、さらに言えばもう少し詳細に記載されている場合でも巡察の区分を判断出来る記載はかなり少数であったことを付言しておこう。なお、ごく少数ではあるが、大主教管区巡察に関わる支出であると考えられる記載も見いだすことが出来た(22)。

以上のような使途不明の巡察関連支出の記載とならんで多く見られる記載は、巡察の際の「書類」の作成に関わる費用である。巡察にあたっては、教区教会の代表である教区委員は「報告書 presentment」を提出しなければならなかったが、そのための作成費用である。あるいは、報告書の作成を巡察側の書記に委ねた場合、そのための費用を支払わなければならなかったので(23)、その支払い費用であることも考えられる。今回調査した教区委員会計簿の記載の中では、例えば、ヘイルズオウエン教区の一五四二年度の記載「巡察の際の報告書作成のためのジョン・ホークスへの支払い paid to Jhon Hawkys for writing of the presentment of the visitation」［人名以外は現在の綴りに改めた。以下同じ］(p. 85) などはほぼ完全にそのような場合の支出項目であると考えることが出来るが、その他に多く見られる、単に「書類 bill のために」や「書類の作成のために」と記載されたものも、あいまいさは残るものの、同じ状況での支出と考えられる。なお、この書類作成のための支出が恒常的になされていることから、すでに述べた特に支出目的を示さない巡察関連支出の多くが、この書類作成の費用であった可能性は小さくないことを付言しておきたい。さらに言えば、巡察に際してのものであることは明記されていないが、単に「報告書 bill of presentment の作成」と記載された項目も頻繁に見られ、これらも巡察の際の報告書作成であると考えられる。

すでに述べたように、巡察に関わる記載については、その巡察が行われた場所を示した記載 (visitation at 〜) が存在していた。次にこの点について考察しておきたい。そのように巡察の場所を示す記載は、今回の調査では非都市的な教区として分類した三つの教区に主に見られたが、このことはこうした教区では当該の巡察の際に教区の代表者がその場所まで出頭していたことを示していよう。また出頭の場所は特定の場所に決まっている場合もあれば、巡察のたびに場所が変わることもあった。モーバス教区では、一五六八年度の大執事管区巡察と主教区巡察の記載 (pp. 235-236) において前者がブラッドニンチ Bradninch、後者がティヴァートン Tiverton で行われたことが示されており、モーバス教区の巡察の場合、場所が特定出来る記載はそれだけであるが、プレスコット教区では、最も多く巡察の場所とされたウィガン Wigan の他にビリング Billinge、オームズカーク Ormskirk、ウォリントン Warrington といった近隣の場所で巡察が行われている。また一回限りではあるが、プレスコット教区での巡察も記録されている (一五八八年度、p. 106)。他方、ヘイルズオウエン教区の記載では、一五二八年度以降、ほとんどの巡察が「キダーミンスタ Kidderminster での巡察」と記されており、ヘイルズオウエンを対象とした巡察が常にキダーミンスタで行われたことが推測される(24)。なおヘイルズオウエン教区の会計簿では、「キダーミンスタでの巡察に行くための費用」という表現の記載（一五六三年度、p. 109）や、巡察開催地まで行くために用いたと思われる馬の費用を計上している記載（同じく一五六三年度、p. 107）があり、約一五キロ離れたキダーミンスタまで確実に赴いていたことが分かる。その他にも、ウェストミンスタの教区であるセント・マーティン・イン・ザ・フィールド教区で、一五九三年度と一五九八年度にそれぞれ、「チェルシ Chelsea での大執事管区巡察」（p. 452）、「ホワイトチャペル Whitechapel での主教区巡察」（p. 516）という巡察の場所を特定する記載が見られた。いずれにせよ、それぞれの教区教会が代表者の出頭という行為を通して常に巡察の存在を意識させられていたことを指摘できるであろう。

さらに、興味深い記載として巡察の際の「食事」について注目しておきたい。巡察の際の食事に対して支出を行っている記載があるのは主に都市部の教区である。ウェストミンスタのセント・マーティン・イン・ザ・フィールド教区では、一五四六–四七年度（この時期の同教区の会計年度は二年単位である）に「聖クレメンス祝日の巡察の際の司祭様 master vicar とサイドマン sidemen と我々のための朝食 breakfast への支出」が記載されている（支払額一六ペンス、p. 124）。この場合、「我々」とは教区委員のことであり、サイドマンは教区委員よりも下位の教区役職者であったから、ここでは巡察に際して教区の主立ったメンバーで食事がなされたことを示している。その後、同教区の記録で、明確に巡察の際の食事が確認されるのは一五八三年度の主教区巡察の際の食事 dinner であり（支払額九シリング一〇ペンス、p. 349）、一五八〇年代後半以降はほぼ毎年の大執事管区巡察の際に食事のための支出がなされている。さらに一五九〇年代半ば以降は大執事管区巡察とその際の食事の記載が年二回見られる年度が多くなっていく。

地方都市では、レスタのセント・マーティン教区でより早くから定期的な食事のための支出が見られ、一五五一年度、五五年度、五七年度、五八年度、五九年度、六四年度（二回）、六五年度、六六年度、八八年度の各年度に巡察にあたって食事が行われたことを記録している (pp. 54, 75, 79, 83, 86, 108, 109, 112, 113, 133)。また、ウスタのセント・マイケル教区では、一五六九年度の主教区巡察の際に飲み物のための支出があり (支払額四ペンス、p. 64)、一五九二年度、九四年度、九八年度 (pp. 105, 113, 134) には巡察の際の食事のための支出を見いだすことが出来た。なお、非都市部であるヘイルズオウエン教区の会計簿では、一五〇二年度というかなり早い時期であり、また必ずしも巡察の際であるとは断定できないが、恐らくは巡察のために訪れた属司教 suffragan とコミッサリへの一ガロンのワインのために支出がなされていることを付言しておこう (支払額八ペンス、p. 22)。

なお、この巡察の際の食事については教区委員会計簿以外の史料として、教区会議事録 vestry minute からの情報も提示しておくことにしたい。教区会議事録は十六世紀初頭以降に形成され、教区委員を中心に教区の運営を担った教区会 vestry の記録であり、教区委員会計簿以上に詳細な教区教会の活動を知ることの出来る史料であるが、本格的に各教区の教区会議事録が残り始めるのが十七世紀以降であり、十六世紀については世紀後半以降のものがわずかにロンドンのいくつかの教区について残存しているに過ぎないので、本稿では体系的な利用は出来なかった。しかし、本稿でも検討の対象としたロンドンのセント・マイケル・コーンヒル教区のものは一五六三年度以降のものが残存しているので参照したところ、同教区の教区委員会計簿には巡察の際の食事についての記載は見いだされなかったが、教区会議事録の一五八六年一一月一日付けの記録に巡察の際の食事についての決議が存在している(25)。それによれば、同教区ではこのとき、主教区巡察および大執事管区巡察の際の夕食のために二人の人物へ八シリングの支出を認めるが、これ以降八シリングを超える支出がなされた場合は、教区委員個人の負担とすることを決議しているのである。また、一五八九年二月二日の決議においては、大執事管区巡察の際の夕食についての支出が一六シリングを超えた場合、超過分を教区委員の個人負担とするとの記述がある(26)。このような決議が見いだされることから、同教区では少なくとも一五八六年以前から教会巡察の際に食事が行われる慣行があったと考えられるであろう(27)。

以上のような巡察の際の食事については、これまでの巡察の研究で触れられることはあったが(28)、今回は教区側の史料から、それらを裏付けるとともに、そのような巡察の際の食事が教区会計からの支出によってなされていたことを確認することが出来た。ただし、これらの巡察の際の食事がどのような様子のものであったかが分からない以上、食事の慣行が教区教会にとってどのような意味を有したのかはにわかに判断しがたい。しかし、食事 dinner と記載される場合の支出額はどの教区でも最低数シリング、多い場合は一〇シリング近かったので、労働者《レイバラ》の一日の賃金が通常数ペンスから一シリング以下であった当時においては、一回の食事としてはある程度祝宴の要素を持った豪華なものであったと想像される。また少なくとも、査察を受ける側の教区教会が自身の支出によってこのような食事の慣行を積み重ねていったことは、教区教会が巡察を、上からの査察として一方的に受け止めるのではなく、自らの一つのイベントとして迎え入れていたことをも示唆するのではないだろうか。

おわりに

上から押しつけられた宗教改革が遅々として進まなかったことを強調する修正主義的な研究においては、教会巡察もまた、その効力の限界に力点を置いて説明されることが多い。例えば、巡察の成否があくまでも受け入れる側の教区教会の協力にかかっていたことが強調されたり、特に北部の広大な面積を持つ教区では、教区教会以外に点在した礼拝堂 chapel が巡察による統制を受けにくかったことから、巡察の限界性が指摘される(29)。また、巡察の記録を史料とした研究からは、教区委員が自分の教区の平穏さを強調するために、巡察の際の報告を「全て良し omnia bene」という言葉で済ませてしまっている事例が多数あることが指摘されている(30)。

これらに対し、本稿は教会巡察をもっぱら教区教会の側の史料から検討することで、教区教会が教会巡察をどのように受け止めたかを考察することを試みた。そのような検討作業は史料の性格による限界もあって、教会巡察の全体像を明らかにするものではないが、いくつかのことを我々に教えてくれる。教区教会は定期的に行われる巡察のたびに書類を作成し、巡察使が訪れる場所に教会の代表を送った。そのような行為を通して教区教会は自らが国教会の統治のもとにあることを常に意識させられたであろう。他方、巡察の際に祝宴の要素をもつ食事がなされたことは、教区教会が巡察を自らのイベントとして受け止めていたことを示唆する。そこには、司法の枠組みを超えて地域社会を結び合わせる場としても機能した巡回裁判との類似性を見ることができるように思われる。そのように教会巡察が多様な意味をもって教区教会に受け止められていた事実は、王権の宗教政策と教区教会を結ぶ存在としての教会巡察の重要性の一端を示唆していると言えるのではないだろうか。

【註】

（1）A. G. Dickens, *The Marian Reaction in the Diocese of York*, part 1&2, London, 1957; Do., *Lollards and Protestants in the Diocese of York, 1509-58*, London, 1959. イングランド宗教改革史における修正主義については以下を参照。指昭博「宗教改革」岩井淳、指昭博編『イギリス史の新潮流——修正主義の近世史』渓流社、二〇〇〇年。

（2）教区の視点からのイングランド宗教改革史研究については以下を参照。拙稿「一六世紀ラドロウにおける都市と教区——イングランド宗教改革史研究の前提として」『史苑』六二巻一号、二〇〇一年、三一—五〇頁。

（3）以下に述べるミッド・テューダー期を中心とした教区教会における宗教改革の過程については、特定の教区に焦点をあてた別稿を予定している。

（4）J. S. Cockburn, *A History of English Assizes, 1558-1714*, Cambridge, 1972.

（5）国王巡察については以下の文献に依った。C. J. Kitching, ed., *The Royal Visitation of 1559*, Surtees Society, 1975.

（6）R. A. Marchant, *The Church under the Law*, Cambridge, 1969, ch. 4, 'Visitations'. また、教会行政の基礎である教会法の研究においても教会巡察への言及が見られる。R. H. Helmholz, *Roman Canon Law in Reformation England*, Cambridge, 1990, pp. 105-109.

（7）楠義彦「イングランド宗教改革と国教強制――エリザベス時代を中心に」佐藤伊久男編『ヨーロッパにおける統合的諸権力の構造と展開』創文社、一九九四年。同「エリザベス時代の Visitation Articles と国教強制」『西洋史研究』新輯二九号、二〇〇〇年、一〇四―一二四頁。H. G. Owen, 'The Episcopal Visitation: its limits and limitation in Elizabethan London', *Journal of Ecclesiastical History*, 11. 2, 1960, pp. 179-185.

（8）指昭博「一五七五年ヨーク主教区教会巡察にみる教区教会の状況」『神戸常盤短期大学紀要』一二号、一九九〇年、一三―二九頁。また、史料としての巡察記録を論じたものとして以下を参照。楠義彦「監察の史料と国教強制研究」國方敬二、直江眞一編『史料が語る中世ヨーロッパ』刀水書房、二〇〇四年。

（9）当該期の教区委員会計簿の中に、教会巡察に関わる記載が多数見られることは、すでに以下の研究によって指摘されている。R. Hutton, 'The local impact of the Tudor Reformations', in C. Haigh, ed., *The English Reformation Revised*, Cambridge, 1987.

（10）永田諒一「カトリック地域における司教の教会巡察」同『ドイツ近世の社会と教会』ミネルヴァ書房、二〇〇〇年。塚本栄美子「一六世紀後半ブランデンブルク選帝侯領における『信仰統一化』――教会巡察を中心に」『西洋史学』一七一号、一九九三年、一八―三四頁。

（11）カンタベリ、ヨークの両大主教はそれぞれ大主教着任直後に大主教管区巡察を行う権限を有したとされる。P. Ayris, 'Thomas Cranmer and the metropolitical visitation of Canterbury', in S. Taylor, ed., *From Cranmer to Davidson: a church of England miscellany*, Woodbridge, p. 3; Marchant, *op. cit.*, p. 114.

（12） Marchant, *loc. cit.*

（13） 以下は十六世紀の巡察質問条項を集成した史料集である。W. H. Frere, ed., *Visitation Articles and Injunction of the period of the Reformation*, 3vols, Alcuin Club Collection, 14-16, London, 1910; W. P. M. Kennedy, ed., *Elizabethan Episcopal Administration; an essay in sociology and politics*, 3vols, London, 1924.

（14） 教会法廷については以下を参照。山本範子「近代初期イギリスにおける教会裁判所と社会統制」『西洋史学』一六九号、一九九三年、三二―四六頁。

（15） D. M. Owen, 'Short guides to records, 8. Episcopal Visitation Books', *History*, 166, 1964, pp. 185-188.

（16） W. J. Pressey, 'Colchester archdeaconry visitations, 1588', *Essex Review*, 32, 1923, pp. 132-137.

（17） Marchant, *op. cit.*, p. 116; Pressey, *op. cit.*, p. 132.

（18） 註七に挙げた楠氏の論考「エリザベス時代のVisitation Articlesと国教強制」は、エリザベス期の多数の巡察質問条項を検討しており、当該期の巡察の目的を明らかにしている。

（19） J. C. Spalding, ed., *The Reformation of the Ecclesiastical Laws of England, 1552*, Kerksville, Missouri, 1992, pp. 189-192.

（20） 堀江洋文「ローマ・カノン法とイングランド教会法改革」『人文科学年報（専修大学人文科学研究所）』二六号、一九九六年、一六六―一六七頁。

（21） 用いた教区委員会計簿は以下の通り。St. Michael Cornhill, London: W. H. Overall, ed., *The Accounts of the Churchwardens of the Parish of St. Michael Cornhill*, London, 1871; St. Martin in the Fields, Westminster: J. V. Kitto, ed., *St. Martin in the Fields: The Accounts of Churchwardens, 1525-1603*, London, 1901; St. Martin, Leicester: T. North, ed., *The Accounts of the Churchwardens of St. Martin's, Leicester, 1498-1844*, Leicester, 1884; St. Michael in Bedwardine, Worcester: J. Amphlett, ed., *Churchwardens' Accounts of St. Michael's in Bedwardine, Worcester, from 1539 to 1603*, Worcestershire Historical Society, 1896; Ludlow: T. Wright, ed., *Churchwardens' Accounts of the Town of Ludlow in Shropshire, from 1540 to the end of the*

Reign of Queen Elizabeth, Camden Society, 1869; Prescot: F. A. Bailey, ed., *The Churchwardens' Accounts of Prescot, Lancashire 1523-1607*, Preston, 1953; Halesowen: F. Somers, ed., *Halesowen Churchwardens' Accounts (1478-1582)*, Worcestershire Historical Society, London, 1952, 1953, 1957; Morebath: J. E. Binney, ed., *The Accounts of the Wardens of the Parish of Morebath, 1520-73*, Exeter, 1904.

（22）例えば、以下。プレスコット教区：一五七八年度（p. 80）、一五九〇年度（p. 109）。モーバス教区：一五三四年度（p. 59）。

（23）Marchant, *op. cit.*, p. 134.

（24）ヘイルズオウエン教区の会計簿では、必ずしも「巡察」という語を含んでいないが、一五三八年度以降、ほぼ毎年度の記載に「キダーミンスタにおいて at Kidderminster」という支出項目が見られ、これらも巡察の際の支出であると思われる。

（25）Overall, ed., *op. cit.*, p. 244. 上記の刊本は教区委員会計簿の他に、付録として教区の雑多な文書と教区会議事録を収録している。

（26）*Ibid.*, p. 247.

（27）なお同様の記載は、十七世紀に入ってからであるが（一六一〇年四月九日）、ロンドンのセント・ダンスタン・ステップニ教区 St. Dunstan Stepney の教区会議事録でも見られる。G. W. Hill, W. H. Frere, eds., *Memorials of Stepney Parish*, Guildford, 1890-91, p. 56.

（28）Marchant, *op. cit.*, pp. 134-135.

（29）C. Haigh, *Reformation and Resistance in Tudor Lancashire*, Cambridge, 1975, pp. 18-19, 230-231.

（30）楠義彦「エリザベス時代におけるレキューザンツ（Recusants）の形成と変容」高田実、鶴島博和編『歴史の誕生とアイデンティティ』日本経済評論社、二〇〇五年、一八一頁。例えば、一五七五年のヨーク主教区巡察において、エインスティ地方執事管区 Deanery of Ainsty に属する四六教区のうち、七教区が「全て良し」と報告している。W. J. Sheils, ed., *Archbishop Grindal's Visitation, 1575*, York, 1977, pp. 6-13.

第七章 カトリックと女性聖職者

――開かれた議論のために――

赤阪俊一

はじめに

一九一七年に公布され、一八年より施行されたカトリック教会法典の九六八条（一）には、「洗礼を受けた男子のみが、聖なる叙階を有効に授けられることができる。なお、合法的に叙階されるためには、所属裁治権者の判断により、聖なる条文の規定に従って要求される徳性を有し、しかも、なんらの不適格、または、その他の支障を有しない者でなければならない」(1)とある。女性には聖職が認められないと規定されている条項である。この教会法は、第一次世界大戦や第二次世界大戦という未曾有の大激動の結果生じた社会・生活環境の変化に合わせて一九八三年に改正された(2)。すでに六〇年代や七〇年代の女性解放運動を見た八〇年代に至っても、先の九六八条は、後半部の「なお、合法的に叙階されるためには」以下が削除されただけで、何らの修正もなされず、そのままの形で一〇二四条に取り入れられた。聖職に関する女性の関与に関しては、法的には、六〇年以上も経ちながら何の変化もなかったということになる。

しかしカトリックがかたくななまでに女性聖職者を認めないでいる間に、プロテスタント諸派では、次々に聖職を女性に解放していった(3)。現在、キリスト教関係宗派で女性に聖職を認めていないのは、東方正教会とカトリックだけというありさまである。

カトリックによる聖職からの女性排除は単に女性差別のゆえなのか。あるいはそうではなく、世俗の論理とは別のカトリックの論理に従っているからであろうか。しかし、もしカトリック固有の論理というものがあるとして、それは普遍的《カトリック》たりうるものであろうか。

女性を宗教指導層に受け入れることを拒否する態度は、カトリックのみに見られるものではない。多くの宗教集団においても見られる現象である。しかし世俗の合理性とは異なった論理に沿って動く宗教集団における女性問題も、これからの男女平等共同参画社会を考えてゆくうえで、世俗社会とは無関係というわけではない。ファナティックなまでに女性崇拝を示す宗教集団もあれば、カトリックのようにいまだに正式な聖職から女性を排除し続ける集団もあるが、これらの宗教の論理と我々世俗社会の論理とは一見異質なように見えながらも、実はそこに世俗社会と通底する女性観の存在をかいま見させてくれるからである。

本稿では、こうした前提をふまえつつ、カトリックにおける女性聖職者拒否の論理を紹介する。女性の聖職参与に関する議論をもう少し開かれたものにするためである。

まずは現代カトリック指導部の女性聖職者拒否の論理を明らかにするため、第二バチカン公会議以後に出された文書の中で、女性聖職者問題に関してもっとも重要な文書だと思われる教理省による宣言「インテル・インシグニオレス」（一九七六年、以下宣言と略す）と教皇ヨハネ・パウロ二世による書簡「オルディナティオ・サケルドタリス」（一九九四年、以下書簡と略す）を取り上げ、簡単に紹介しておくことにする。

一　宣言(4)

最初に宣言は言う。「カトリック教会は司祭職もしくは司教職が有効に女性に与えられ得るなどとは痛切に感じたことがない」し、「女性に司祭への叙階を認める権限が教会に与えられているとは考えられていない」と。ただし女性聖職者否認の例外としてキリスト教初期の数世紀に現れた異端諸派があるが、しかしかれらの女性受け入れに関しては、「教父たちによってただちに気づかれ、非難された。教父たちはそれが教会には受け入れられないことだとみなしたのだ」とし、異端を斥けた教父として、エイレナイオス、テルトゥリアヌス、カエサレアのフィルムス、オリゲネス、エピファニウスを挙げている。宣言は、「教父たちが書くものの中には、女性に対する好ましくない偏見の影響があることは否定し得ないが、しかしそれにもかかわらず、こうした偏見はその牧会活動にはなんの影響も与えていないし、ましてやその霊的指導にはそれ以上に何の影響も与えていないという点については注目しておかねばならない」と、教父たちが偏見からまったく自由ではなかったことを認めつつも、この偏見のゆえに女性に聖職を拒否したのであったのではないと断言する。

こうして女性聖職者は最初からずっと一貫して否定されてきたと述べた後、宣言は、主イエス・キリストによって欲せられ、使徒たちによって注意深く維持されてきた聖職任命にかかわる職務に教会は忠実でありたいと表明する。要するに、教会が守ろうとするのはイエス・キリストの意志なのだというのだ。では女性を聖職から排除するのがなぜイエス・キリストの意志なのか。それは、イエスが使徒に加わるべく女性に呼びかけなかった点に見て取れるという。イエスのこの決定は当時の社会環境を考えれば仕方がなかったという指摘に対し、「女性に対するイエスの行動は、周囲のそれとはまったく異なっており、彼は慎重かつ大胆にそれを破ったし」、「男性と女性の権利と義務の平等を主張するため、モーゼの法から逸脱することをもいとわなかった」という。さらにイエスの決定が社会的な状況に影響されていたかどうかなど証明されたことはないし、そういう証明は不可能だと主張し、また使徒としての任務を母にすら託さなかったのは、イエスがこの義務を男性に限りたかったことの証拠なのだという。そしてその権威付けのために、インノケンティウス三世の次のような言葉を引用する。「聖処女マリアは尊厳と卓越において使徒たちすべてにまさっていたけれども、それにもかかわらず、主が天の王国への鍵を託したのは、彼女ではなく、使徒たちであった。」

教会はユダヤ世界を越え、ヘレニズム世界に広がった。ヘレニズム世界では女性が祭祀を司る場合もあった。社会的な環境に影響されるなら、そうしたところでは、女性に聖職を認めることになったであろうし、さらに福音を述べ伝える際、使徒たちとともに働いた女性も多かった。「にもかかわらず、これらの女性たちに叙階を認めるという問題はいかなるときにあっても生じなかった。」パウロは彼を助けてくれた男性や女性に分け隔てなく「私の協力者」と呼びかけているが、「神の協力者」と呼びかけるときには女性は注意深く排除されており、それがパウロの意志であったという。そして、イエスやパウロのこうした態度から、教会は今日逸脱することが可能であるかと疑問を呈する。

宣言によると、教会の禁止命令には二種類あるという。女性が頭にヴェールをかぶらなくてはならないというような、もはや規範的価値を有してはいないものと、創造にかかわる神の計画と深く結びついているものとである。そして女性が聖職に就いてはならないという禁止事項はこの後者に属するというのだ。では神による創造の計画と男性が聖職に就かねばならないということにはどのようなかかわりがあるのか。それは証明しなくても自明のことだということなのか、これに関しては、説明がない。

宣言の中で唯一わかりやすいのは、代理説である。司祭や司教がその聖職を執行するとき、彼らは自己の名において執行するのではなく、キリストの代理として、キリストの名において行うのであるが、もちろんキリストは男性であるため、女性が代理を務めることは不可能なのだというのがこの論理である。

聖職は個人の権利を形成しているのではなく、キリスト教会の秘蹟から生じたものであり、世俗の秩序とはまったく異なった秩序であると宣言は言う。その証拠に、天国でもっとも偉大なものたちは、聖職者たちではなく、聖人たちなのであり、もちろん聖人には男女の別がない。このように、この世の秩序と、天国の秩序はまったく異なるものであり、それゆえ司祭職から女性が排除されているとしても、これは女性差別という、社会的秩序の問題とはまったく異なるのだという。

二　書簡(5)

マリア崇敬者たるヨハネ・パウロ二世は歴代教皇のなかでも女性の地位を上げることにもっとも肯定的な教皇であったといえるかもしれない。一九八八年に出された使徒的書簡『女性の尊厳と使命』の中で、彼は「女性に対するキリストの態度について、今まで述べてきたすべてのことは、男女の平等性の真理を聖霊において確認し、明らかにしています。女性も男性も神にかたどって創造されたのですから、人は、その本質的な『平等性』について話さなければなりません」(6)と語っているからである。しかしながら彼はこの書簡において、「『彼はおまえを支配する』（創世記三・一六）という聖書のことばに表現されていることがらに対する女性の反対が、たとえ、それが正しい反対であっても、決して女性の『男性化』をもたらすようなものであってはなりません。男性『支配』からの解放という名目のもとで、女性が自身の女性的『独自性』に反するような男性的特徴を自分のものにしてはいけません」⑺と、女性らしさを強調する。つまり彼は女性の地位を上げるにしても、きわめて保守的な立場から、女性らしさを失わないことを前提とするのである。

ヨハネ・パウロ二世はこの書簡の冒頭で、「司祭への叙階はカトリック教会において、最初からずっと男性だけに保持されてきた」と宣言する。次に、英国聖公会において、女性聖職者受け入れが論議されたときに出されたパウロ六世の書簡から「カトリック教会はきわめて基本的な理由で、女性を聖職に受け入れることはできないと見なしている。キリストは男性の中から使徒を選んでいるという聖書の中に記録されている例があるからだし、キリストにならう教会の不断の意識と女性の聖職からの排除が教会のための神の計画と合致していると首尾一貫して見なしてきた教会教師の権威が男性を選ぶことに含まれてもいるからだ」という言葉を引用し、それに触れながら、「キリストの行動の仕方が彼の生きた時代特有の社会学的文化的動機から出てきたものではないこと」をこの書簡が明白に示しているという。そして使徒たちは自分たちの協力者を選ぶ際、キリストとまったく同じように振舞ったのであり、それはキリストの意志を代理したということにほかならないという。さらに「神の母にして教会の母、聖処女マリアが、特に使徒のために定められた宣教の任務や聖職を受けなかったという事実は、司祭叙階への女性の非受容は女性がより低い尊厳しか有していないためであるとか、彼女に対しての差別のゆえに、これがなされ得たということを意味することなどではありえないということを示している」と主張する。聖処女ほど崇敬されていた存在ですら、宣教の任務を受けなかったのであるから、女性が宣教の任務から排除されているのは、女性差別とはなんの関係もないという論理である。

最後に「司祭への叙階が男性だけに保持されねばならないという教えは、教会の不断の、そして普遍的な伝統によって維持されて来、つい最近の諸文書でも教導職によってしっかりと教えられてきたものではあるが、それにもかかわらず、現時点において、ところによってはまだ議論するべきだとみなされているか、あるいは女性に聖職叙階が認められるべきではないという教会の判断が、単に風紀上の強制力しか持っていないとみなされている」という現状認識を述べたあと、それに対する判断は述べず、結論的に「私は宣言する。教会は、女性を司祭へ叙階する権威などもってはいないし、この判断は決定的に全信徒によって共有されるべきだ」と書く。

三　教父たち

宣言や書簡は、現代のカトリックが歴史的な女性聖職者排除の伝統の上に立って執行されていると称している。従って、以下において、歴史的に女性聖職者の問題がどのように考えられてきたかを考察しておく必要があるだろう。まずは教父たちによる女性聖職者の取り扱いを見ておくことにする。

宣言が典拠としている五人の教父のうち、ここではギリシア教父としてエピファニウスを、ラテン教父としてテルトゥリアヌスを取り上げることにする。エピファニウスの女性聖職者拒否論については、ファン・デル・メールによる丁寧な紹介があるので(8)、彼によりながら、エピファニウスの主張を見ることにする。

エピファニウスの主張はモンタヌス派批判の形で展開される。彼によると、これら異端者たちは女性が「指導者や司祭になるのを許容して」おり、彼らが女性預言者に多大の敬意を払っていることを問題とする。彼ら異端の間では、女性も司教であり、司祭であるが、彼らはそのよりどころとして、ガラテヤの信徒への手紙三・二八（「そこではもはや、ユダヤ人もギリシア人もなく、奴隷も自由な身分の者もなく、男も女もありません」）を持ち出す。それに対して、エピファニウスは創世記三・一六(「お前は男を求め、彼はお前を支配する」)、コリント信者への手紙(一)一四・四(「婦人たちは、教会では黙っていなさい。婦人たちには語ることが許されていません」)、そしてテモテへの手紙一二・一四(「しかも、アダムはだまされませんでしたが、女はだまされて、罪を犯してしまいました」)を対置して反駁する。このような混乱を惹起したのは女性の存在であったが、それは「女の性がたやすく誘惑されるものであり、弱きものであり、理解力を欠いているものだからである。悪魔は女を通してかくのごとき混乱を吹き出したかのように思える」という。「我々は男性の理性を適用し、女性による愚行を破滅させることを望む」とし、もし神が何らかの教会の職を女性にお認めになったというなら、マリアが司祭になっていただろう。しかし神はそうお望みにはならなかったし、洗礼すらマリアに託されなかった。もしそうであったら、神はヨハネではなく、マリアによって洗礼を受けていただろうからとエピファニウスは主張する。

神が処女マリアから生まれて人となられたのは、マリアが崇敬されるためでもなければ、後に女性が司祭になるためでもなかった。神はマリアを司祭にする気もなかった。神は、マリアが洗礼を授けるのも、使徒たちを祝福するのも、この地を支配されるのもお許しにならなかった。そして聖書のどこを見ても、マリアは崇拝されてはいないとエピファニウスは言う。ファン・デル・メールによると、女性司祭が存在しなかったということの最大の証言者がエピファニウスなのである。そして宣言はこの点でエピファニウスに注目したのであろう。エピファニウスは福音書中の多くの女性を取り上げ、彼女たちの誰もが司祭になっていないという。エピファニウスがもっとも主張したかったのは、マリアは女性であるがゆえに、崇敬の対象ではあっても、父と子と精霊のごとく崇拝の対象にはなりえないという点であろう。

次にテルトゥリアヌスを紹介する。彼は言う。「これら異端者の女たちこそ、なんて差し出がましいことよ。というのも、彼女たちは大胆にも教えたり、議論したり、悪魔祓いを行ったり、治癒行為をも引き受けており、あまつさえ洗礼すら施しているのだ。」(9) こうしたことになぜテルトゥリアヌスが腹を立てるかというと、「女には教会で話すことが許されてはおらず、さらに教えることも、洗礼することも、供物を捧げることも、男の職務を行うことも許されてはいない。ましてや司教職（に就くことが禁じられていること）などいうまでもない」からである(10)。女性が洗礼を施し得ることの根拠として、当時、聖書外典の『パウロ行伝』(11) が使われていたようだが、その『パウロ行伝』についてさえ、彼は次のように主張する。「パウロの行伝なるもの——これは誤ってそう呼ばれているのだ——が、教え洗礼を施すことを女たちに許すためにテクラが手本になると主張しているとするなら、アジアではそうした資料を編纂した司祭が、自分自身の評判をパウロのそれに加えようと考えて、（この文献を）見つけ出し、そして彼はパウロへの愛のためにそうしたのだと告白しているけれど、その地位を追われたのだった。パウロが女たちに自分の権利として学ぶことすら許していないときに、どうして我々はパウロが女性に教えたり、洗礼したりする権能を与えたなどと信じることができようか。彼は『婦人たちは、教会では黙っていなさい。婦人たちは語ることが許されていません』と言っているではないか。」(12) つまり、テルトゥリアヌスは『パウロ行伝』は偽書だから、女性が洗礼することを許すための権威にはなりえないというのだ。

以上のような主張を行うテルトゥリアヌスには教義上の要請があったというよりも、むしろテルトゥリアヌスは保守的なローマ貴族の態度を代表していて、ローマ社会が女性の活動を私的な家のうちに追いやったのと同様のメンタリティーで教会内での公的な活動から女性を排除しておこうと考えたというのが、一般的なテルトゥリアヌス解釈である(13)。トージセンによれば、当時、教会自体がローマ社会と同様の男性中心の権威主義組織になりつつあったため、女性が公職から排除されたというのだ(14)。テルトゥリアヌスにとって、司祭は元老院身分と同様の地位を形成し、平信徒は平民身分であった。それゆえ、司祭としての行動を女性がとりうるなどとはとんでもないことであり、ましてや女性が司祭になり得るなどとはテルトゥリアヌスの想像の枠外なのであった(15)。こうした状況を考慮すると、教父の女性に対しての聖職拒否にはまったく偏見が影響を与えていないという宣言の主張を簡単に信じることはできないのである。

四　教会法

公式の教会法集成である一九一八年発効の『教会法典』は、中世以来積み重ねられてきた教会法規の集合体を土台としている。そしてこの土台の基礎にあるのがグラティアヌスの教令集である。グラティアヌスの教令集における女性の聖職禁止条項は以下に示すとおりである。

神に仕える処女が、奉献式のためとて、司教にゆだねられるとき、修道誓願にふさわしいような、常に使用する衣服においてなされるべし。グラティアヌス（の言）。聖器ならびに聖布に神に捧げられた女性が触れること、また、（神に捧げられた女性が）香を祭壇の周りに運ぶことは禁じられるべし(16)。

神にささげられた女性もしくは尼僧が聖器もしくは聖布を我らが面前で触れ、聖油を祭壇の周りに運ぶということが（あると）使徒の御座に告げ知らされた。これらすべてのことが非難と叱責に値するということは、まさに（道理を）知っている人々の中では誰にも疑いがない。そのゆえにこの聖なる御座の権威によりて、我らはこれらすべてのことができるだけ早急に我らがうちからまったく廃除されることを命ずる。そしてこの疫病がさらに広く広められることなきようすべての地方においてもっとも速やかに取り払われるよう、我らは命じる(17)。

（この規定と類似の規定が、Decreti Tertia Pars de Consecratione, Dist.I,c.41,42 に見える。）

聖なる御座は布告する。聖器は主への奉仕のために叙階された男子によってのみ取り扱われ得るが、それ以外によっては許されない。これは主が怒りもて災害——不信心者のせいで、正しい人々が苦しむということがしばしば生じ、この災害において罪を犯していない人々も滅ぼされる可能性がある——にてその人民を罰しないためである(18)。

上の規定は、教皇ソテルの権威に基づいているとされる。しかしこのソテル規定の典拠は偽イシドルス文書であり、したがって、この規定自体、本当に存在したものではないのである(19)。同様に、Dist. I, de cons. c.41,42 の規定も、偽イシドルス文書を典拠としており、歴史的権威には欠けていると言わざるを得ない(20)。

直接、女性に洗礼を禁じた条項は以下のものである。

司教たちの中には、神の秘蹟を軽視して、俗人もしくは女性に、死につつある病人のためにと主の聖体をゆだねる者がいるということが我らの知るところとなった。このようにして内陣に入らないよう、祭壇には近づかないよう禁止された者に、聖なるもののなかでも聖なるものが託されている。神を恐れるすべての者はこれがおぞましいことであり、忌むべきことであると非難した。したがってかくのごとき恥知らずな企てがこれ以上はなされないよう全ての人々に教会会議は禁じた。いかなる場合においても、司祭が自ら病人に聖体拝領すべし。もし異なった仕方で行った者は自らの地位の危険をこうむるべし(21)。

この規定は、どのように考えてみても、女性が教義的に聖職を行使し得ないことの理由は、女性が尊敬されざる性を有しているためであるということ以外、解釈できない。俗人が禁止されたのは、まさに教会内における俗人の地位が低かったからである。そしてわざわざ俗人と並んで女性を名指したのは、女性が女性であることによって、低い身分であると考えられたからである(22)。

その結果として、女性が教会内で説教することを不可能にする次のような条項も見られる。

女性がいかに学識があり、尊敬すべきであっても、他の人に洗礼を施すこと、あるいは会衆の集い（conventus）において、男たちを教えることをあえて行うべきではない(23)。

以上簡単に紹介したグラティアヌスの教会法だけでも、女性に対する聖職拒否が、教義的な理由からではなく、むしろ女性を男性の一段下に置く社会的な要請からなされたことが明らかではないだろうか。そしてこれが現代の教会法にも影響を与えているとなると、ことは重大である。

あまり注目されてはいないが、グラティアヌスには次のような規定もある。

いかなる女性も四〇歳になる前にはdiaconissaとして叙階されてはならない。そしてそのときでも注意深い検査の後、叙階されるべし。しかしながら、この叙階を受け、ある期間、職務を遂行した後に、もし結婚したならば、このように神の恩寵を軽んじたため、彼女は結婚した男とともに破門されるべし(24)。

ラミングによれば、後世の法学者はこの後半部の独身強制にのみ着目したゆえに、前半は後世にほとんど影響を与えなかったという(25)。ここに出てくる diaconissa が diaconus の女性形であることを考慮すれば、助祭の妻、あるいは女性助祭であるが、文脈からすれば、明らかに女性助祭である。diaconissa に関しては東方教会を中心に数多い事例が存在している。ワインガーズによれば、東方教会では十四世紀まで使われたようである[26]。

この diaconissa はパウロの書簡中にも登場する。ローマ人一六・一に「ケンクレアイの教会の奉仕者でもある、わたしたちの姉妹フェベを紹介します」と書かれているが、この奉仕者という言葉は、ウルガタでは教会に奉仕している女性（quae est in ministerio Ecclesiae）となっており、ギリシア語原文では diaconos となっている[27]。カトリック教会としては女性聖職者を認めるわけにはいかないので、ここでは女性助祭を意味する diaconissa という訳語が避けられたのであろう。

diaconissa の問題については、ここで取り上げるわけにはいかないが、過去の教会法を取捨選択して現代の教会法に生かそうとするなら、この diaconissa を取り上げないということの説明が必要であろう。グラティアヌスのこの規定がある限り、diaconissa を単に奉仕者として片付けるわけにはいかないからである。

五　スコラ哲学者たち

宣言が典拠としている中世の神学者は、ボナヴェントゥラ、リチャード・オブ・ミドルトン、ドゥンス・スコトゥスなどである。ここではボナヴェントゥラの議論を見ることにしたい。

ボナヴェントゥラの『ペトルス・ロンバルドゥスの判決集について』の二五章二節問一[28]は「叙階の受領のために男の性が必要とされるかどうか」と題された文章において女性聖職者拒否論を展開している。それほど、長くないものなので、その重要部分を以下に全訳して紹介する。

したがって、まず男の性が必要とされるということに関しては、次のことが示される。

一　まずはかくのごとくである。いかなる叙階も叙階に対して当然の権能もしくは適性をば有せざるものに授与されえず、しかしてトンスラとコロナ（剃髪後の頭頂のこと）のための適性を欠きたるものは、なんぴとも叙階への権能を欠くべし。かつまた常にベールで頭を覆われているのがふさわしきものは、なんぴとも当然の適性をもたず。したがってもしさあらば、第一コリント一一に言われているごとく、自然のままにベールで頭を覆わず祈ることは男にのみふさわしく、しかして頭にベールをいただく女には（ふさわしくない）。そしてそれを自然自体が教えてくれており、したがって……。

二　さらになんぴとといえど、神の似姿を帯びざるとすれば、そのものは、叙階を受領することあたわず。なんとならば、このサクラメントにおいて、人はある種のあり方で、神あるいは神的なるものとなり、神の力にあずかるからである。しかしながら、第一コリント一一に言われているごとく、男はその性のことわりによりて、神の似姿である。したがってなんとしても女性は叙階され得ない。

三　さらに叙階において、聖霊の力が被叙階者に与えられる。しかしながら第一テモテ二に「婦人が教えたり、男の上に立ったりするのを、わたしは許しません」と言われているごとく、かくのごとき力を女性は受けるを得ず。したがって叙階は（受けるを）得ず。

四　さらに、もしある人がかの叙階において、その意志があるなら、叙階の中には司教職へとつながるものがある。しかしながら司教は教会の花婿である。したがって女性は司教職へと挙げられるを得ず、男だけが（挙げられ得る）。要するに（女性は）教会の花婿ならず。

反論

一　士師記第四章に次のごとく読まれる。デボラはイスラエルを裁き、そして導いた。したがって次のことが見られる。女性にはとりわけ恩寵があふれているときには裁判の権能（をもつ）にふさわしい。司祭の権能（をもつ）にも（ふさわしい）。

二　さらに新約聖書におきて、集会（collegia）を支配するべく託された女子大修道院長（abbatissa）をわれわれは見て取る。したがって次のことが見られる。結び解く権能が彼女たちに託されたのだと。したがって同じことわりをもちて、彼女たちに司祭の叙階が授与され得ると見られる。

三　さらに司祭ならびにその他の叙階は魂とかかわり、肉にはかかわらず。しかしながら魂に関して、性の違いは存在せず。男性と同じく女性は神の似姿である。したがって（女性も）同様に叙階を受領し得る。

四　さらに修道の身分以上に完全なものはなく、殉教の持続において以上に強いものはあらず。しかしながら女性たちは殉教同様修道生活にも認容されている。したがって聖なる叙階に認容されるべきであるし、認容されることができる。

以上に続けて「結論」がおかれている。そこでは、「女性たちは法的にも事実上も叙階を受けるを得ず」とされ、次に「私は答える」として、「回答」が示される。回答中では、グラティアヌスの規定（第一部二三節二五章）を引用した後、「そしてかくして女性たちが（司祭に）挙げられるべきではないとあらゆる者たちが同意する。しかしながら可能であるかどうかについては疑いがある」とし、可能であるという意見である者たちとしてカタフリガCataphrygaeと呼ばれている人々を挙げる。彼らはグラティアヌスの規定（第二部第二七事例設問一第二三章）を根拠として年をとった女性は叙階され得ると主張した。しかし同じくグラティアヌス（第一部第三二節第一九章）で言われていることに注目すれば、やもめ、老女、既婚女性がPresbyteraと呼ばれており、説教を読むときに、司祭とともに聖体を拝領する女性が diaconissa と呼ばれているだけなのだ。そのことからしてかつてカノン法にしたがえば女性が聖なる叙階に挙げられたのだとは、どうしても信じられるべきではない。そしてより分別ある意見ならびにより学識ある知にしたがえば、彼女たちは（挙げられる）べきではないし、あるいは法理上できないというだけではなく、確かに事実上できないのでもある」という結論が導き出されている。さらに「そしてもしこの理由が尋ねられるならば、以下のように言われるべし。このことは教会の制度からというよりも、女性たちに叙階のサクラメントがふさわしくないということから来ているのである。確かにこのサクラメントにおいて叙階されるペルソナは調停者キリストを示す。調停者は男の性においてのみ存在するし、男の性によって示され得るのだから。したがって叙階を受ける権能は男にのみふさわしい」とされる。この論拠が宣言にもそのまま踏襲されているのである。

最初にボナヴェントゥラが示した女性聖職容認論に対しては、最後に各項目ごとに否定論が対置される。簡単にまとめておく。

一　デボラの権能は世俗のものであり、聖界のものではない。俗界において女性が支配権を行使することは許されるが、聖界の支配は許されない。

二　女子大修道院長は、女が男とともに住むことの危険のゆえに制度として作られたのであり、叙階の権能は行使し得ない。

三　魂はそれだけで存在しているのではなく、肉と結びついて存在している。叙階の執行はこの結びつきを考慮する。それゆえ女性に叙階は否定される。

四　恩寵を得る完全性は男女同じであるが、与えられるある種の恩寵と関係する身分の完全性 perfectio status なるものがあり、これは男の性にしか属さない。それが叙階の完全性 perfectio ordinis であり、従って、それは女性にはふさわしくない。

ボナベントゥラの女性聖職拒否論は以上のようなものである。彼は主張の第一点として、女性はベールで頭を覆わねばならないのでトンスラにはふさわしくないという間接的な理由を挙げる。第二点は、女性は神の似姿に造られてはいないという、現在では拒否されている理由である。第三点の理由としては、それが聖書の教えであったということであり、第四点には、司祭は司教になり得る。女性は司教にはなり得ないので、従って司祭にもなり得ないという論理である。いささか極端化してボナベントゥラの主張をまとめてみたが、これが筆者の悪意による曲解ではないことは、訳を読んでいただければ、納得されると思う。

なお、スコラ哲学者の女性聖職反対論はワインガーズによると、七点にまとめられるようである(29)。少し繰り返しになるが、以下に記しておく。

一　女性が教会で教えたり、男を支配することはパウロによって禁じられている。
二　キリストが使徒の中に女性を含めず、最後の晩餐に参加したのも男性のみ。
三　教会によって禁じられている。
四　女性は聖器に触れたり、聖衣を着るのを禁じられている。
五　女性は月のさわりの時期には教会に入るのを許されていない。
六　女性にはトンスラを受けることがふさわしくない。
七　女性は教会の完全な成員ではない。

六　開かれた議論のために

本稿では、宣言や書簡が拠り所とした伝統的な議論を史料に即して紹介することによって、以後の議論が少しでも具体的になるよう配慮した。宣言や書簡の主張が、中世以来のカトリックの主張とほとんど変わらないことが理解されたと思われる。以下、開かれた議論のためにはなにが必要かを簡単にまとめておくことにする。

以上見てきたところでは、女性聖職者拒否論は大きく三つにまとめられる。まずは伝統の問題である。ついで、イエスが男性であったこと。最後にイエスが福音を託したのが男性であり、パウロもそれに同調したという主張である。女性が劣った性であるから聖職者には向いていないという時代錯誤的な議論はここでは問題にしない。

カトリック当局が「伝統」を前面に出したのは、女性聖職者についての議論を封じ込めるためであるように思われる。伝統という言葉で、現状に対する批判のすべてが拒否されることになるからである。では、この伝統はいかにしてつくられたのであろうか。

たとえば、女性が聖器に触れることを禁じる教令のうち、おそらく最初のもののひとつがシクストゥス教皇のものであるが、このテキストは偽造されたものである。先にソテル教皇の教令も偽造されたものであったことを指摘しておいた。さらに女性が儀礼に参加するのを禁じるボニファティウス一世の教令も偽造されたものである。このような偽造された文書の上に後代の教会会議の決議が積み重ねられていき、伝統が形成されてきたのである。

しかしもっと重要な点は、当時の禁令が当時の歴史的コンテキストの中で命じられたことであり、歴史的コンテキストが異なれば、禁令自体の意味も異なることを認めることが必要だということなのである。かつて教会会議で禁じられたことでも、現代の我々には容認されていることが多々存在することは、そうしたことを具体的に挙げなくても明らかであろう。また教会会議で禁じられたことが、絶対に誤りであったというわけではないことも明らかである。

歴史的コンテキストの中において解釈することを拒否する態度を、伝統を守るという言葉で擁護するとすれば、あまりにも権威主義的かつ旧套墨守の態度だといわねばならない。

次に、イエスが男性であったことの問題性である。イエスが男性であったことは事実であろうが、しかしイエスの行動と彼が男性であったことはどのように関係しているのであろうか。聖書を読む限り、イエスが男性であらねばならない必然性はどこにも感じられない。むしろイエスは性を超越していたように読めるのである。男性とか女性という生物的性差の片方をイエスに貼り付けることによって、カトリックが主張する三位一体は損なわれないのであろうか。イエスのペルソナを男性性に矮小化することのほうが、より大きな問題であるように思える。

イエスが使徒としては男性しか選ばなかったという議論は、マリアには福音を述べ伝えるという仕事を託さなかったという事実を補完的に使用する。そしてこれがイエスの意志であったというのだ。福音の仕事を託さなかったのがイエスの意志であったことは認めたとしても、しかしその意志なるものが、福音を述べ伝えるのは男性のみであるという点にあったかどうかはわからない。これは後世の解釈にしか過ぎない。パウロには、福音伝授者を男性に限りたいという意志があったとしても、それがイエスの意志であると証明することなどできない。

さらに付け加えると、イエスは花婿で教会は花嫁という比喩が使われる。しかし聖書にふんだんにちりばめられている比喩は、あくまでも比喩にしか過ぎない。聖職からの排除をこの比喩が証明しているなどとはいえない。比喩には比喩の限界があり、その解釈が問題になるのである。

要するに、聖職から女性を排除するか否かの議論は、ほとんどが解釈の問題に帰着する。解釈が問題になる限り、議論は可能である。本稿がそうした議論に少しでも参考になれば幸いである。

【註】

（1）ルイジ・チヴィスカ訳『カトリック教会法典』（有斐閣、一九六二年）、三六一頁。

（2）『カトリック新教会法典』（有斐閣、一九九二年）。なお旧教会法典の九六八条（一）は、新教会法典では、一〇二四条として載せられている。教会法典から新教会法典の間に横たわる六〇年以上もの歳月は、女性に対する教会のまなざしを大きく変えた。教会法典に見られた女性に対する差別的な規定は、新教会法典では完全に姿を消すか、表現が変えられた。具体的に指摘しておく。教会法典の九八条（四）では、「婚姻を締結するさい、またはその継続中、妻の典礼が夫のものと異なるときは、妻は夫の典礼に移る権利を有する。また、婚姻が消滅した後は、特別法による別段の定めがないかぎり、自由に自己の典礼を回復する権利を有する」という表現がとられているが、新教会法典では、洗礼を受けた後、次の者は自主権を有する他の典礼教会に登録されるとして、一一二条（二）において、「婚姻を締結する際、又はその継続中、相手の所属する自主権を有する典礼教会に移転する旨を表明した配偶者。ただし、婚姻解消後は、自由にラテン教会に帰ることができる」という規定に改められた。以下、私見によれば、教会法典において、女性の取り扱いに問題があると言わざるを得ない規定と見られるものを指摘しておく。七四二条（二）の「（洗礼を授けたことが証明され得るためには、二人、もしくは少なくとも一人の証人を立ち合わせなければならない。）前項の場合には、司祭は助祭に、助祭は副助祭に、聖職者は平信徒に、男子は女子に優先する。」七五六条（二）の「両親の一方がラテン典礼、他方が東方典礼に属する場合には、子女は、特別法に別段の定めがない限り、父の属する典礼によって洗礼を授けられなければならない。」八一三条（二）の「ミサに仕える侍者は、女子であってはならない。」一二六四条（二）の「修道女が、その会の会憲、もしくは典礼法にしたがい、かつ、教区裁治権者の許可によって、その所属の教会、あるいは公用礼拝堂において歌うことを許される場合には、人々から見えないような場所で歌わなければならない」などである。これらの規定は新教会法典ですべて削除されるか、表現を改めるかされている。もっと詳細に検討すれば、問題ありと認められるところがまだ存在しているであろうが、本稿は、教会法典における女性差別表現を取り上げようとするものではないので、こうした分析はまたの機会に譲りたい。

（3）カトリック以外の女性聖職者受け入れの状況に関しては、Manfred Hauke, *Women in the Priesthood ? A Systematic*

Analysis in the Light of the Order of Creation and Redemption, translated by David Kipp, Ignatius Press（San Francisco）, 1988, pp.44-54 がその間の状況を簡単に整理してくれている。

（4）*Women Priests. A Catholic Commentary of the Vatican Declaration*, ed. Leonard Swidler and Arlene Swidler, Paulist Press, 1977. pp.37-49 に所収。短いものなので、個々の引用頁数は省略する。

（5）ヨハネ・パウロ二世のこの書簡は、インターネットでダウンロードした。アドレスは、http://www.vatican.va/holy_father/john_paul_ii/apost_letters/documents/hf_jp-ii_apl_22051994_ordinatio-sacerdotalis_en.html（二〇〇五年五月二二日）。

（6）教皇ヨハネ・パウロ二世使徒的書簡『女性の尊厳と使命』（カトリック中央協議会、一九九一年）、六五頁。

（7）ヨハネ・パウロ二世、前掲書、三九、四〇頁。

（8）Haye van der Meer, *Women Priests in the Catholic Church? A Theological-Historical Investigation*, translated by Arlene and Leonard Swidler, Trmple University Press, 1973, pp. 47-52. わずか数頁なので、以下、個々の引用には頁数を示さない。

（9）*Patrologia Latina*（以下 *PL.* と略）2, col.56.

（10）*PL.2*, col.901f.

（11）荒井献編『新約聖書外典』講談社（講談社文芸文庫）、一九九七年　所収。なお、当該書では、二三四頁以下に、「パウロ行伝」として載せられている。

（12）*PL.*1,col.1220.

（13）Karen Jo Torjesen, *When Women Were Priests*, Haper Collins, 1993, pp.160 and 162.

（14）Torjesen, p.155ff.

（15）Torjesen, p.163.

（16）*Corpus Iuris Canonici, I, Decretum Gratiani*, hrsg. von Emil Friedberg, 1979（使用したのは、一九九五年版）。Decreti Prima Pars Dist.XXIII,c.24, col.85.

（17）Decreti Prima Pars XXIII,C.25, col.86.

（18） Decreti Tertia Pars de Consecratione, Dist.I,c.41.col.1304f.

（19） Ida Raming, *The Exclusion of Women from the Priesthood: Divine Law or Sex Discrimination,* The Scarecrow Press, Inc.,1976. p.8f.

（20） Raming, p.10.

（21） Decreti Tertia Pars de Consecratione, Dist.II, c.29, col.1323f.

（22） Raming,p.12f.

（23） Decreti Tertia Pars de Consecratione, Dist.IV.c.20, col.1367.

（24） Decreti Secunda Pars CausaXXVII,Quest.I, c.23, col.1055..

（25） Raming, p.23.

（26） John Wijngaards, *No Women in Holy Orders? The Women Deacons of the Early Church,* Canterbury Press, 2002, pp.201-5 にdiaconissa が出てくるギリシア語テキストの英訳が載せられている。

（27） 荒井献著『荒井献著作集八　聖書の中の女性たち』（岩波書店　二〇〇一年）、一六〇頁、三五五頁、三八四頁。

（28） *Sententiarum Magistri Petri Lombardi;* T.1–T.4.–Typographia Collegii S. Bonaventurae, 1883- 1889.–(Opera Omnia / S. Bonaventurae; edita studio et cura PP. Collegii A S. Bonaventura ; T.1-4). T.4, p.649-651. 短いものなので、個々の引用頁数は省略する。

（29） John Wijngaard, *The Ordination of Women in the Catholic Church. Unmasking a Cuckoo's Egg Tradition*, Darton, Longman and Todd Ltd, 2001, pp.59-67.　本書は先頃邦訳された。ジョン・ワインガーズ著　伊従直子訳『女性はなぜ司祭になれないのか――カトリック教会における女性の人権』（明石書店　二〇〇五年）。

第三部　近世社会史研究の新しい切口

第八章　近世フランスにおける狩猟書の世界
――デュ・フイユー『猟犬狩』を手がかりに――

阿河雄二郎

一　中近世フランスにおける「国王の狩猟」

十四世紀後半の百年戦争で勇名を轟かせたガストン・フェビュス（フォワ伯）は、狩猟の愛好家としても知られている。彼が記述した『狩猟の書』は、その後写本や印刷本の形で伝えられ、十六世紀後半まで人気を博した(1)。もっとも、『狩猟の書』は単に実践的な狩猟技術を伝えたものではない。コキュラ女史によれば、『狩猟の書』には大別して三つの理念があった(2)。第一は宗教的なもので、狩猟に生真面目に打ち込むことによってキリスト教のいう七つの大罪を免れる。この点で、狩猟は人生訓やモラルを体得する修練の場である。第二は自然を知り、その恵みに触れて、狩猟は精神や肉体を鍛錬する。その結果は健康の増進と長寿につながる。そして第三は社会観念に関わるもので、狩猟という「気晴らし（déduit）」を通じて、貴賤や貧富の差を超えた貴族の一体性が確認される。狩猟文化を享有することにより、貴族は自己の身分・価値意識を強めるのである。

中世後半に国王や大諸侯のもとで発展をとげた狩猟は、十六世紀以降、宮廷社会を舞台により一層洗練されたものとなり、「国王の快楽（plaisir du roi）」という用語が専ら「国王の狩猟」を意味するようになった。その複数形は「国王の狩場」を意味する。狩猟法が定められ、狩猟の規則・技術が厳密になり、高度化されたのは当然として(3)、「国王の狩猟」を支える場所、人員、慣行なども徐々に整備されていった。

「国王の狩猟」がおこなわれる「国王の狩場（capitainerie）」は、「猟犬狩の父」と渾名されるフランソワ一世が一五三四年フォンテーヌブローに設立したのを手始めに、シャンボール、ヴィレル＝コットレ、サン＝ジェルマン＝アン＝レ、ヴァンセンヌ、コンピエーニュ、ブロワ、オルレアンなどに広がった(4)。それらがロワール川中流域やイル＝ド＝フランス地方に集中したのは、基本的に政治の中心である宮廷やパリに近いからだが、自然環境の面でみると、カシ、ブナ、クマシデ、クリ、カバなど高木林（haute futaie）の多いこの地方は棲息する獲物も多く、古くはメロヴィング王朝時代から猟犬狩に適した場所だった(5)。「国王の狩場」の数はルイ十四世治世期には四〇ほどにのぼったので、十七世紀末には経費削減のため一五ほどに縮小を余儀なくされた(6)。なお、十八世紀では、トゥルーズ伯の子パンティエーヴル公のランブイエ、コンデ親王のシャンティイの狩場が有名である(7)。

「国王の狩猟」を担当する「狩猟団（équipage）」は、すでに中世のルイ九世時代には制度化されていた(8)。ただ、その時点での狩猟団は、狩猟係、猟犬係、鷹係などを含めて数十人に留まった。しかし、十四世紀末、フィリップ六世は狩猟権を貴族にほぼ限定する王令を布告するとともに、宮廷に「猟犬狩頭」「猪狩頭」「鷹狩頭」という狩猟の三部門の長官職を設けた(9)。それ以来、ルイ十一世が創立したとされる「狼狩頭」を加えて狩猟団は拡張の一途を辿り、アンリ二世は三百人あまり、アンリ四世やルイ十四世は五百人を超える人員を抱えるにいたった(10)。ブルボン王朝初期には、鹿、猪、野兎を主な対象とする猟犬狩と並んで、サギ、シギ、カモ、ウズラ、トビなどを対象とした鷹狩が全盛期を迎えている(11)。

「世界第一の猟犬遣い」と称賛されたアンリ四世の場合、国王に即位する以前のナヴァール王の段階でフランス各地の所領内に狩場を持ち、つねに百人規模の狩猟団を維持していた(12)。宗教戦争の危機的な状況下、こうした狩猟団を身近に置いていた理由はよくわからないが、おそらくアンリは狩猟団のメンバーと特別な「主従関係（clientèle）」を築いていたと推測される。また、下級貴族出身のリュイーヌがルイ十三世の寵臣に栄達をとげたのは、彼が類稀な鷹遣いだったからである(13)。ともあれ、アンリ四世以降、「国王の狩猟」の各部門が多くの「組」に編成されたこと、狩猟の各長官に有力な大貴族や寵臣が任命されたことは重要な事実で(14)、「国王の狩猟」が宮廷社会の副産物（宮廷娯楽）であったという以上に、王権の拡大、宮廷社会の形成と密接に結びついていたことを示唆している。

それとは逆に、十八世紀が進むにつれて、「国王の狩猟」は衰退期に入った。ルイ十五世もルイ十六世も並外れた狩猟の愛好者で、平均して一週間に三度の割合で狩猟をおこなっている(15)。けれども、全体としてみると、国王に従う狩猟団の人数は少なくなり、国王の私的な趣味・娯楽の性格が濃厚である。とくに国家財政の破綻が深刻になった十八世紀後半、ルイ十六世は猟犬の「組」をほとんど解散し、ついに一七八七年、基本的な形である「猪狩頭」「狼狩頭」「鷹狩頭」をも廃止した。フランス革命勃発の時点で、国王に直属する狩猟団は、「猟犬狩頭」と「書斎の鳥猟の組頭」が率いる数十人にすぎなかった(16)。周知のように、一七八九年八月に一連の封建制の廃止が宣言されたとき、領主の狩猟特権が廃止されたが、それに先行する「国王の狩猟」の衰微は、絶対王政の桎梏化とともに、宮廷の社交生活に欠かせない狩猟文化の失権を予兆している。

以上、中近世の狩猟史の流れを「国王の狩猟」を中心に概観したが、本稿では、狩猟史研究の序論として、その当時の狩猟の実態を、狩猟書を手がかりに浮き彫りにしたいと考えている。その第一の理由は、狩猟が中近世を通じて宮廷娯楽（あるいは宮廷儀礼）の枢要な要素であるからで、王権（政治）のあり方を端的に表象する狩猟の様態は、それ自体として検討に値するテーマである。第二に、そうした狩猟は単に政治・社会面だけではなく、狩猟に専心した人々（主に貴族）の社会・文化に対する意識や観念の反映でもある。したがって、彼らエリート集団の身分・価値意識が投影された狩猟書の分析は、中近世のドミナントな政治文化の解明につながると思われる。

なお、本稿で主に依拠する史料であるデュ・フイユー『猟犬狩』について簡単に紹介しておきたい。後述するように、十六—十七世紀にはかなりの狩猟書が刊行された。そのうち、デュ・フイユー（一五一九—八〇年）は十六世紀のフランス西部ポワトゥ地方に生きた小貴族で、政治・宗教にはほとんど関わりを持たず、生涯を狩猟三昧に明け暮れた。放蕩な生活を過ごしたようである。ただし、彼はラブレーもどきの文才に恵まれ、一五六一年、豊富な狩猟の知識や経験をもとに執筆した『猟犬狩』を国王シャルル九世に献呈した[17]。シャルル九世といえば、後に『国王の猟犬狩』（一六二五年に出版）を口述したことで知られる熱狂的な狩猟家である。フランス全国で知られるようになった『猟犬狩』は、中世以来定評のあるフェビュス『狩猟の書』やフェリエール『モデュス王とラティオ王妃の書』に代わる猟犬狩論として版を重ね、アルキュシア『鷹狩』（一五九七年）とともに、十七世紀中葉まで狩猟書の人気を二分したのである。

二　デュ・フイユー『猟犬狩』の世界

十七世紀後半のフュルティエール『フランス語辞典』によれば、猟犬狩とは「猟犬を使い、騎馬で獲物を追う狩猟（chasse à courre）」である[18]。「角笛と猟犬による狩猟」「力づくの狩猟」「大きな音をたてる狩猟」などとも形容される。つまり、猟犬狩は、獲物を罠や網にかけるのではなく、銃器もあまり用いず、あくまで猟犬で追跡し、追い詰める狩猟なのである。そこには、猟犬を鼓舞し囃し立てるけたたましいラッパや角笛の音、猟犬係の叫び声、猟犬のほえ声などが入り混じっている。少なくとも中世末には、狩猟といえばほぼ猟犬狩を指すほどに、こうした形態の猟犬狩が支持をかち得ていた。

さて、本書『猟犬狩』は次のような構成をとっている。最初に簡単な国王への献呈辞があり、第一―第一三章が猟犬、第一四―第四五章が鹿狩、第四六―第五四章が猪狩、第五五―第五九章が野兎狩、第六〇―第六三章が狐狩と穴熊狩、そのあとは猟犬の病気と治療にあてられている。最後を締め括るのは、デュ・フイユーが狩猟三昧で過ごした青春時代を回顧した詩文である。付言すると、本書に限らず、当時の多くの狩猟書が猟犬の病気や傷の手当てに大きなスペースを割いているのは興味深い(19)。狩猟家にとって、猟犬はペット以上に愛情を注ぐべき存在だったのである。

本書の全体的な印象をいえば、第一に、国王への献呈辞に「（自分の）経験として学んできたものを心をこめて記述するのに怠惰であってはならない」（Ven. 15）とあるものの、執筆の動機や問題意識を明確にうかがえる箇所はあまり見当たらない。フェビュスやフェリエールの狩猟書にみられる宗教的、倫理的な主張も記されていないのである。第二に、当然のことながら、本書はタイトルのとおり猟犬狩、なかでも鹿狩を対象としており、その当時流行していた鷹狩には言及していない。したがって、第三に、本書では、鹿狩を例に猟犬狩の仕組と技術が克明に描かれ、留意すべき注意事項と助言が提示されている。以下の行論では、第一と第二の論点を本節で扱い、第三の論点は次節で扱うことにする。

それでは本書は何を目的として書かれたのだろうか。この点で注目したいのが、本書が猟犬狩の寓話的な起源物語から出発していることである。

第一章「追走犬の種と古さ。誰がこの犬をフランスに連れてきたか」によれば、猟犬狩の主力を担う「追走犬」の由来は太古のトロイアに遡る（Ven. 18-19）。トロイアから脱出したアエネイスがローマを建国したあと、その子アスカニウス、孫シルヴェストル、曾孫ブルトゥスはいずれも狩猟好きだった。あるとき、シルヴェストルとブルトゥスが森で一緒に狩猟を楽しんでいたが、ブルトゥスは誤って父シルヴェストルを殺害し、王殺し・父親殺しの罪で国外に追放された。その際、ブルトゥスはトロイアに行き、いまだギリシア人の捕虜となっていたトロイアの仲間たちを救出し、彼らが使っていた猟犬とともに船に乗って地中海から大洋に出てブルターニュ半島に上陸した（図1を参照）。ブルターニュの地名はブルトゥスに由来するという。その後、ブルトゥスと子息トゥルヌスは猟犬を率いてロワール川を遡り、ポワトゥ、トゥレーヌ地方にまで進出した。ロワール河畔の都市トゥールの地名も、この地で戦死したトゥルヌスに因んだものであるという。

ポワトゥ地方の出身であるデュ・フイユーにとって、ブルトゥスが持ち込んだとされる「追走犬」がトロイア起源であり、ブルターニュ地方が猟犬狩の発祥地であることは、郷土の誇りであったであろう。猟犬狩のトロイア起源説は荒唐無稽な発想にみえるが、十六世紀フランスでは、自分たちの祖先であるガリア人やフランク王国の起源をトロイアに求める歴史像が一般に流布しており[20]、むしろ英雄伝説史上に燦然と輝くトロイアの存在は、誇り高い戦士貴族に属するデュ・フイユーのアイデンティティの拠り所ともなっていたと考えられる。もっとも、デュ・フイユーは、フェビュスの書物と自分自身の見聞を根拠に、「追走犬」の一種である「白い犬」はブルターニュ産ではなく、バルバリア（現在の北アフリカ）産であると指摘し、また、「追走犬」には、「白い犬」のほか、それぞれ特色を異にする褐色、灰色、黒色の犬がいて、君主や貴族に便利を供していると結んでいる（Ven. 20）。その点をふまえて、本書では、第二章「白い犬の性格と気質」から第一三章「猟犬係について」まで、猟犬の特色、猟犬の飼育・訓練の仕方、猟犬の選定などが詳しく論じられている。そこには、狩猟を数限りなく実体験した者でなくては知りえないきめ細かな助言や情報が満ちている。

図1　トロイアを船出するブルトゥス

しかし、ここでも意味深長なのは、トロイア以降に飼育されてきた各種の「追走犬」の起源となる伝承に言及されていることである。たとえば、第二―第五章では、前述した「白い犬」「褐色の犬」「黒い犬」の由来が、それぞれ、ノルマンディ大奉行とルイ十一世の娘アンヌ・ド・ブルボン、ノルマンディ地方の領主ユエ・ド・ナント、アルデンヌ地方のサン＝テュベール修道院のエピソードと結びつけられている（Ven, 20-27）。聖ユベールは聖ウスタシュとともに元猟犬係で、猟犬狩にまつわる守護聖人である。前述したとおり、本書はデュ・フイユーの実体験に満ち溢れているが、それと平行して、古典古代や中世の狩猟書、伝承が参照されていることを忘れてはならない。本書の読者は、狩猟技術の手ほどきを受けつつ、古典に通暁したデュ・フイユーの言説のなかに垣間見える伝統的な猟犬狩の世界に没入できたのである。

　猟犬論のなかで、デュ・フイユーがもっとも強調する部分は、第七章「よい犬を得るには、よい種を選ばねばならない」、すなわち、よい猟犬の獲得と選別の方法である。それに関して、彼は「もしあなたが美しい猟犬を持ちたいのなら、美しい雌犬（lice）を持つ必要がある。つまり、よい種（race）で、強く、肢体の均整がとれ、胸や胴が大きくて幅広い雌犬である」（Ven, 27）と述べている。その理由は、この雌犬から生まれた子犬には、掛け合わせた雄犬と同じ性質を受け継ぐものが少なくとも一匹は含まれ、その後この雌犬が次々と孕む「子犬群（laitée, portée）」もよい種に恵まれるからである。一方、鹿狩専用の「軽快で熱烈な犬」を望む場合には、雌犬を若い雄犬と掛け合わせなければならないとされる（Ven, 28)。

本書で繰り返し述べられる血統主義的な猟犬の品種改良論は、狩猟家には常識的なものであろう。その限りで、本書の提言はさほど斬新とはいえない。むしろデュ・フイユーの役割は、古来よい種の猟犬の探求が猟犬狩の基本であるという至極当然のメッセージを読者に伝達することであったと思われる。狩猟家（とりわけ貴族）がこうした血統理論に共感を覚えていたとすれば、彼らがそれを自己の身分や家系の意識に重ね合わせていたからではないだろうか。狩猟を愛好する貴族と猟犬は深い絆で結ばれていた。

それでは猟犬狩において、猟犬に狩り出される獲物はどうして鹿に収斂されるのだろうか。逆にいえば、鹿狩は狩猟のなかでどのように位置づけられていたのだろうか。

一般に、獲物は「大型獣」と「小型獣」、あるいは「褐色獣」と「黒い獣」に区分される(21)。いずれも前者は鹿とその係累、後者は猪や狼を指し、前者が高く評価されたのである。本書でも、鹿狩以外に、猪、狐、穴熊を対象とした狩猟が登場するが、それらは「臭いを発する動物」とか「(相手を）噛む動物」のカテゴリに分類され、鹿狩の扱いには遠く及ばない（Ven, 80-81)。野兎狩だけは貴族の嗜みとして一定の評価があった。こうした傾向は、十六世紀初頭にほぼ定まったとみられる。サルヴァドリの研究によれば、鹿はルーヴルに設置された「国王の狩場」に属し、国王が独占的に支配する獲物というフィクションがつくられた(22)。確かに、鷹が猛禽類の王者の風格を備えているのと同様に、容姿の美しい鹿は森に棲息する動物の王者で、国王が独占的に狩猟の対象とするのにふさわしい。

とはいえ、本書では鹿をとくに国王の独占物、政治的・社会的な象徴として論じた箇所は見当たらない。この点で興味深いのは、第一六章「鹿の性質と繊細さ」から第二〇章「鹿の毛の色」、第二一章「鹿の角とその多様性」にかけて描写される鹿の摩訶不思議な属性である。鹿の習性に対する観察はまさしく本書の精髄で、そこにイシドール、プリニウス、フェビュスなど古典書からの引用が忘れられないところに、博引傍証の知識人デュ・フイユーの面目がうかがえる。本書が述べる鹿の特色をいくつか列挙してみよう（Ven, 44-46）。

鹿は体が逞しく、長命で百歳まで生きるという。伝承によれば、ある王が捕えた鹿の首輪には「カエサルが私に作ってくれた」の銘文が刻まれていた。そのときカエサルが亡くなってすでに三百年が経過していたというのである。鹿が長生きする秘密のひとつは地中にいる蛇を食べることで、その毒性によって体内の毒物を排出し、身を清め、毛の生え変わりを促進する。鹿の逞しさは夏の終わりから約二カ月続く発情期のとき最高潮に達する。そのとき、雄鹿は雌鹿をめぐって激しく争うので、ぶつかって交差したまま落ちた角が存在するという。また、鹿は熱くなった体を冷やすため水に飛び込むので、場合によっては、海を泳ぐ鹿が見られるし、はるか沖合を泳ぐ鹿を漁師が捕えることさえあった。さらに、鹿は人や物音に敏感に反応し、猟犬に追われた鹿は意外にも人気のある場所に移動して猟犬の追求をかわす。ただし、鹿は音楽や詩のようなリズミカルで清澄な音色には無警戒に近づくので、笛の上手な人は容易に鹿を捕えることができるという。

鹿がもっとも重視されるのは、鹿の角のもつ雄々しさと神秘性のゆえである（Ven, 48-50）。猛々しい角は獲物の王者を象徴し、毎年生え変わる点では自然の移ろいや再生をも示唆している。猟犬狩では立派な角を持つ雄鹿が主たる対象とされ、角のない雌鹿、小鹿、ノロシカ、ダマシカは対象から外されるか、女性用の獲物とみなされた。その一方、鹿はひ弱で臆病な動物でもあって、とくに食物の少ない冬場は森の住処から出ようとしない。その理由は、冬場に大切な角を落とし、生え変わるまでの期間を待つためであるという。小心な鹿は、小さなサギやカラスに脅かされて森に逃げ込んでしまう。デュ・フイユーは「武器でも防御物でもある角を無くした鹿があえて姿を現わさないのは、自分の力と美しさを失ったからである」（Ven, 49）と述べ、鹿の恥じらいと恐れに注目している。

こうしてみると、鹿は勇敢さと臆病さ、大胆さと繊細さが相半ばし、立派な角を持つ鹿の狩猟は、鹿の生き方を戦士階級の美意識と重ねて連想する狩猟家（貴族）の共感を掻き立てていたと考えられる。普段は深い森のなかに隠れ棲み、身を守るためにあるゆる「悪戯（malice）や術策（ruse）」を用いる鹿の狩猟は細心の注意を必要とし、きわめてむずかしいものだった。しかし、そうであればこそ、そうした困難をさまざまな知識や技術を駆使して克服するのが猟犬狩の醍醐味である。鹿狩とは、いわば狩猟家と鹿とのあいだで繰り広げられる知力・体力を尽くしての決闘だったのである。

三　猟犬狩のプロセス――鹿狩を中心に

前節では鹿狩を例に狩猟家・猟犬・獲物の関係を考察したが、本節でもやはり鹿狩を中心に猟犬狩の仕組を検討したい。鹿狩はどのようにおこなわれたのだろうか。

本書は、第一四章「鹿を追う若い犬をどのように訓練するか」で生後一八カ月から始まる猟犬の飼育と訓練に触れたあと、第二一章から第三四章まで、主に鹿の居場所の発見に関する注意事項を述べている。その場合、鹿の角の種類や発育の問題には、異常なまでの関心が注がれている（Ven, 51-56）。鹿の住処（reposée）の探索も詳述され、鹿の足跡（pied, foulure）、糞（fumée）、鹿が角を木に擦りつけた疵跡（frayoir, portée）などが有力な判断材料とされた。賢明な狩猟家は、これらの証拠を持ち寄って、鹿の種別、性別、年齢などを正確に判定するのである（Ven, 58-64）。また、鹿の食む草地、灌木林、森のなかの小草地、高木林などの探索の仕方も重要である（Ven, 66-76）。こうして、鹿の住処を見つけると、猟犬係は「折り枝（brisée）」をして目印を付けておく（retourner）。

鹿の情報がもたらされると、狩猟家は狩猟団のメンバーを一同に集めて会議を開き、狩猟の段取りを最終的に決定する。デュ・フイユーは「猟犬係への賛辞」といういささか卑猥な調子の詩で、狩猟団の集会の情景を謳っている。「……

力の限りに鹿の住処に目印をつけると／（殿様のいる）集会に戻らねばならない／冷静に私の報告をするためさ／王様や殿様に挨拶をして／目利きの人に鹿の糞を見せるのさ／すると、すぐに上等のブドウ酒を振舞ってくれる／なぜって、それが褒賞のブドウ酒だからさ／食事をとって、しけこんでいると／私の主人は折り枝のところに行く／すると、道々で私の犬には聞こえるのさ／鹿が住処から狩り出されているのが／……」（Ven, 78-80）。

狩猟団の打ち合わせは、鹿の住処の確認（第一段階）とともに、狩り出した鹿をどのように追い詰めるか（第二段階）、どのように仕留めるか（第三段階）に及んでいる。彼らは狩猟の展開を予測し、計画に従って猟犬を要所に配置しておくので、狩猟は一種の軍事作戦の様相すら帯びる。第三九章「猟犬係はどのように鹿を追うか、鹿を犬に追わせるか」と第四〇章「狩猟係が鹿狩のために知っておかなければならない術策と秘密」によれば、猟犬狩には、嗅覚が鋭くて鹿を住処から追い出す「ブラッドハウンド犬（limier）」（＝「追い出し犬」）、足が速くて鹿を追いかける「猟犬の群れ（meute）」（＝「追走犬」）、逃げる鹿を待ち伏せし追い詰める「交替の猟犬（relay）」（＝「闘争犬」）の三種類の猟犬が用いられた（Ven, 84-85）。

第一段階では、鹿の所在を求めて、猟犬係が「ブラッドハウンド犬」とともにも森のなかを慎重に進む。それと連動して、「猟犬の群れ」が一定の距離をおいて追跡するのは、鹿の足跡を無闇に消さない配慮と、隠れた鹿をやり過ごさないための用心からである。

第二段階に入って、鹿の住処が発見されると、「猟犬の群れ」をどの時点で鹿に向かって解き放つかが狩猟家にとって最高の腕の見せ所となる。時期を失すれば、逃げ足の速い鹿は姿をくらましてしまうし（malmener）、逃げる鹿はさまざまな「悪戯や術策」を弄するからである（Ven, 89-98）。本書でよく登場する「術策」とは、追われる鹿が身代わりの動物を立てて猟犬をまくこと（donner le change）、猟犬が当初の鹿とは別の鹿を追いかけてしまうこと（prendre le change）、鹿が仰向けに寝て足跡を消してしまうこと（rompre des erres）である。思慮深い狩猟家は、こうした手練手管にごまかされないように鹿を追跡し、「交替の猟犬」へと中継する（relayer）のである。狩猟団が猟犬と意思疎通をはかるために発する特殊な叫び声やラッパの音について、本書第四一—第四二章は音符を付して長々と紹介しているが（Ven, 99-109）、デュ・フイユーは「昔の人がやっていたように、ラッパを鳴らし、心地よい言葉や叫び声で犬に話すことのできる人は今日では少ない」（Ven, 109）と述べ、往時の狩猟を懐かしんでいる。大騒音のもと、狩猟団と猟犬が一心同体となる鹿の追走劇は、鹿狩のなかでもっともスリリングな瞬間であった。

第三段階で、「交替の猟犬」が鹿を追い詰め、合図のほえ声を発すると、鹿狩はクライマックスに達する。鹿も角を立てて命がけの反撃を試みるので、もっとも危険なときでもある。第四三章「追い詰められた鹿をどのように殺すか」は、鹿の突撃を受けて死んだ王の名をあげ、同じ傷でも「鹿は棺桶、猪は外科医」（Ven, 109）との諺を紹介している。そこで、デュ・フイユーは、正面から鹿に立ち向かうのではなく、林や垣根のなかに誘い込んで後から剣や槍で突くか、猟犬をけしかけ、鹿が逃げようとしたところを馬で追いかけてとどめを刺すよう狩猟家に忠告している（Ven, 109-110）。なお、水辺を好み、最後に川や池に逃れようとする瀕死の鹿のイメージはかなり一般的だったようで、本書でもひとつの見せ場として描かれている。その際、川の真ん中を泳ぐ鹿を仕留めるのは狩猟係か猟犬の役割で、水泳の修得が狩猟家の条件のひとつとされる。小舟に乗って鹿を仕留める方法もあった（Ven, 109）。

鹿を仕留めたあと、狩猟はどのようになるのだろうか。本書は、鹿狩論の末尾にあたる第四四—第四五章において、鹿の「解体（défait）」と「獲物の分け前（curée）」（図2を参照）に言及している。ラッパの音やほえ声を聞きつけ、狩猟に参加したメンバーが集合すると、まずこの狩猟で最大の功績があった狩猟係（鹿の居場所に目印を付けた者）が、殺された鹿の右前脚を切り取って狩猟の主催者に献上する（Ven, 111）。封建時代のオマージュに類似した名誉ある儀式である。そのあと鹿の解体作業に移り、上向きにされた鹿の腹が切り裂かれ、肉の上質な部分は切り取られ、身分や地位に応じて狩猟団のメンバーに配分される。それが一段落すると、今度は猟犬の番で、「ブラッドハウンド犬」、

「交替の猟犬」、「追走犬」の順番に褒美として鹿肉が与えられる（Ven, 112-114）。というよりも、鎖を解かれた猟犬は鹿の死骸の上に順番に乗って、皮などに付着した肉片に噛りつくのである。血まみれの肉は美味しくないので、「ムエ」といって、パンとミルクが混ぜられた。

「獲物の分け前」の儀式は、狩猟の現場でおこなわれることも、屋敷に戻っておこなわれることもあった。それでも、一見して血生臭くグロテスクな「獲物の分け前」は、猟犬にとって不可欠な儀式だった。子犬のときから、猟犬は獲物の皮付きの肉片を餌として与えられ、獲物の臭いや味を覚え、獲物に対する本能的ともいえる闘争心を吹き込まれていたからである。獲物の肉を食べない猟犬は闘争心が喪失したとみなされ、もはや猟犬の資格がないとされる。

とはいえ、本書に限らず、多くの狩猟書で「獲物の分け前」の儀式が曖昧にしか描かれておらず、その儀式を見守っていたはずの狩猟参加者の様子が茫漠としているのは、不可解で不可思議でさえある[23]。事実、本書の鹿狩の説明は、第四五章末の次の文章であっけなく終わるのである。「獲物の分け前が終わると、とくに室内でのそれのときには、猟犬を犬小屋に連れ戻さねばならない。なぜなら、そのあとで仕事をする場合に、（食べた「冷たい肉」を）吐き戻すことができるからである。しかし、（狩猟の現場での）純粋で温かい肉であれば、そのようにはできないだろう。かくて、獲物の分け前が終わると、（狩猟の）一団は酒を飲みに行く」（Ven, 115）。鹿の生き方に共鳴し、鹿を好敵手とも見立てていた狩猟家にとって、狩猟は猟犬のほえ声とともに実質的に終了していたのだろうか。宴会がおこな

図２　獲物の分け前

われる場所との関係で鹿肉を「温かい」「冷たい」と区別するのも興味深い。

四　鹿狩以外の猟犬狩

前節では鹿狩のプロセスを考察したが、もちろん猟犬狩は鹿狩に尽きるわけではない。本節では、鹿狩との関連で重要と思われる猪狩、野兎狩、狐狩の要諦を補足的にまとめておきたい。

まず猪狩について、猪が猟犬狩にあまり馴染まないのは、猪がそもそも鈍重で獰猛な動物で、強烈な臭いを発散し、襲われても大きな歯で防禦し、猟犬を恐れないからである（Ven, 115）。こうした点から、元来、猪狩は罠猟から出発しており、国王の狩猟団のうち「猪狩頭」が率いる集団は「罠の組（toiles）」、猟犬は「猪狩用の猟犬（vautrait）」と呼ばれた(24)。猪狩のためには猪に対抗できる大型の猟犬を特別に訓練しておく必要があるが、そうした猟犬は、猪の臭いに慣れてしまって、鹿や野兎など繊細な獲物の臭いを嗅ぐ力を失ってしまう欠陥をもつ。また、猪との格闘で猟犬の犠牲が大きいことも覚悟しなければならない。そこで、猟犬には鉄製の首輪に棘をつけて、猪に噛まれない防御手段がとられた。

ただ、猪は住処の近くに多くの痕跡を残すので、猪の習性をきちんと把握し、鼻で土を掘った跡（fouge）、鼻を擦りつけた跡（boutis）、体が転げ回った水溜り（souil）、巣穴（bauge）などを丹念に追究すれば、猪を追い出すのはさほどむずかしくはない（Ven, 120-121）。その際、猪が繰り出す「悪戯」をかわし、猪を怯えさせ、闘争心を失わせ、猟犬による追走という形に持ち込むことが肝要である（Ven, 123-124）。最後に、猪が猟犬と向かい合う場面では、狩猟係が密かに後ろに回り込んで槍を突き刺して殺すのである。

次に、「悪戯」の点では猪にひけを取らない狐の狩猟も一定の評価があった。しかし、猟犬狩のなかで狐狩が下位に位置づけられるのは、狩猟にバセット犬（basset）という小型の猟犬が用いられるからである。狐を専門に追いかけるバセット犬は、土に潜り、巣穴のなかに逃げ込んだ狐を引きずり出そうとする。「土の犬（chien de terre）」と呼ばれるゆえんである（Ven, 140）。その間、狩猟係が出動して、巣穴を塞ぎ、あるいは巣のある場所を上から土を掘り崩し、巣穴にいる狐を一網打尽にするのである。本書では、錐、鍬、シャベルなど穴を掘る道具と、巣穴に立てこもる狐を摘み出す大挟み（tenaille）が詳しく論じられている（Ven, 148-150）。そうした狐狩用の必需品に、一五歳ぐらいの若い娘、食糧、ブドウ酒、マント、寝袋などを積み込んだ荷車が含まれているのは卑猥な冗談に属するのだろうが（Ven, 146-147）、狐狩のあり方を集約しているようにも思われる。結局のところ、バセット犬が巣穴を発見するまで長い時間を要する狐狩は、狩猟家の出番が少なく、土臭く、退屈であり、鹿狩のような美意識を喚起しなかったのである。

それと対極にあるのが野兎狩である。その面白さは、野兎が敏捷で、鹿に匹敵する多くの「悪戯や術策」を弄することにある。デュ・フイユー自身、野兎に騙され、翻弄された痛快な体験をいくつか物語っている（Ven, 129-130）。たとえば、野兎は巣穴をカムフラージュするのが巧みで、泳ぎも得意なので、水辺に誘い込んで足跡を見失わせてしまう。なかでも、猟犬の追跡を巧みにかわし、同じ場所を何度も弧を描いて逃げ回りながら、その実、元の住処に舞い戻ってくる習性はその最高級の技芸とされた（Ven, 128）。ただし、野兎は、食事をしているときに限って座り込み、体臭を草や土に擦りつける癖があるという（Ven, 135）。そうしたミスに乗じて、痕跡を冷静に見分けるのが野兎狩の極意である。

デュ・フイユーによれば、野兎を猟犬で追いかける方法はふたつある（Ven, 137-138）。そのひとつは、角笛を鳴らさず、猟犬が野兎を追うに任せるもので、狩猟家が猟犬の力量を把握できる点で「もっとも名誉ある方法」と評定された。もうひとつは、弧を描いて逃げる野兎の習性を熟知し、猟犬に先回りして追跡させる方法である。いずれにしても、鹿狩に劣らず、野兎狩は狩猟家をその魅力のなかに引き込むものだった。本書の第五六章「野兎の繊細さと悪戯」は次のように結論づけている。「貴族にとって、野兎狩りは他の動物よりも楽しく機知に富んでいる。いつでも、わずかの費用で、猟犬が自分たちの前を走っているのが見られるのだから尚更である。そして、大した労苦もなく、どの猟犬がもっともみごとに狩猟するかを判定することができる」(Ven. 127)。

デュ・フイユーが、野兎狩は貴族の狩猟に適していると推奨しているのは意味深長である。猟犬狩のなかで、「国王の狩猟」が洗練された鹿狩に収斂されようとするとき、富裕でもなく身分も高くない中小貴族にとって、鹿狩はますます遠い世界の狩猟となっていたからである。この点で、野兎狩が鹿狩に準じる扱いを受けたことは、王権や宮廷社会の価値意識に辛うじて連なろうとする貴族階級にとって、ささやかな慰めだったに違いない。時間や金が節約でき、少人数ですみ、猟犬の育成・訓練の手段でもある野兎狩は、名誉ある猟犬狩のジャンルに属し、いわば鹿狩の節約版として機能したのである。

なお、本書には野兎への愛着や共感をうかがわせる箇所がある。「野兎はせいぜい七歳までしか生きない。とくに雄はそうである。それらは悪戯をするので、ある場所に雄と雌が一緒にいると、よそ者の野兎は、そこで生まれた子兎を除いて、その場所には住めない。かくして、次のように言われる。ある土地で野兎を狩ればそれだけ、そこでは野兎がもっと見られるようになる。なぜなら、そこには他の土地の野兎もやって来るから、と」(Ven. 130)。この記述からは、野兎の定住性と繁殖力の強さに仮託しつつ、地方貴族の素朴な生き方や生活様式を称えるデュ・フイユーの心意気が伝わってくる。

五　近世フランスの狩猟書の動向

本稿は十六世紀中葉に刊行されたデュ・フイユー『猟犬狩』を素材に、その当時の狩猟（とくに猟犬狩）の基本的な形とその意味を考察してきた。そして、デュ・フイユーという地方貴族の狩猟論のなかに、狩猟権者としての貴族階級の価値意識やアイデンティティの一端を見出すことができた。そこには、フェビュスやフェリエールの倫理的な宗教意識はみられないが、貴族が自由奔放に狩猟に打ち興じる様子が浮き彫りにされている。理想的な猟犬狩は、あくまで狩猟団と猟犬の緊密な連携の上に、特定の獲物を追走する名誉ある技芸（快楽）として進展した。もちろん狩猟自体は、それ以前にかなり体系化されていたもので、本書がどれほど新しい知見を加えたかは定かでない。しかし、それよりも、十六―十七世紀の貴族階級が本書をひとつの規範として狩猟体験を継承し、その文化を受容していたことが重要であろう。とくに猟犬狩のトロイア起源説は、デュ・フイユーの才覚を超えて、伝統ある狩猟文化に対する貴族の矜持を示すものである。

ところで、中世末のフェビュス『狩猟の書』、十六世紀中葉のデュ・フイユー『猟犬狩』と続く狩猟書は、その後どのような軌跡を辿るのだろうか。その流れを辿ることが今後の課題となるが、ここでは、サルヴァドリの研究をもとに、その一端を展望しておきたい。

大別して、狩猟論には猟犬狩論と鷹狩論があるが、中世末の狩猟書は概して双方を対等に扱っていた。どちらが優越しているかという論争は、最終的には引き分けとされたのである。ところが、十六世紀頃を境に、狩猟の流行を反映して、それぞれ専門的な狩猟書が記されるようになった。本稿で検討したデュ・フイユー『猟犬狩』は、もちろん猟犬狩論の代表作である。けれども、狩猟書のジャンルでみると、十六―十七世紀は、タルディフ（一四九二年）、ブーシェ（一五六七年）、ゴメル（一六〇五年）、サン＝トレール（一六一九年）など鷹狩論の著作が多いのが特色である(25)。

なかでもルイ十三世と親交を結んだアルキュシアの『鷹狩』（一五九七年）は、デュ・フイユーと並ぶ人気を獲得した[26]。また、猟犬狩ではマイナーな分野にすぎない狼狩論も、クラモルガン（一五七二年）をはじめ、グリュオ（一六一三年）、アベール（一六二四年）と相次いで刊行された。著名な猟犬狩論が再び登場するのは十七世紀前半からであり、マリクール（一六二七年）、リニィヴィル（一六五五年）、サルノヴ（一六五五年）、そしてルイ十四世親政期のボンヌフォン（一六八一年）、スランクール（一六八三年）にいたって全盛を迎えたのである[27]。

このあと、十八世紀末にかけて、狩猟書は相変わらず一定の人気を維持した。しかし、この時期の狩猟書は、狩猟のマニュアル、珍獣や珍鳥の狩猟として、あるいは、よりアカデミックな生物学や博物誌の対象として叙述される傾向にあり、狩猟自体の意義に触れる書物はあまり見られなくなった[28]。ビュフォンなど有名な生物学者が編纂した辞書、百科事典、図鑑の類はその典型である。サルヴァドリはこうした状況を「技術者の時代」と規定し、狩猟がより実用的な方向へ、つまり、これまでタテマエ上は軽視されてきた獲物の「料理（cuisine）」や「利益（profit）」が優先される方向へと歩んでいったと指摘している[29]。自然の不思議や驚異を知り、地方の牧歌的な生活を楽しむ実用的な手引書ともなった狩猟書からは、一見、狩猟の大衆化・世俗化が想起されるが、むしろ十八世紀に顕著な「国王の狩猟」の衰退が、狩猟全体のイメージを変えていったのであろう。

その観点からは、本稿で扱ったデュ・フイユー『猟犬狩』を嚆矢とする十六世紀後半から十七世紀後半にかけて、すなわち、宗教戦争による混乱期から絶対王政の確立期にかけての狩猟書の意味と役割を精密に検証する作業が肝要であろう。「国王の狩猟」の全開とほぼ軌を一にするこの時期の狩猟書には、一種独特の雰囲気がある。たとえば、今回の考察で触れることができなかったアルキュシア『鷹狩』は、狩猟家と鷹との緊密な関係を繰り返し指摘している。第一章「なぜ鷹の鳥が他の鳥に較べて優れているか」をみると、冒頭から「狩猟家が自分の鳥に多くの愛情を注ぎ、また、父が子供に対するのと同じような愛情を鷹匠が示すのを、人々は訝しく思っているが、それはまったく理由のないことである」と述べ、愛情をもって飼育・訓練された鷹が狩猟家（鷹匠）と一心同体となり、言葉を交わさずとも狩猟家の意思のままに動くことに「神慮」を見出している。野生動物ではあっても、主人に忠誠を尽くすがゆえに、鷹は鳥の王であり、「王権にふさわしい美質」を表象するのである。アルキュシアは、この項を次のように締め括っている。「神が私たちに鷹の主人であるように与えてくれたすばらしい技（鷹狩の技術）を除くと、そんなにも率直に自発的に鷹が私たちに示す服従は、それらが自然に私たちに奉仕する何かしら秘密の性格に由来しているように思われる」(30)。

狩猟は、動物の習性を巧みに利用して獲物を捕捉する。猟犬狩には、狩猟家と猟犬の深い信頼関係が暗黙裡の前提となる。ただ、デュ・フイユー『猟犬論』では、そうした議論が前面に出ることはなく、ひたすら猟犬を駆使する狩猟家の快楽や気晴らしが嬉々として語られた。それと比較すると、アルキュシア『鷹狩』では、狩猟家と鷹のきわめて人間的な関係、あえていえば、人間と動物との主従関係や忠誠関係が強くにじみ出たものとなっている。アルキュシアはこの絆を「神慮」とまで述べているが、十七世紀中葉の猟犬論を代表するサルノヴ『国王の猟犬狩』にも、国王と臣民との忠誠関係が少なからずうかがわれる箇所がある(31)。このような狩猟書が登場する時代背景に興味がひかれるのである。

【註】

（1）　頼順子「中世後期の戦士的領主階級と狩猟術の書」『パブリック・ヒストリー』（大阪大）、二、二〇〇五年、一二九―一三〇頁。

（2） A.M.Cocula,《Henri III de Navarre, le roi chasseur devenu gibier（1572-1589）》, dans A.Corvol（dir.）, *Forêt et chasse, 10e-20e siècle*, Paris, 2004, p.136.

（3） 阿河雄二郎「『狩猟事典』にみる近世フランスの狩猟制度」『人文論究』（関西学院大）、五五－一、二〇〇五年、一三七頁。

（4） J.A.Dunoyer de Noirmont, *Histoire da la chasse en France depuis les temps les plus reculés jusqu'à la Révolution,* 3 vol., Paris, 1867（1982）, t-1, pp.155-160.

（5） *Ibid*., t-2, pp.371-373.

（6） P.Salvadori, *La chasse sous l'Ancien Régime,* Paris, 1996, p.25.

（7） J.A.Dunoyer, *op.cit.,* t-1, pp.199-200, t-2, pp.66-71; *Chasse à courre, chasse de cour,* Paris, 2004, pp.33-43.

（8） Y. Lesage de La Haye,《La vénerie du roi de France d'après les comptes de Maître Veneur Philippe de Courguilleroy（1388-1398）》, dans *Chasse au Moyen Âge,* 1980, p.149; A.M.Bocquillon,《Au Moyen Âge, vénerie royale et administration forestière》, dans A.Corvol（dir.）, *op.cit.,* pp.122-123. 頼順子、前掲論文、一三六－一三七頁。

（9） P.Salvadori, *op.cit.,* p.194, pp.245-247.

（10） J.A.Dunoyer, *op.ct.*, t-1, pp.166-167, pp.186-187, pp.207-209; P.Salvadori, *op.cit.*, pp. 194-196.

（11） 鷹狩については、さしあたり以下の文献を参照。M.d'Aubusson, *La fauconnerie au Moyen Âge et dans les temps modernes,* Paris, 1879（1963）; J.C.Chenu et O des Murs, *La fauconnerie ancienne et moderne,* Paris, 1980.

（12） A.M.Cocula, art. cit., p.140.

（13） D.Fabre,《Une enfance du roi》, *Ethnologie française,* t-21-4, 1991, p.407; M.Foisil, *L'enfant Louis XIII, l'éducation d'un roi（1601-1617）*, 1996, pp.209-210.

（14） P.Salvadori, *op.cit.*, p.246.

（15） P.Salvadori, *op.cit.*, pp.202-203.

（16） P.Salvadori, *op.cit.*, p.228.

（17）筆者はパリのマザラン図書館（学士院図書館）で、一六〇一年版のデュ・フイユー『猟犬狩』（表紙欠）を閲覧し、主たる部分を筆写した。Jacques Du Fouilloux, *La vénerie de Jacques Du Fouilloux*, Paris, 1601である。しかし、その後、近年の刊本が学習院大学図書館に所蔵されていることが判明したので、本稿ではそちらを利用することとした。G.Tilander（éd.）, *Jacques du Fouilloux, la vénerie et l'adolescence*, Karlshamn, 1967である。以下、本文中ではVenと略記する。

（18）A.Furetière, *Dictionnaire univrsel*, 1690（1727）.

（19）筆者はパリの国立図書館で、主に近世フランスの狩猟書を代表するアルキュシア『鷹狩』（C.d'Arcussia, *La fauconnerie de Charles Darcussia*, 1644）、サルノヴ『国王の猟犬狩』（R.de Salnove, *La vénerie royale*, 1655）、スランクール『完全な狩猟人』（J.de Selincourt, *Le parfait chasseur*, 1683）を閲覧した。そのうち、アルキュシアの書物は全一〇章中、第二章を猛禽類の病気と治療にあてている。サルノヴの書物の構成は以下のとおりである。鹿狩六一章、ピエモンテの鹿狩五章、野兎狩八章、ノロシカ一一章、狼狩一九章、猪狩一六章、狐狩三章、治療二一章。また、スランクールの書物では全三九〇頁のうち、猟犬や猟鳥の病気と治療は二三四―二七八頁にわたっている。

（20）江川温「西欧の民族史観とヨーロッパ・アイデンティティ」谷川稔（編）『歴史としてのヨーロッパ・アイデンティティ』（山川出版社、二〇〇三年）所収、一二八―一二九頁。C.Beaune, *Naissance de la nation France, Paris*, 1985, chap.1.

（21）P.Salvadori, *op.cit.*, pp.77-84.

（22）P.Salvadori, *op.cit.*, p.25.

（23）P.Salvadori, *op.cit.*, p.116. たとえば、サルノヴ『国王の猟犬狩』では「獲物の分け前（curée）」の模様が次のように描写されている。「……同時に、猟犬係は犬小屋の扉をふたつとも開かねばならない。犬が《鹿肉の血入りスープ（mouée）》のところにやって来ると、犬には狩猟をしているのと同じ調子で声をかけ、手で若い犬を撫で、わき腹を擦り、名前を呼んで、そのスープを食べ終わるまでラッパを鳴らし、話し続けるのである。そのときは、犬をまったく自由にしておかねばならない。国王や、猟犬狩頭、狩猟役人は犬の食事がほぼ終わるのを見ると、できるだけ早く《鹿の死骸（coffer）》のあるところへ行き、そこで犬のために重厚な調子でラッパを鳴らすのである。犬とともに（鹿肉の）スープのところに残った猟犬係は、《行け、犬たち、行け》と犬に声をかける。鹿肉を食べ終わるまでである。……」。（R.de Salnove, *op.cit.*, p.26）。ここでは、儀礼的な「獲物の分け前」が終了するとと、現場に留まる狩猟係を尻目に、狩猟を主宰した国王たちの一行は現場から速やかに去っていく。

（24）J.A.Dunoyer de Noirmont, *op.cit.*, t-2, pp.494-498.
（25）P.Salvadori, *op.cit.*, pp.41-42.
（26）P.Salvadori, *op.cit.*, pp.48-51.
（27）J.A.Dunoyer de Noirmont, *op.cit.*, t-1, p.229; P.Salvadori, op.cit., pp.51-52.
（28）P.Salvadori, *op.cit.*, pp.51-55.
（29）P.Salvadori, *op.cit.*, p.76.
（30）C.d'Arcussia, *op.cit.*, pp.8-9.
（31）R.de Salnove, *op.cit.*, pp.7-8.

第九章
デンマークにおける土地緊縛制廃止（一七八八年）について（1）

佐保吉一

はじめに

デンマークの首都コペンハーゲンは現在、北欧における鉄道の拠点である。そのコペンハーゲン中央駅から北に数百メートル離れた場所に、一つのモニュメントが建っている。高さ約一五メートル、四角台座の上にオベリスクが据えられ、それを囲むように四隅に女性像が配置されている。これが一七九七年に完成した自由記念碑 Frihedsstøtten で、後述するように、土地緊縛制より解放された農民の自由を象徴している。一九八八年六月二〇日（月曜日）には、この自由記念碑を中心に、土地緊縛制廃止二〇〇周年を記念する式典が盛大に挙行された。その式典の際、マルグレーテ二世 Margrethe II 女王（在位一九七二—）は祝辞の中で次のように述べた。

我が国の歴史上の事件として私達皆が共通して知っていることがあるとすれば、それは土地緊縛制廃止です。その理由は、土地緊縛制廃止に関する一七八八年六月二〇日勅令によって、農民身分の自由に拠り所が与えられただけでなく、今日の社会そのものの基が築かれたからです(2)。

このように国家元首によって、その歴史的意義が高く評価されたデンマークの土地緊縛制廃止とは一体いかなる内容の出来事であったのだろうか。研究史を振り返ると、現在のところこの疑問に明確な回答を与えてくれる日本での研究は僅かである。確かに概説的記述は存在するが、それらの多くは通史の翻訳であり、「農奴解放」と記されている(3)。さらにデンマークにおける研究も「土地緊縛制廃止」だけを個別的かつ直接的に取り扱ったものは極めて少ないのが現状である(4)。従って研究の大半は、十八世紀後半に進行した一連の農業改革 landboreformerne(5)の一つとしてこの土地緊縛制を取り扱っている(6)。それらの先行研究は概説的なもので、廃止の過程に重点が置かれており、勅令に則してその内容にまで立ち入って検討した研究は殆どない。最近の研究成果としては、ロイストロプの研究があるが(7)、これとても中心が土地緊縛制自体に置かれ、その廃止に関する考察は補足的なものに止まっている(8)。つまり問題点は、土地緊縛制廃止の内容自体が明確にされていないことにある。この点については、ここ二百年間の農業改革研究史を回顧したビョーンの論文の中で「改革がいかに社会を変えたかの研究は多くみられるが、改革自体の内容を集中して扱った研究は少ない(9)」と指摘されているとおりである。そこで、本稿では土地緊縛制廃止の具体的内容を、一七八八年六月二〇日勅令をもとに明らかにするとともに、そのデンマーク史における位置づけを考察する。なお、本稿で対象にする地域は、土地緊縛制が実施されていなかったスレースヴィ・ホルシュタイン地方を除く、いわゆるデンマーク本土とする。

一　土地緊縛制の導入

まず、土地緊縛制廃止前のデンマークの状況を人口面から概観しておきたい。一七八七年の総人口は約八四万人で、その内の七九％が農村に、残りの二一％が都市に居住していた(10)。さらに、農村人口は図1のように領主、自作農、小作農、小屋住み農民および農業労働者、奉公人その他に分かれていた(11)。このように土地緊縛制廃止前夜のデンマークは典型的な農村社会であった。

さて、本題に入る前にまず土地緊縛制廃止によって廃止された土地緊縛制 Stavnsbånd(12)とは何か、いかなる背景のもとに導入されたものなのか、ということを述べておきたい。土地緊縛制とは、「一七三三年二月四日勅令 Forordningen af 4. Febr. 1733」(13)によって導入された、農民男子を拘束しておく制度で、その根拠は第一八条の「いかなるカール Karl(14)も自分の主人が雇用を保障する限り、出生領地から離れてはならない」という規定に求められる(15)。この土地緊縛制の主眼は、大北方戦争（一七〇〇、一七〇九－一七二〇）終了後の深刻な農業危機 landbrugskrise、すなわち穀物価格の下落に際し（図2参照）、安価なカールの農業労働力を確保・固定しておくことにあった。

ところで、この勅令には土地緊縛制の導入と同時に民兵徴集制の再導入をも含むという二面性があった。すなわち、

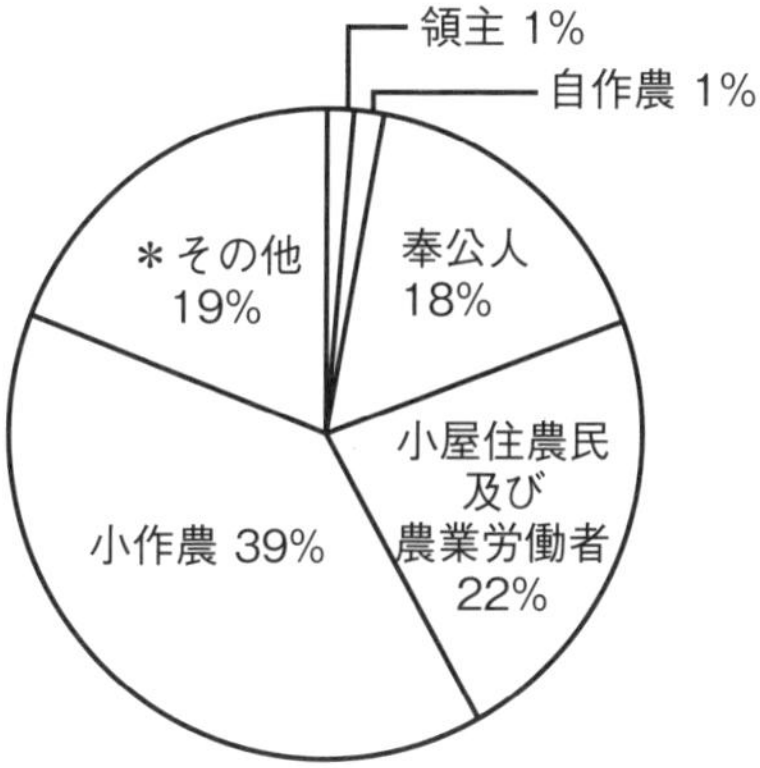

＊その他の中には、時に応じて農業労働者になる漁師、職人等も含まれるので、小屋住み農民及び農業労働者の実数は22%を上回り、小作農の数に近くなる。

図1　18世紀デンマークの農村人口構成図（1787年）

一つの勅令に土地法と軍事法が混在しているのである。それでは、そのような複雑な様相を呈する勅令の現実はいかなるものであったのだろうか。民兵徴集制と絡めた土地緊縛制の現実面をみておきたい(16)。まず、土地に人をいかに拘束しておくかということだが、予備兵名簿 Reserve-rulle に対象者を登録しておき、その登録者を緊縛しておくという方法がとられた。土地緊縛の対象者は、まだ一度も小作地を相続していない年齢一四―三六歳の農村在住全男子で、女子は対象外であった。そしてこの予備兵名簿登録者の中より民兵を決定する徴兵権は領主にあり、領主の方もそれを楯に小作相続を強制したりした。現実的に兵役名簿に登録されたのは青年男子の中のカールが中心で、初年度その数は約六〇〇〇人であった(17)。民兵兵役の期間は八年間で、日常は農業に従事する一方、具体的な兵役内容としては日曜日の教会礼拝後数時間の教練、年に数回の部隊演習があった。なお、民兵を嫌い逃亡する者には厳しい罰則規定が適用された。

前述の民兵兵役の対象及び内容からも明らかなように、この勅令の本質は民兵徴集制と絡めて拘束力を持たせたうえで、あくまでも農業労働力の移動を調節すること、つまり、安価な農業労働力を固定することにあった。換言すると、「農業」のための土地緊縛制であった(18)。そして、以後五五年間に渡ってこの「労働力」と「兵力」の両方を確保するために、農民を土地に固定する土地緊縛制が存続する。その間に民兵兵役の期間延長に応じて、緊縛対象者の年齢も四―四〇歳へと、一七八八年の土地緊縛制廃止が実現する直前には、当初の二倍に拡大されていった(19)。

二　土地緊縛制廃止の経過と背景

さて、本稿の本題であるデンマーク土地緊縛制廃止が、いつ、いかなる背景で実現したものなのか、ということだ

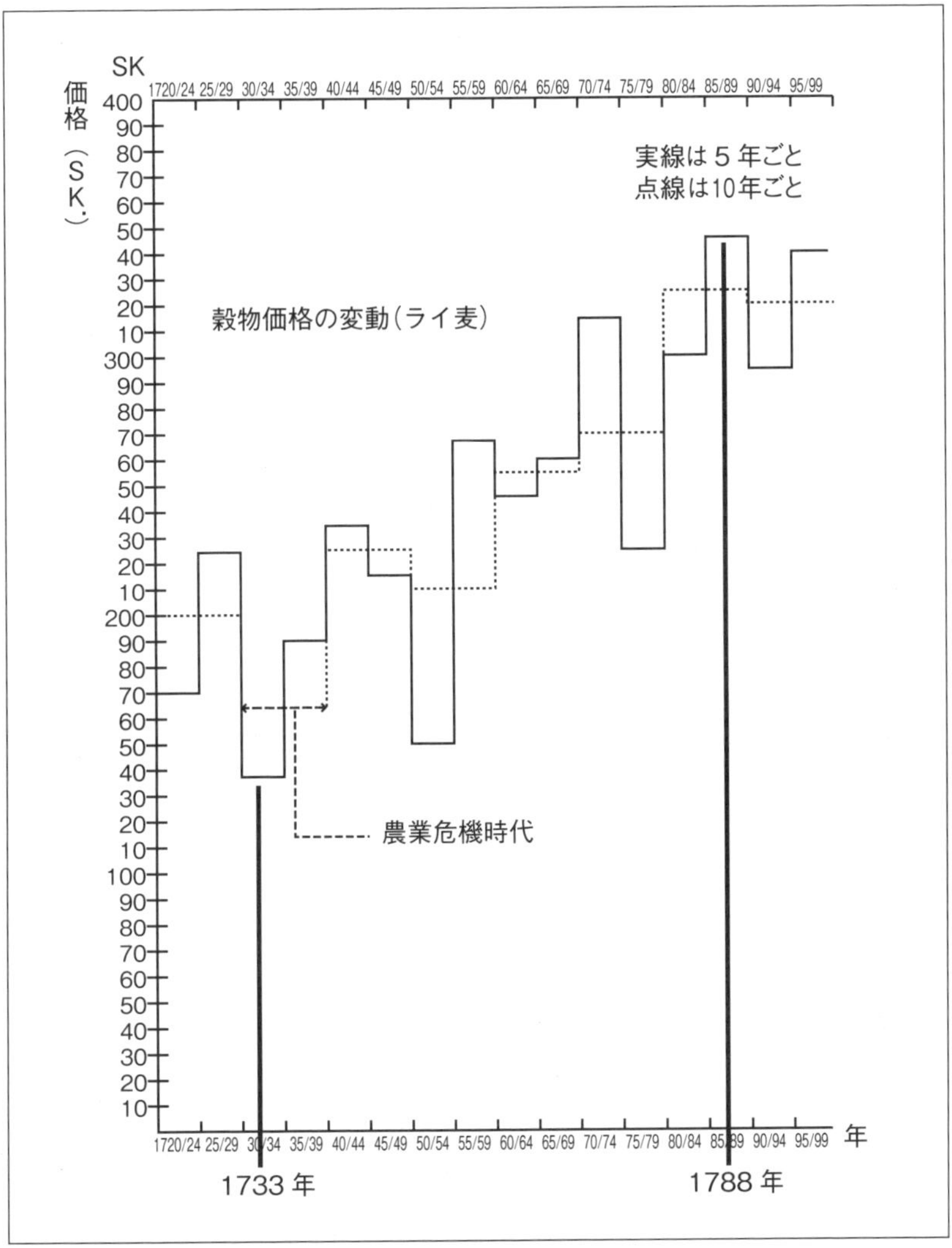

図２　穀物価格の変動

出典　Feldbæk,op. cit. s.116

が、これは一七八八年六月二〇日、約二年間にわたる大農民委員会Den store Landbokommission[20]での審議の後、国王クリスチャン七世Christian VII（在位：一七六六―一八〇八）からの勅令という形で実現した。いわゆる、時の流れを受けた官僚を中心とする上層部からの啓蒙主義的改革であった。その実現の背景としては主に以下のことが考えられる。まず、政治的には絶対王制[21]という国王に対抗する議会等の政治勢力が存在しない中、以前からの改革努力の蓄積があったこと[22]。さらに、ベァンストーフA.P. Bernstorffやレーヴェントロウ C.D.F. Reventlowといった政府上層部における有能なドイツ系官僚および、改革に理解を示す王太子フレデリック（後の国王フレデリック六世Frederik VI 在位：一八〇八―一八三九）の存在があったこと。また、その前提として偶然にも当時の国王クリスチャン七世が病弱のため政務を執れなかった事実も指摘できる[23]。

さらに、外交的にも七年戦争、アメリカ独立戦争等に際して中立政策を堅持し、対外的平和が続いていたという背景もあった[24]。また、経済的には穀物価格上昇を背景とした農業の好状況に起因する、農業および領主に対する救済措置的[25]・時限措置的な土地緊縛制の不必要性があげられる[26]。思想的にみれば、当時ヨーロッパを風靡した啓蒙思想の影響があったことが指摘できる[27]。さらに、社会的には農村疲弊・大凶作・飢饉が無い中での人口増加[28]と放棄荒廃農地ødegård減少[29]に伴う土地緊縛の過剰性[30]、すなわち固定された労働力の過剰性がその背景として考えられる。

三　土地緊縛制廃止の具体的内容

次に一七八八年六月二〇日勅令（Forordningen af 20. Juni 1788）を基に土地緊縛制廃止の具体的内容を検討し、

さらにその位置づけに関する考察を行いたい。この勅令の正式名は「デンマークの農民男子に対する、領地からの土地緊縛解放に関する勅令 Forordningen om Stavnsbaandets Løsning fra Godserne for Bondestandens Mand-Kiøn i Danmark」といい、前文と本文四三カ条より構成されている(31)。

まず、前文では「農民身分が国民の大部分よりなり、そして国力は防衛体制と一般的幸福に関して、とりわけこの重要な生産者身分の勤勉さ、勇気、そして祖国愛に依存している。それ故、余の王権をこれら農民身分の道徳向上の為に用いることが余自身にとっても喜ばしいことであり、一般にとっても最も利益のあることである」、と農民身分の重要さを位置づけた上で、彼らに個人的自由 personlig frihed を与えることが一般の利益に最もかなうと謳われる。さらに、前文の最終部分では、「国王である余の言葉で以て次のことを宣言する。本勅令においてデンマーク王国における農民身分に約束した自由は永遠に廃止されず、いかなる方法をもっても縮小されたり制限されてはならない」と、この勅令が永遠の効力を持つことが絶対君主自身によって約束される。このような語句が挿入されていること自体、当時としては極めて異例であり、ここからも当時の政府上層部の積極姿勢が窺えるのである。

次に第一条だが、まず冒頭で「領地での土地緊縛は一八〇〇年一月一日をもって完全に廃止する」と、土地緊縛制廃止の期日が明示される。それに続いて「兵役資格審査会議 Session」によって除隊通知 Afskeedspas、または自由証明書 Frihedspas を得た後、王国内の何処ででも定住し生業を営むことが許される」と移動の自由が保証される。勅令中の除隊通知とは民兵兵役の終了者に交付され、一方、自由証明書は兵役未経験者または兵役未終了者に交付される、いずれも教区を移動する際に必要な一種の身分証明書であった。この第一条からも明らかなように、土地緊縛制廃止の完全実施は即座ではなく、一八〇〇年一月一日であり、約一二年間という比較的長期にわたる移行期間が付いた段階的なものであった。

第二条以下では年齢を基に細かく即座に解放される者の規定がなされている。第二条では、「この法律公布後、民兵兵役に従事させられない年齢に達した者は、即座に自由証明書を交付され、国の何処でも望む場所に滞在する権利を得るものとする。なお、この権利はこれ以後兵役を終え、除隊になった者すべてにも与えられるものとする」とあり、民兵兵役に従事させられない年齢、つまりこの後の第一七条で規定されている徴兵の上限年齢である三五歳より年長の者、さらに兵役終了者がまず、即座に土地緊縛を解かれることが分かる。この次に来るのが当然三五歳以下の解放対象者の規定だが、それが第三条において「年齢が一四歳に達していない ey haver fyldt det 14de Aar 全農民男子は法令公布日より数えて三カ月以上は領地に拘束されないものとする」と、一四歳未満の者が三カ月以内に解放されることが明記されている。さらに第四条では「この法令公布の際、年齢が一四歳に達している者 have fyldt deres 14 de Aar は、自分の所属領地に、除隊となるか又は兵役に従事させられない年齢に達するまで留まらねばならない」と規定されており、結局これら第二条、第三条、第四条の検討から土地緊縛解放の即時対象者が民兵兵役終了者及び年齢が一四歳未満、三六歳以上の者であることが判明する(32)。つまり、一四—三五歳の農民男子は依然、八年間の民兵兵役を終えて除隊通知を得るか、自由証明書を得るまで、所属領地に一八〇〇年まで拘束され続けたのである。以上、この第一条から第四条までが本勅令における純粋な意味での土地緊縛制廃止の規定である。

第五条以下の規定は直接土地緊縛制廃止とは関連しないが、土地緊縛制廃止によって従来「土地」に置かれていた徴兵の基盤が変更を余儀なくされ、それより生じる民兵徴集制の変更が中心となっている。要点だけをみると、第五条では身体障害者の兵役免除が規定されている。そして注目すべきは第六条において「一八〇〇年までに領地に拘束されていない全ての男子は、予備兵名簿あるいは実際の現役名簿に登録されている限り、自分が所属している県 Amt(33) に留まらねばならない」と、一八〇〇年までの一二年間、本来ならば領地に拘束されずに自由であるはずの男子に新たな制限が加えられたことである。予備兵名簿に登録される上限年齢は先にみたとおり三五歳で、下限年齢は第一〇条の規定、即ち「男子は出生時より予備兵名簿に登録されねばならない」より、〇歳である。それゆえ、〇

—三五歳の男子、つまり、農民男子は県知事 Amtmand の許可無く自分の居住県からの移動が現実的に禁止されたのであった。これは制度上、移動禁止の範囲を緩和した新たな土地緊縛制の導入に他ならない。このことに言及している研究は日本では皆無で、デンマークでもさほど多くない。第一二条においては「領主はこれ以後、兵役のための男子を確保する義務も、自由証明書を交付する権限も持たないものとする。兵役資格審査会議のみが除隊通知や自由証明書を発行する権限を有する」と規定される。続く第一三条では「男子の民兵兵役は、推定収穫量(34)ではなく、その地区の人口に基盤を置くものとする」と定められている。今みた第一二条、一三条は直接、土地緊縛制廃止とは無関係であるが、その後のデンマークの歴史にとって極めて大きな意味を持つ。即ち、徴兵の権限が領主から国家（具体的には県知事、連隊長、兵役登録官より構成される兵役資格審査会議）に移ったことで、中央集権化を強力に推進しようとする絶対王権側の強い姿勢が窺えるのである。絶対王権はそれ以前、領主を仲介人とした農民の間接支配を行ってきたが、今度はそれが領主を介さない直接支配に置き換えられたのである。徴兵基盤が領主の関与する土地、すなわち「推定収穫量」から、中央政府の把握する「人口」(35)に変わったこともこのことを如実に物語っている。また、領主は収入源の一つである自由証明書の発行権だけでなく、徴兵権をも喪失したことにより、農民を恣意的に支配してきたこれまでの権利を縮小され、封建社会の基礎である領主—農民関係に将来、変化がみられるようになるのである。第一五条以下では、兵役期間、兵役忌避者の処遇等、民兵兵役に関する規定が中心である。第二二条—三三条においては、民兵兵役免除者の規定がなされている。具体的には特権身分、つまり貴族、聖職関係者、学校運営者の子弟、そして家族持ちの小屋住み農民、未亡人の子弟、勉強熱心な者などで、対象者には自由証明書が交付された。これ以降の条項については土地緊縛制廃止と直接深い関係がないため割愛する(36)。

さて、この勅令は全体として軍事色が色濃く出ている。その理由は土地緊縛制が導入された、土地法と軍事法が混在していた「一七三三年二月四日勅令」には、民兵徴集制という土地緊縛制と同じ基盤、すなわちカールを土地に固定しておくという基盤を持つ制度がいわば抱き合わせの形で導入されていたからである。一七八八年六月二〇日勅令によってその一方の土地緊縛制が廃止されれば、それに見合った形で土地以外のもの、すなわち人口に徴兵基盤をおくように民兵徴集制が変更されるのは当然で、それゆえ勅令自体が軍事色を帯びざるを得ないと考えられる。事実、四三カ条の大半が一七七四年および一七八五年の民兵徴集令における条項の変更である(37)。なお、これ以降軍事法と土地法との混在は見られなくなり、軍事法は分離・独立する(38)。

ここで、これまで一七八八年六月二〇日勅令を基に検討してきた土地緊縛制廃止について総括しておきたい。まず、指摘できることは前文の意気込みとは逆に、実施においては非常に漸進的な土地緊縛廃止であったことである。これは一二年間という比較的長期にわたる移行期間が設けられており、一般に思われがちな勅令公布と同時に全農民男子が移動の自由を得た訳ではなく、一四―三五歳の男子は依然土地に拘束されていたことからも明らかである。この一二年間という移行期間導入の理由は次のように考えられる。まず土地緊縛解放対象者が慣れない自由を乱用することによって生じる「不幸な結果」、すなわち急激な人口移動と労働コスト上昇を避けようとしたためであった。また、一七三〇年に民兵徴集制が廃止された結果、カールを中心とした多数の農民男子が一度に移動し、混乱が生じたため(39)、その反省もあったと考えられる。さらに、観点を変えるとその一二年間は領主側が対策を講じるための猶予期間であったともいえる(40)。いずれにせよ、移行期間からは王権側の領主層に対する配慮が窺えるのである。

次に指摘できるより重要なことは、予備兵名簿に登録されている年齢〇―三五歳の全農民男子が兵役を終えて除隊通知或いは自由証明書を得るまで、実質的に県という出生領地よりは広い空間に拘束される、換言すると、緊縛されるに到ったという事実である。このことは第六条および第一〇条の検討、さらに「徴兵の範囲が従来のカール中心から予備兵名簿に登録されている農民男子全員に拡大された」という第一四条の内容より読み取れる。このような措置がとられた理由は、大農民委員会の議事録史料によれば土地緊縛制により、従来同一基盤を有した土地緊縛と民兵徴集が分離した為、例えば土地に緊縛されていない一四歳未満の農民男子が将来徴兵される際、居住範囲を限定して拘束しておかねばその管理が困難になるという「軍事的」な観点からであった(41)。それゆえ、これは目的を変えた、軍事的観点からの新たな土地緊縛制 Amtbånd だとも言える。この新しい形の土地緊縛制は一八〇〇年以降も存続し、廃止されたのは国民皆兵制が正式に導入された一八四九年であった。結局、一七八八年六月二〇日勅令公布と同時に土地緊縛を解かれて自由になった者は、年齢が三六歳以上の者、民兵の兵役終了者および兵役免除者のみで、その数は推定約二万人であった(42)。

さて、以上のような内容を含んだ土地緊縛制廃止は実際どのように進行したのだろうか。このことに関して現存史料はあまり多くのことを語っていない。一七九一年にはユトランド地方領主一〇三名が、王太子フレデリックに上訴状を届け「土地緊縛制廃止により、カール達が移動をして困る」と苦情を述べたこと(43)、一七九三年頃にはハンセン W.A. Hansen やアイケル B. Eichel といった土地緊縛制廃止を実現した大農民委員会のメンバーが、予想以上に混乱無くスムーズに土地緊縛制廃止が進行している状況を鑑みて、完全実施期日を一七九五年に早める提案をおこなったこと(44)、一八〇〇年初頭に苦情の史料が出てこないことなどから判断する限り、順調に進行したと考えるのが妥当だと思われる。

四　土地緊縛制廃止のデンマーク史における位置づけ

これまで考察してきた内容をもつ土地緊縛制廃止は、デンマーク史において一体いかなる意味を持つのであろうか。このことを考える際、まず明確にしておかねばならないことがある。それはデンマークでもしばしば混同されることだが、土地緊縛制廃止自体の位置づけと土地緊縛制廃止及び民兵徴集制変更を含む一七八八年六月二〇日勅令全体の位置づけとは本質的に異なるということである。ここでは一七八八年六月二〇日勅令の一部である土地緊縛制廃止の位置づけを検討する。従来よくみられた位置づけは、ファルベ＝ハンセンが主張したように「土地緊縛制廃止は強制に基づく旧い社会から、自由と責任に基づく新しい近代社会への決定的な一歩」(45)とか、御園喜博氏がその著書『デンマーク』中で位置づけた「解放が、今日のデンマーク農業、デンマークの国民経済、社会全般にたいして持つ意味、与えた影響というものは、わが国の明治維新と比しても、けっしてまさるとも劣らない」(46)というものであったが、これらは一七八八年六月二〇日勅令全体からみた位置づけに近い。その上、社会の変化や封建制の廃止というような大きなことに関しては、土地緊縛制廃止が単独の契機となっている訳では決してなく、他の改革の成果、例えば、一七八一年の共同耕地制廃止(47)、自作農民創出諸措置(48)、一七八七年の小作農民保護立法(49)、一八一四年の義務教育制度導入(50)等にも言及がなされなくてはならない。さらに、本来の意味における農民の自由の実現は十九世紀中葉の賦役の廃止(51)を待たねばならない。したがって今みた従来のような位置づけは、厳密性に欠けるといえる。また、最近ではフェルベックのように旧い土地緊縛制が新たな土地緊縛制に置き換わったという観点から「旧い不平等が新しい不平等に置き換えられただけである(52)」と、土地緊縛制廃止に従来よりも消極的な評価を与える傾向がある(53)。その理由は先にみたように、土地緊縛制廃止が即時に実現したのではなく一二年間にわたる移行期間付きで、一八四九年までは実質上居住県に緊縛されていたからである。

確かにこれは現代からみた正しい指摘である。だが、当時としては社会階層の底辺に位置した農民が、拘束されていた状態から自由になることは画期的なことであった。このことは、農民が自由を得ることに歓喜した大蔵省高官レーヴェントロウの書簡(54)や、枢密院のメンバーであるシャック・ラットロー J.O. Schack-Rathlou とローゼンクランツ F.C. Rosenkrantz の両名が土地緊縛制廃止法案に対して「ヨーロッパでは前例が見あたらない(55)」と抗議のために辞職したことに如実に表れている。さらにまた、一七八八年に廃止された土地緊縛制は先に指摘したようにカールが主対象の「農業」のための土地緊縛制であったが、新しい土地緊縛制はこれまでの検討からも明らかなように、全農民男子が主対象の「軍事」のための土地緊縛制であり、形は同じでも本質が異なるのである。それゆえ、フェルベックの位置づけも一面的なところがあることは否めない。

そこで、本稿におけるこれまでの考察を通じてここで確実に言えることは、次に挙げる三点である。①居住県に緊縛されている間は従来と比べて、より広範な空間を移動する自由、すなわち一七八八年六月二〇日勅令の前文で謳われている個人的自由が、同勅令第九条で保障されていること、②一七八八年に土地緊縛制より解放された者が実際に約二万人存在したこと、③さらに一八〇〇年には土地緊縛制が完全廃止されたこと。これらから一七八八年の土地緊縛制廃止により、法的に初めて移動の自由という誰の元にも隷属することのない個人的自由が勅令で農民達に保障されることになった。市民階層は以前よりこの権利を有していたため、これでデンマーク人全体が法律上平等にこの自由の権利を有したことになる。個人的自由、すなわち移動の自由は必然的に行動の自由及び行為の自由に関わり(56)、職業の自由にもつながる。このことは、先に検討した勅令第一条「国の何処ででも定住し生業を営むことが許される」という規定からも確認できる(57)。この個人的自由という自由の権利は一八四九年に制定された自由主義憲法で明文化され、現行の一九五三年憲法第七一条にまでも引き継がれている(58)。このように法制史的観点からは、現実とのズレを別にすれば、土地緊縛制廃止が現代のデンマークにおける自由と根本的なところで関わっていることは歴然としている。換言すれば、土地緊縛制廃止は今日のデンマークにおける基本的人権である個人の自由 personlig frihed の法的基礎になっているのである。それゆえ、早くも一七九二年にその意義が認められて「自由記念碑」がコペンハーゲン市民の手によって建てられた(59)。それ以後、土地緊縛制廃止は自由記念碑を通じて「自由」ということを象徴的に表すようになってきている(60)。そして、今日では自由記念碑が「我々（デンマーク人）の自由の女神(61)」と称されたりもする。加えてデンマークでは一八三八年、一八八八年、一九三八年と五〇年ごとの節目に、民間主導の記念祭が実施されて、土地緊縛制廃止の歴史的意義が、各時代に応じた形で思い起こされてきた(62)。特に一〇〇周年記念祭では歴史家ホルムによって「一七八八年六月二〇日の土地緊縛制廃止なしに、一八四九年六月五日の自由主義憲法制定はあり得なかった(63)」とその意義が高く評価された。そして、一九八八年六月二〇日、冒頭で述べたように、土地緊縛制廃止二〇〇周年を記念する盛大な式典が開催されたのであった(64)。

おわりに

以上より、一七八八年六月二〇日勅令による土地緊縛制廃止は、まず上からの措置により実現したものであった(65)。思想的には土地に縛られた農民に個人的自由を与えるというリベラルなものであったが、実施においては一二年間の移行期間が付き、逆に軍事的観点からは農民男子の大半が実質上自分の居住している県に緊縛されたという、今日の目からみるとかなり段階的かつ矛盾したものであることが判明した。結局デンマークの土地緊縛制廃止は純粋に「人格的」な解放だけであり、「土地所有」や「地代」とは無関係なものであった。その内容ゆえ、この土地緊縛制廃止に際しては領主層からの目立った組織的な反対もみられなかったのである。また、この土地緊縛制廃止は法的にみれば、本稿の冒頭で引用した女王の演説にもみられたように、デンマークにおいては一七八八年以降の近代社会における「個人的自由」の拠り所になっている、と位置づけできる。最後に、本稿の直接の論点ではなかった、一七八八年六月二〇日勅令全体の位置づけについては、その内容が民兵徴集制を含む軍制、そして領主―農民間の封建的関係、さらに国家の中央集権化と多岐に及ぶ上、十九世紀に本格化するデンマークの近代化という重要な問題と密接に関わっているため、今後のさらなる研究課題としたい。

【註】

（1）本稿は拙稿「デンマークの土地緊縛制廃止（一七八八年）」『汎バルト海・スカンジナビア国際学会誌』創刊号、一九九一年、一五―三四頁、を最近の研究成果を取り入れて大幅に改訂したものである。

（2）Hendes Majestæt Dronningens tale ved markeringen af Stavnsbåndsjubilæet i København, den 20. juni 1988, af Stavnsbåndssekretariatet, København（以下 K. と略）, 1988, s. 1.

（3）一九九一年以前では、次の邦語文献にデンマーク土地緊縛制廃止に関する記述がみられる。出納陽一「丁抹農業発達史」（北海道畜牛研究会編『丁抹の農業』北海道畜牛研究会発行）一九二四年、三三七頁。大谷英一『平和の國デンマーク（アテネ文庫二〇）』弘文堂、一九四八年、二四―二五頁。大谷愛人『キルケゴール青年時代の研究（正）』勁草書房、一九六六年、八二頁。角田文衛『北欧史』山川出版社、一九七四年、九三頁。御園喜博『デンマーク――変貌する「乳と蜜の流れるさと」』東京大学出版会、一九七〇年、一三頁。百瀬宏『北欧現代史』山川出版社、一九八〇年、五九頁。なお、これらに見られる記述は、土地緊縛制廃止のことを「農奴解放」と記している。

一九九一年以降では、拙稿「デンマークの土地緊縛制廃止（一七八八年）」『汎バルト海スカンジナビア国際学会誌』創刊号、一五―三四頁が初めて土地緊縛制廃止の具体的内容に言及し、それを踏まえて次の通史的記述がみられる。百瀬宏・熊野聰・村井誠人『北欧史』山川出版社、一九九八年、一七一頁。橋本淳（編）『デンマークの歴史』創元社、一九九九年、一一七―一八頁。

（4）Cf. Hvidtfeldt, Johan: Stavnsbånd, dets forudsætningen og virkninger, Vejle Amts Aarbog, Vejle, 1938, s. 43. Feldbæk, Ole:

Danmarkshistorie (Gyldendal Bd. 4), K. 1982, s. 190.

（5） 農業の技術的発達および農民の地位向上に影響を与えた改革。具体的には地条統合、村落共同体の廃止、世襲小作化、賦役の軽減化、土地緊縛制廃止等。詳細については次の拙稿を参照。「十八世紀後半デンマークにおける農業改革 landboreformerne」『関学西洋史論集』第二三号、二〇〇〇年、二一一―二三四頁。

（6） そのような主要研究としては次のものが挙げられる。Falbe-Hansen, Vigand: Stavnsbaands- Løsningen og Landboreformerne -Set fra Nationaløkonomiens Standpunkt, K. 1888/1975. Holm, Edvard: Kampen om Landboreformerne i slutningen af 18. Aarhundrede (1733-1791), K. 1888/1974. Jensen, Hans: Dansk jordpolitik I-II (1757-1919), K. 1936-45/1975. Jensen, Hans: Stavnsbåndsløsningen og dens Plads i dansk Landbolovgivning, Tidsskrift for Landøkonomi, 1938. Skrubbeltrang, Fridlev: Det danske Landbosamfund 1500-1800, K. 1978.

（7） Løgstrup, Birgit: Bundet til jorden -Stavnsbåndet i praksis-, K. 1988.

（8） ロイストロプの研究以外では、最近軍事面から土地緊縛制廃止に言及するものが増えている。Petersen, Karsten Skjold: Geworbne Krigskarle - Hvervede soldater i Danmark 1774-1803, K. 2002, ss. 52-53. また、土地緊縛制廃止勅令の内容を部分的に検討して、これまでの土地緊縛制廃止の評価に疑問を投げかけた研究もある。Pedersen, Finn Stendal: Den ulige frihed -Studier i myten om stavnsbåndsløsningens betydning-, Odense, 1990.

（9） Bjørn, Claus: 200 års historieskrivning om landboreformerne, Historie og Samtid, 1/1988, s. 14.

（10） Johansen, Hans C.: En samfundsorganisation i opbrud 1700-1800 (Dansk socialhistorie Bd. 4), K. 1979, s. 59.

（11） Clemmensen, Niels: Interesse og politik i dansk landbrug, K. 1980, s. 170. なお、当時の農村の構造その他については次の文献が詳しい。Skrubbeltrang, op. cit. Feldbæk, Ole: Gyldendals Danmarkshistorie Bd.4 Tiden 1730-1814, K. ss.146-194. また、当時の土地所有の割合は次の通りであった（数字はパーセント）。王領＝九・二九、貴族所有地＝五九、市民所有地＝二六・四、教会領＝二・二五、自作農地＝〇・一六、その他＝二・九。Lindvald, Axel: Hvem ejede Danmarks jord omkring Midten af det 18. Aarhundrede? Historisk Tidsskrift, VIII rk.4, Tillæg, 1913, ss. 148-155. なお、貴族所有地の六割は国王側にくみする新貴族及び

外国人貴族のものであった。

(12) Stavn は土地、出生地を、bånd は縛っておくこと、束縛を意味する。

(13) 勅令に関しては以下参照。Fridericia, J.A.: Aktstykker til Oplysning om Stavnsbaandets Historie, K. 1888/1973, ss. 86-89. Schou, J.H. m.fl.: Schous Forordninger (Chronologisk Register over de kongelige Forordninger og Aabne Brev samt andre trykte Anordninger som fra 1670 af er udkomne), III, K. 1795, s.88.

この勅令の成立過程および内容については次の拙稿を参照。「デンマーク一七三三年二月四日勅令――土地緊縛制 Stavnsbaand を中心に」『関学西洋史論集』第二六号、一九九八年、一―二〇頁。

(14) この場合のカールというのは、当時のデンマーク農村社会における若くて未婚の男子農民階層全体を指す。一般的には奉公人グループの男子で、その中には自作農、小作農、小屋住み農民の子弟たちも含まれた。

(15) 詳細については、拙稿「デンマーク一七三三年二月四日勅令――土地緊縛制 Stavnsbaand を中心に」、一二頁を参照。

(16) Cf. Løgstrup, op. cit. 民兵徴集制の現実面に言及している研究は次のものを参照。Holmgaard, Jens: Eksecitsen bag kirken efter gudstjenesten. Var landmilitstjenesten i stavnsbåndstiden en ringe byrde?, Bol og By, 1986:1, ss. 44-64.

(17) Løgstrup, op. cit., s.16.

(18) Larsen, C.C.: Det Danske Landbrugs Historie -En kortfattet Oversigt, K. 1895, s.77. Jensen, Hans: Stavnsbåndsløsningen og dens Plads i dansk Landbolovgivning, Tidsskrift for Landøkonomi, 1938, s. 374. Kryger, Karin: Frihedsstøtten, Odense, 1986, ss. 12-13.

(19) まず、一七四一年に兵役期間が八年から一二年に延長され、翌一七四二年には土地に緊縛される者の年齢が九―四〇歳に拡大された。さらに一七六四年にはその対象年齢が四―四〇歳にまで拡大された。

(20) 大農民委員会は一七八六年八月に「現在までの法律その他で規定されていない、領主および自作農民と出生地に拘束されている小作農民及び小屋住み農民その他農民階層との諸関係について見直し、法案提出を行う」ために設置され、委員は全部で一六名であった。この委員会の審議内容については次の議事録を参照。Den for Landvæsenet nedsatte Commissions Forhandlinger

I-II, K. 1788-89. また、大農民委員会における土地緊縛制廃止の議論に関しては次の拙稿を参照。「デンマーク土地緊縛制廃止（一七八八年）の実現過程における一考察――大農民委員会を中心に」『関学西洋史論集』第二一号、一九九八年、四三―五三頁。

（21）デンマークでは一六六一年に成立している。拙稿「デンマーク絶対王政の成立」『関学西洋史論集』第一八号、一九九〇年、二七―三九頁を参照。

（22）一七五〇年代後半より何度も農業委員会が設置されたり、農業や経済の繁栄を目的とした雑誌『デンマーク・ノルウェー経済雑誌 Danmarks og Norges Oeconomiske Magazin』が創刊された（一七五七年）。さらに一七六七年には官房法務長官のスタンペ H. Stampe が土地緊縛制廃止提案を行ったり、代官ブルーン O. Bruun が国王に条件付きの農民解放提案を上奏している。また、一七六九年には王立農業協会が設立され、農民の社会的窮状等も論じられた。一七七一年には総合農業委員会が土地緊縛制廃止に関する意見書を国王に上申している。一方で、時代を先取りした改革派領主が自己所有地で個人的な改革を行い好結果を生んでいた。政府もそれに触発されて一七八四年に小農民委員会を設置し、王領地で様々な改革を実施することになったのである。

（23）クリスチャン七世は精神を病んでいたと言われている。当時は現代でいう「精神病」の概念はなく、国王の家庭教師であったレヴェルディール E. Reveldil は回顧録でそのことを、Vanvid（狂気）、sindsforvirret（注意散漫、狂気）、urolig Sind（不安定な心）と表現している。Reveldil, E.: Struensee et la cour de Copenhague 1760-72, Udg. af A. Roger, Paris, 1858. Dansk oversættelse ved L. Moltoke, K. 1859, ss. 3,9. さらにイギリスの外交官H・エリオットが一七八四年、本国に送った報告の中にはそのことが"his insanity"と記されている。

（24）外交面で潜在的脅威であったロシアとの軍事同盟が一七七三年に成立している。

（25）Jensen, Hans: Dansk jordpolitik, s. 12.

（26）図2参照。穀物価格が最低の一七三三年に土地緊縛制が導入され、最高の一七八八年にそれが廃止されていることが分かる。また、一七三五年に国内市場保護のために導入された穀物輸入禁止令も同じ一七八八年に廃止されている。なお、ここにいう穀物価格とはシェラン監督管区における課税のための平均穀物価格である。

（27）Cf. Falbe-Hansen, op. cit., ss. 51-59. Bech, Svend Cedergreen: Politikens Danmarkshistorie Bd. 9, K. ss. 330-342, 437-441. Feldbæk, op. cit., ss. 228-248. Leisner, Johny: Den oplyste enevælde. Historien om en dansk succes. Ved Claus Bjørn: Landboreformerene – forskning og forløb- Udgivet af Københavns Universitet i anledning af 200 årets for stavnsbåndet ophævelse, Landbohistorisk Selskab, K. 1988, ss. 30-43. また、十八世紀後半からは国の繁栄にかかわるものとしての農業を重視する「重農主義」が登場し、特に英国のアーサー・ヤング、アダム・スミスの与えた影響は大きかった。

（28）一七〇〇年の総人口が約五六万人で、それが一七六九年には約八〇万人、土地緊縛制廃止が実現した前年の一七八七年には約八四万人であった。Johansen, op. cit., ss. 55-56.

（29）Hvidtfeldt, op. cit., s. 23.

（30）Clemmensen, op. cit., s. 26.

（31）以下、条文を訳出するにあたってテキストとしては、Forordning om Stavnsbaandets Løsning fra Godserne for Bondestandens Mandkiøn i Danmark, K. Trykt hos Directeur P. M. Hopffner, Hans Kongelige Majestæts og Universitetets første Bogtrykker, 1788. を用い、適宜次のものを参考にした。Fridericia, op. cit., ss. 297-302. Schou, op. cit., Bind IX ss.494-514. Hansgaard, Torben: Landboreformerne i Danmark i det 18. århundrede – Problemer og synspunkter – K. 1981, ss.102-107.

（32）日本における従来の研究では、この一四歳未満という年齢が誤って一四歳以下と表記されていることが多い。

（33）広域地方行政単位。一六六二年にそれまでのレーンLen制に代わって導入された。一七八八年前後では全国に約二〇あった。

（34）推定収穫量は通常 tønde hartkorn (tdr.htk.) で表される。tønde は樽の意、hartkorn は穀物の意で、伝統的にライ麦または大麦である。従って1 tønde hartkorn は一樽の穀物を表し、それは農地面積に換算すると、土地の生産力によって差はあるが約三—三〇エーカーに相当した。

（35）土地緊縛制廃止が実現した前年一七八七年には、史上初の全国人口調査が実施された。

（36）その他の主な条文の内容は次のとおりである。

〔第五条〕身体障害者の民兵兵役免除規定。

〔第八条〕徴兵監督官 Lægdmand に関する規定。

〔第一五条〕民兵兵役期間終了後の除隊通知の無料交付に関する規定。

〔第一六条〕民兵兵役義務期間（八年間）およびその例外規定。

〔第一七条〕民兵兵役従事者の上限年齢（三五歳）に関する規定。

〔第一八条〕違法民兵兵役忌避者への罰則規定。

〔第一九条〕青年男子の堅信礼後に行われる宣誓に関する規定（無許可の移動はしない、民兵兵役時には忠誠を以て従事すること等）。

〔第二〇条〕逃亡者に関する規定（本勅令公布以前の逃亡者が、咎め無しに農村に戻れる）。

〔第二一条〕民兵兵役資格審査会議の役割、開催場所に関する規定。

〔第二二条〕民兵兵役免除規定（家族持ちの小屋住み農民、高齢である小作農の子弟、寡婦の子弟等の兵役は免除）。

〔第二三条〕兵籍編入の具体的方法に関する規定（二〇歳より、若い者順に選ぶ、クジ規定、欠席者の扱い等）。

〔第二四条〕―〔第三三条〕様々な民兵兵役免除規定（例えば特権身分の子弟）。

〔第四一条〕予備兵名簿から正規軍に編入される兵士 Land-Recruter に関する規定。

(37) Cf. Fridericia, op. cit., ss. 262-265, 271.
(38) 早速、翌一七八九年に、一七八八年六月二〇日勅令の原則に基づいた陸軍令 hærlov af 1789 が公布されている。また、土地緊縛制完全廃止（一八〇〇年）の後、一八〇二年には徴兵令、一八〇三年にも陸軍令が公布されている。なお、暫定的に一般徴兵制が導入されたのは第一次スレースヴィ戦争が始まった一八四八年である（法制化は一年後の一八四九年）。
(39) 前掲拙稿、「デンマーク一七三三年二月四日勅令」四頁参照。
(40) Den for Landvæsenet nedsatte Commissions Forhandlinger II, K. 1789, s. 759.
(41) Ibid., ss. 444-445.
(42) Ibid., Beregning Litr. B. より算出。
(43) Hansgaard, op. cit., s. 142. なおこの出来事の詳細は次のものを参照。Bjørn, Claus: Den jyske proprietærfejde -En studie over

godsejerpolitik og bondeholdninger omkring 1790 - , Historie XIII, 1979. 拙稿「十八世紀後半のデンマークにおけるユトランド地方領主集団上訴事件 Den Jyske Proprietærfejde について」『北海道東海大学紀要（人文社会科学系）』第一三号、二〇〇〇年、一一九－一三四頁。

（44）Fridericia, op. cit., ss. 307-312, 315-316. なお、Bartholin Eichel は一七九四年一月一日を提案している。Fridericia, op. cit., ss. 312-315.

（45）Falbe-Hansen, op. cit., s.59.

（46）御園喜博、前掲書、一一頁。

（47）Cf. Bjørn, Claus: Udskiftningsforordningen af 23. april 1781 og dens plads i dansk landbrugs historie, Forordning om Jordfælleskabets Ophævelse, Udsendt af Matrikeldirektoratet, 1981.

（48）例えば、一七八四年には小農民委員会 Den lille Landbokommission が設置され、北シェラン地方の王領で自作農を積極的に創出し、小屋住み農民にも土地を分与する改革が行われた。また、一七八六年には王立信用金庫が開設され、自作農創出に寄与した。さらに、王領地を小作人に積極的に買い取らせる努力もなされた。

（49）領主と小作人との間の権利関係（主に小作の中断）を明確化し、さらに農民に対する体罰禁止を定めている。この法律の要点は次を参照。Hansgaard, op. cit., ss. 113-115.

（50）Cf. Larsen, Joakim:Skolelovene af 1814 og deres tilblivelse -Aktmæssigt fremstillet, K. 1914.

（51）一八五〇年七月四日の法律により、領主あるいは賦役を課されている農民の三分の一以上が要請すれば賦役は廃止されることになった。二十世紀初頭ごろには賦役はほぼ消滅した。Hvidtfeldt, Johan（red）: Håndbog for danske lokalhistorikere, udgivet af Dansk historisk Fællesforening, K. 1952, s. 277.

（52）Feldbæk, Ole: Kongen bød -Enevælden og reformerne-,（af Claus Bjørn）Landboreformerne -Forskning og forløb -, s. 29.

（53）Cf. Hansgaard, Torben: Stavnsbåndsreformen revurderet, Morgenavisen Jyllands Posten, Midtpunkt, 1988-06-18. さらに、ペーダーセンのように、後に与えた影響の大きさから、地条統合や一七八七年の小作農民保護立法の方が評価されるべきだとする主張もみられる。Pedersen, op. cit., s. 99. だが、このペーダーセンの主張も、土地緊縛制廃止と、土地緊縛制廃止を含む一七八八年六月二〇日勅令全体とに分けて考察を行っている訳ではない。

(54) 王太子フレデリックに農民の状況を改善する改革を提案し、賛意を得た。このことに感激したレーヴェントロウは喜びに満ちた次の書簡を妹に送った。「(前略) 嗚呼、有り難や! 自由の知らせがやって来た。搾取、束縛、拷問器具とはもうおさらばだ。万歳! 万歳! 万歳!」Holm, Edvard: Kampen om Landboreformerne i Danmark i slutningen af 18. Aarhundrede, K. 1888/1974, ss. 110-111.

(55) Historikergruppen (udg.): Danmarks Historie II, K. 1950-51, s. 51.

(56) 例えば小作人は、領主の小作強制に対して合法的に拒否できるようになった。結局、自分のことを自分で決定できるようになったのである。Damsholt, Kirstine m.fl.: Bondens land, Nationalmuseet, K. 1988, s.84.

(57) Cf. Den for Landvæsenet nedsatte Commissions forhandlinger II, s. 761.

(58) 第七一条第一項「人身の自由は、侵すことができない。デンマーク王国臣民は、その政治的または宗教的信念もしくは門地の故に、いかなる方法においても自由を奪われることがない」阿部照哉・畑博行(編)『世界の憲法集』有信堂、一九九一年、二二五頁。

(59) 礎石が一七九二年で、竣工は一七九七年。自由記念碑建立の経過については次のものを参照。Kryger, Karin: Frihedsstøtten, Odense, 1986. 拙稿「一七九〇年代のデンマークにおける自由記念碑 Frihedsstøtten の建立について」『IDUN』第一四号、二〇〇〇年、四八三―五一〇頁。

(60) Kryger, op. cit., s. 160, 162. Program for markering af Stavnsbåndsjubilæt i København den 20. juni 1988, af sekretariatet for Stavnsbånds Jubilæeum, Landbrugsrådet, 14 juni 1988, s. 1.

(61) Overborgmesterens tale ved arrangementet på Rådhuspladsen, mandag den 20. juni 1988 kl.12.15 i anledning af 200 året for Stavnsbåndets ophævelse.

(62) 各記念祭については次のものを参照。Feldbæk, Kongen bød, ss. 9-11. Jensen, Bernard Eric: Hvad stavnsbåndsjubillæer er

brugt til, Historie og Samtid, 1/1988, ss. 22-26.

（63） Feldbæk, Kongen bød, s. 10.

（64） 土地緊縛制廃止二〇〇周年記念式典および記念祭自体については次の拙稿を参照。「デンマーク土地緊縛制廃止の現代的意義——土地緊縛制廃止二〇〇周年記念祭を中心に」『北欧史研究（バルト＝スカンディナヴィア研究会発行）』第七号、一九八九年、三六–四六頁。

（65） このことは自由記念碑の碑文に「国王は命じられた。土地緊縛制が廃止されるよう……Kongen bød. Stavnsbaandet skal ophøre...」と刻まれていることからも明らかである。

第一〇章　近世ロンドンの社会統制
——貧民の道徳化をめぐって——

乳原　孝

はじめに

十六世紀以降の近世において、イングランドの首都ロンドンは急激な人口増加を経験し、大都市へと成長していく過程にあった。一五五〇年に一二万人であったロンドンの人口は、一六〇〇年には二〇万人に、そして一六五〇年には三七万五千人に増大している。増加率は最初の五〇年が六七パーセント、次が八八パーセントである。イングランド全体の人口が、一五五〇年に三〇一万人、一六〇〇年が四一一万人、一六五〇年が五二三万人であり、それぞれの増加率は、最初の五〇年が三七パーセント、次が二七パーセントであったので、ロンドンの人口増加率はイングランド全体の人口増加率をはるかに上回るものであった(1)。

当時のロンドンの際立った成長は、都市内部の人口増加によるものではなく、主として外部からの人口流入に起因するものであった。そして流入する人口の多くは、仕事を求めての移民であった。だが、十六世紀後半のエリザベス一世時代のイングランドは厳しい不況下にあり、職を得るのが容易ではなかったばかりか、激しいインフレによって実質賃金は低下していった。一五〇〇年から一六五〇年の間に実質賃金は半分以下に低下したと言われている(2)。こうした厳しい状況下において、都市化していくロンドンは様々な社会問題に直面したが、そのなかでも貧民問題は深刻さを増していく重大なものであった(3)。

当時の貧民問題は、老齢や障害また病気などによって労働が可能でない人々をいかに救済するかの問題、仕事はしていても収入が生存レヴェルを下回る世帯をいかに援助するかの問題、さらには健康で労働可能ではあっても仕事をしていない者たちをいかに仕事に就かせるかの問題など、いくつかの面を有していた。そしてこうした貧民問題に対しては、様々な政策が都市によって、また国家によって熱心に試みられたと言える。何故、都市当局や国家が貧民問題の対策に熱心であったかの理由は、問題が深刻化した場合における暴動などの発生を懸念していたからである。つまり、都市の治安の維持、都市の社会的安定性の維持にとって、貧民問題の解決・緩和は最も重要な課題の一つなのであった。特に、一五九〇年代半ばには、飢饉によって貧民層が増大し、さらにはペストが流行する「危機の時代」が現出したと言われている。だが、ロンドンは特に大きな反乱・暴動に見舞われることはなかった。その限りにおいて、安定追求の政策は成功裏に機能したと言えよう(4)。

貧民政策以外にも、ロンドンの安定追求の政策・制度には様々な側面が存在したが、この小論においては、浮浪者対策を含めた貧民政策を取り上げたい。そしてそれが道徳化を通しての社会統制であった点を論じたいと思う。さらにそのような社会統制に対する民衆の反応にも考察を試みたい。

一　救貧と社会統制

ポール・スラックによると、イングランド近世の多くの都市において、その都市人口の約五パーセントが常時何らかの救済を受け、二〇パーセントが救済を受ける可能性のある潜在的貧民であった(5)。ロンドンの状況もこれにほぼ近似したものであったと考えられる(6)。こうした貧民の存在に対しては、国家政策としての「救貧法」poor lawsの施行と、ロンドンという都市固有の貧民政策の両面を通して問題の解決・緩和が図られた。前述のように、貧民問題にはいつくかの側面が存在したが、この節においては、労働が可能ではない人々と収入の不足する家庭に対する貧民救済について見てみたい。

ロンドンでは一五五〇年前後に、それまでの貧民政策を改編する試みが為されている(7)。つまり、従来の教区中心の貧民対策に代わって、市が運営するいくつかの比較的大きなホスピタルを設立・再建し、貧民を分類して対処しようとするものであった。設立あるいは再建されたホスピタルは、セント・トーマスズ・ホスピタル、セント・バーソロミューズ・ホスピタル、クライスツ・ホスピタル、ブライドウェル・ホスピタル、ベスレヘム・ホスピタルの五つである。これらのホスピタルは互いに連携し、病気や老齢の貧民をセント・トーマスズとセント・バーソロミューズの両ホスピタルに収容して治療・救済し、貧民の孤児や扶養の当てのない貧民の子供をクライスツ・ホスピタルに収容して、養育と基礎的な教育を施す。そして、浮浪者や売春婦などをブライドウェル・ホスピタルに収監し、強制労働を課して矯正を行う。さらに、精神病者をベスレヘム・ホスピタル（通称、ベドラム）に収容して、治療を施すというものであった。すなわち貧民対策用の施設として、最初の二つのホスピタルは病院であり、クライスツは学校、ブライドウェルは矯正院、ベスレヘムは精神病院であったと考えてよい。そしてこのホスピタル・システムを統轄するるのはクライスツ・ホスピタルであった。

このようなホスピタルの設立・再建にあたって、六人の市参事会員と二四人の市民から成る三〇人委員会が組織された(8)。彼らはロンドン市民から寄付を募り、様々なカンパニーに課税して、資金を調達した。二四人の市民の半数が毎年改選されるが、三〇人委員会のメンバーは全員無報酬で、これらのホスピタルの理事としてその運営に当たった。

セント・トーマスズ・ホスピタルとセント・バーソロミューズ・ホスピタルは、それぞれ中世に設立されていたが、この時に相次いで再建され、このホスピタルのシステムに組み込まれた。一五六〇年頃に各々年間二〇〇人から三〇〇人以上の病気や老齢の貧民を受け入れている(9)。それぞれの施設は内科医一人、外科医三人を抱え、当時の医学に基づく専門的治療が施されたが、同時に収容者の道徳化にも意欲的であった。すなわち、労働を通して有益な習慣を付与するために、糸つむぎや穀物の粉挽きなどの作業が施設内で行われている。また、ホスピタルが位置する街区の教会に出席することが義務付けられ、怠った収容者は食事をカットされた。カードやサイコロをしていて捕まった者は処罰を受け、許可無くエールハウスに行けば、施設を追放され兼ねなかった。自身の病気が道徳上の落度から生じたものならば、治療が完了した時点で、鞭打ちの処罰を受けた。セント・トーマスズ・ホスピタルでは、一五九〇年代に、梅毒の患者全員を見せしめとして処罰することが決定されている。そして妊娠中の未婚女性に対しては、道徳上の観点から特に非寛容であった。一五六二年にセント・トーマスズ・ホスピタルは、そうした女性を一切受け入れてはならないことを指示している。ホスピタルは「真面目な人間を救済するために建てられたのであって、売春婦を扶養するためのものではないから」との理由であった(10)。

このように、病気や老齢の貧民の施設としての両ホスピタルは、単に治療や扶養が行われただけではなく、収容者を道徳化していく試みが為されていたのである。もっとも、収容期間が短いことや、看護婦などの職員の資質に道徳上の欠陥があったことなどから、収容者に対する道徳化が成功していたかどうかは疑わしい。さらにホスピタルの恒常的な財源不足から、収容者を制限していかざるを得ず、当初の目的を十分に果たすことはできなかったのである。しかしながら、労働不能貧民に対する救済対策の一つである両ホスピタルにおいても、道徳化が試みられていた点をまず確認しておきたい。

さて、労働が可能でない貧民や生活補助が必要な貧民家庭に対する救済方法として最も重要であったのは、定期支給金 pension の給付であった。定期支給金は救貧税や慈善および科料などを主な財源として、貧民からの請願に基づき各教区から支給されるものであった。だが、この場合も財源は限られたものであるため、支給は選別された貧民に対してのみ行われたのであって、ロンドンの貧民全体をカヴァーできるものでは到底なかったのである。

イアン・アーチャーによれば、一五九八年の改編以前の定期支給金平均額は、一人当たり週五―六ペンスであった。この支給額は一五八〇年代においてさえ、寡婦一人の必要生活費の四六パーセントしかカヴァーできず、凶作などによって物価が高騰した一五九〇年代半ばにおいては、三五パーセントしかカヴァーできなかったと考えられる。子供などの扶養者がいれば、状況はさらに悪化した。従って、定期支給金が収入を補助するものでしかなかったことは明らかである。場合によれば、カンパニーからの支給金を得たり、私設救貧院での救済を受けられる可能性もあったが、それらも限定的なものでしかなかった。かくして、当時の被救済貧民の多くは、女性や子供の手仕事によるわずかな賃金収入に加えて、定期支給金の補助を得ることで、かろうじて最低生活を維持していたものと考えられる。あるいはまた、労働可能な家族がいないため、親族の援助を受けたり近隣住民からの個人的慈善を乞いつつ、定期支給金に頼ってぎりぎりの生活を送っていたのである(11)。

このように、貧民にとって定期支給金の受給は死活問題であったに違いないが、給付可能な人数枠を超えた数の貧民が存在していたことも明らかである。財源不足に起因するこの給付の制約から、老人や障害者あるいは幼児などの労働不能者が優先的に支給対象者となっていったが、それと同時に、申請者が受給に値する人物であるかどうかの選別が重要な手続きになっていった。そしてそうした選別手続きは、貧民の道徳管理へとつながる社会統制の側面を有していたのである。

「救貧法」を含めて十六世紀後半以降の貧民を論じた言論において、貧民をいろいろなカテゴリーに分類していく試みが盛んになっていくが(12)、そうした分類のなかで最も基本的なものは、「救済に値する貧民」deserving poor と「救済に値しない貧民」undeserving poor との区別である。この区別は中世末期にはすでに存在したが、「救済に値する貧民」とは本来、老齢・病気・障害などによって労働が可能でない貧民 impotent poor を指していた。近世においても同じ意味を核としているが、後述するように浮浪者などの「怠惰な貧民」が急増したことから、より鮮明に貧民の道徳面を含めたカテゴリーとして用いられるようになっていったと考えられる。選別を決定する教区会の役員、つまり教区の指導的立場にある有力者の間で、貧民たちの行動や生活についての許容範囲が明確化されていった。つまり受給に値する者の道徳に関する、言わば公的な見解が形成されていったのである。万一、受給者の行動が秩序を乱すようなものであるならば、教区会はその改善を期待して支給を一時的にカットすることもできた。定期支給金の受給が死活問題であった貧民たちは、こうして教区の有力者や富者たちの望む道徳や規範に自らを律していくことになったのである(13)。

救貧と道徳化との結びつきは、定期支給金の給付に関する貧民の選別のみではなく、いろいろな面に現れた。一五七九年の市条例は、教区会のメンバーが毎日貧民の住居を訪問し、彼らが仕事をしているかどうかを調べ、秩序を乱す貧民やその子供を区法廷に申し立てるように規定している。さらにまた、定期支給金の受給者が親族などを寄宿させている場合にその支給を打ち切る目的で、教区内の寄宿者を捜索する役人が任命された。これは教区に長期間定住している貧民だけに救済を限定し、教区の負担を軽減するための措置であった。だが、彼らは寄宿者を捜索するだけではなく、貧民たちの道徳を熱心に詮索したのであり、特に独身女性に対して警戒を怠らなかった。一五九八年の「救貧法」において、貧民監督官 overseers of the poor を導入し、彼らに教区の貧民の行状を調べさせたのは、こうした貧民の道徳化政策を国家レヴェルで展開していくことを意味した(14)。

以上のように、労働が可能でない貧民や生活補助を必要とする貧民家庭に対する救済政策は、単に貧困者を救済することのみを意味したのではなく、都市及び教区のエリートや富者たちが望む道徳の世界に、貧民の行動をはめ込んでいくことをも意味したのである。つまり、救貧は社会統制の手段としても用いられていたのであった。

二　「怠惰」と社会統制

貧民のなかでも、健康で労働が可能であるのに仕事をしていない浮浪者などの「怠惰な者」に対しては、近世の他のヨーロッパ諸国と同様に(15)、イングランドにおいても厳しい対策が取られた。そのことは、「救貧法」の変遷を俯瞰すれば一目瞭然である。「救貧法」には、労働が可能でない貧民の救済に関する規定と、浮浪者などの「悪しき」貧民を処罰し抑圧する規定の両面が含まれていた。そして後者の部分において、浮浪者に対して死刑を含めた厳しい刑罰を科していった事実は、十六世紀後半以降に浮浪者が急増し、従来の個人的慈善では対応できなくなったことを背景としている。国家や都市当局は、治安維持と疫病予防の観点から彼らに対する取り締まりを強化して、浮浪者問題の軽減・根絶を図りたかったのである。だが、「救貧法」がしばしば改定されている事実からも容易に想像されるように、この方策が成功したわけではなかった。つまり、浮浪者を厳罰に処しても彼らを減少させることはできず、むしろ十七世紀前半に向けて、浮浪者は増え続けたのであった。そこで、十六世紀半ばのロンドンにおいて、浮浪者対策の新しい試みが為されたのであり、それは彼らを施設に監禁して強制労働を課し、その怠惰を矯正するというものであった。設立された施設は、前述のブライドウェル・ホスピタルである。

ブライドウェル・ホスピタルはロンドン主教ニコラス・リドリーとリチャード・グラフトンらの市民による嘆願を受けたエドワード六世が、当時ほとんど使用されていなかったブライドウェルの王宮を、一五五三年に市に下賜することで設立された(16)。設立目的は、「あらゆる美徳の敵である怠惰の抑圧のために、またあらゆる悪徳の征服者である良き訓練を奨励するために、永続的に存在する施設になること」であった。従って、「怠惰な売春婦や浮浪者に、まじめさと有効な訓練を強いる」ために、彼らが健康であるなら、「そうした不品行で怠惰な者たちをブライドウェルに留めて労働させるべき」(17)だとされた。つまりブライドウェルは浮浪者や売春婦などの怠惰な者たちを収容して労働を課し、彼らの怠惰を矯正するための施設として設立されたのであった。ブライドウェル・ホスピタルを「ブライドウェル矯正院」と訳すのもこうした理由からである。そしてこの施設を運営する理事たちは、「不品行でまた怠惰であるように思われるあらゆる疑わしき者たちを、ブライドウェルに連行し、取り調べ、自身の判断に従ってその者を罰しても良い」のであった。さらに具体的には、「ロンドン・シティーとその郊外、及びミドルセックス州内の宿屋、居酒屋、賭博場、ボーリング場、テニス場、そして邪悪な者たちが通うあらゆる疑わしき場所と家を訪問し、そのなかに入るだけではなく、その持ち主あるいは保有者、同様にそこに通う不品行の者たちを、男であっても女であっても、逮捕し、収監し、そして自身の判断に従って処罰する権限を持つ」(18)のであった。このように、ブライドウェルの理事には、「不品行」や「怠惰」という道徳の領域を含む、言わば漠然とした取り締まり対象の容疑者を、施設に収監して恣意的に処罰できる広範囲にわたる権限が付与されていたのである。

では、実際にこの施設の活動はいかなるものであったのか。ブライドウェル矯正院に連行されて来た者たちに関する記録を収めた「法廷記録」(19)を分析すれば、浮浪者や売春婦以外にも様々な軽犯罪者や道徳違反者が取り締まりの対象になっていたことが判明する(20)。だが、彼ら・彼女らもつまりは「怠惰」や「不品行」の者たちなのであって、常にその道徳面が問題にされていたように思われる。多くの事例のなかから、いくつかを取り上げて論じてみたい。

ジョン・グリーン。クライスツ・ホスピタルの監督官たちの命令に基づき、巡察官のダビンズとメイスによって、（一五六一年）一一月三日に当所に連れて来られた。というのは、彼は屈強な浮浪者であり、邪悪で怠惰な奴だからである。そして物乞いしていて捕まったのである。それ故、同日、当所において鞭打たれ、当所の労働につかされた。一五六一年一一月八日に釈放された。〈Vol.1, fol.169a〉(21)

浮浪者に関する記事であるが、鞭打ちの後に労働を課されている。この場合の労働は、大型の挽き臼を数人で回転させる労働であり、施設のなかで最も過酷なものである。記事のなかの巡察官は、ロンドンの担当区域を巡回して不審者を連行したり、誰かの指示のもとに容疑者を連行して来る役人である。ブライドウェルを含めた四つのホスピタル(22)に有給で常勤していて、この時期には合計八名が雇用されている(23)。グリーンの収容期間は六日間であったが、たいていの者が一週間から一〇日前後であるので、平均的とも言える。この事例は浮浪者が物乞いしていて連行されたものだが、次の人物のように、職業を持っていても仕事をせず、怠惰にしていれば同じく取り締まりの対象になる。

ウィリアム・ヴァランス。下劣で邪悪で怠惰な浮浪者。この者は、以前当所に収容されていたことがある。今回、ピアス氏の命令に基づき、巡察官のロバートによって連れて来られた。というのは、彼は下劣で邪悪で怠惰な奴であり、腕のいい職人ではあるが、決して働こうとはしないからである。それ故、（一五六二年）一月一一日に十分に鞭打たれ、挽き臼の労働につかされた。〈Vol.1, fol.185a〉

浮浪者として記載されているが、「腕のいい職人」であるこの人物は、先程のグリーンとは明らかに異なり、本来職業を持っている住民のはずである。だが、仕事をしないで怠惰にしているため、浮浪者と同じ厳しい扱いを受けている。次の事例も同様である。

ジョーゼフ・カウチ。ブリッジ区の区法廷査問委員(24)により送られて来た。というのは、彼は下劣な奴であり、働こうとせず、怠惰にまた浮浪者のように生活し、そして彼の両親に対して非常に下劣に、非常に反抗的に振る舞うからである。彼は当所で懲罰を受け、労働につかされている。その査問委員が約束したことには、彼の父親が彼の料金を支払い、当所で彼を労働させるということである。〈Vol.3, 1577/1/11〉

「料金」とあるのは、ブライドウェル矯正院が収容者に対して一日三ペンスの料金を課し、支払可能な者から徴収していたことによる。このケースでは彼の父親が料金を支払い、収容してもらう形になっている。つまり、両親は怠惰で反抗的に振る舞うジョーゼフをこの施設に収容してもらうことで、彼の矯正を願ったのであった。

「反抗的」であるとの理由で連行される事例は、親方と徒弟、あるいは親方とサーヴァントの間でしばしば生じた。そうした場合、親方が問題の徒弟やサーヴァントを自らブライドウェルに連行して、収容してもらうケースが一般的である。

ウィリアム・ハイアム。パリッシュ・ガーデン（パリス・ガーデン）に住む船員のパウエル・サマーズのサーヴァント。（一五六二年）一月二四日に彼の親方によって当所に連れて来られた。というのは、彼はこれまで頑強に振る舞ってきたからであり、親方に仕えるのを拒み、強情であるだけではなく、言葉使いも振る舞いも悪いからである。そして親方が留守の時には親方夫人を顧みず、また自分の仕事から逃避したからである。同日、十分に鞭打たれ、挽き臼の仕事につかされた。〈Vol.1, fol.193a〉

強情で反抗的な徒弟やサーヴァントをブライドウェルに連行して、矯正を依頼するこうした事例は、エリザベス時代を通して普遍的に存在している。彼らが親方のもとから離れ、浮浪者となることを予防する措置でもあるが、ここにおいても問題にされているのは彼らの道徳の欠如なのであって、懲罰や強制労働による彼らの道徳化であった。このことは怠惰や反抗的という道徳の欠如のみならず、性的不品行についても同様であった。事例を二つだけ挙げておこう。

トーマス・ステイブル。ドレイパーズ・ヒルの近くに居住する仕立て商のハリー・ブッシュフィールドのサーヴァント。州長官であるバスカーフィールド氏の命令に基づき、（一五六二年）六月一〇日に当所に連れて来られた。というのは、彼は親方の家で同じくサーヴァントをしていたアグネス・スミスと私通を犯し、彼女を妊娠させたからである。それ故、彼は同日、十分に鞭打たれた。そしてバスカーフィールド氏の手紙に基づき、六月二三日、当所からオックスフォードシャーに行くべく釈放された。〈Vol.1, fol.220a〉

アグネス・バグリー。市参事会員のボックス氏により送られて来た。というのは、彼女はまだ徒弟期間中のエイブラハム・ニールのもとに通っているからである。そのエイブラハムはセント・マーガレット教区のフィッシュ・ストリート・ヒルに居住する馬商人であるジョン・チャップマンのサーヴァントである。彼女は彼に対し本気であると言う。ケルク氏により以下のように命じられた。もし彼女が彼の徒弟期間が終わるまでに、そして彼が合法的に彼女と結婚するまで、同エイブラハムとの交際をこれ以上行うならば、当所に連れて来られ、懲罰を受けることになる。〈Vol.2, 1575/6/4〉

エリザベス時代全体を通して、売春婦に限らず、性犯罪や性的不品行の多数の男女がブライドウェルに連行され、鞭打ちの処罰や強制労働を課されたのである。あるいは後者の事例のように、その警告を受けたのであった。当局にとっては、貧民の非嫡出子の誕生を極力抑制し、救貧の負担を少しでも軽減すべきであるという現実的課題が常に存在した。だが同時に、性道徳は道徳の欠如者を取り締まる上での重要な基軸の一つであり、人々をあるべき行動や生活へと規律化していく社会統制の手段として用いられたのである。

「怠惰」や「不品行」を取り締まるブライドウェル矯正院の活動の一端を、ごく限られた事例によって見てきたが、この施設は浮浪者や売春婦だけではなく、下層民を中心としたロンドン住民全体の道徳を取り締まり、その欠如者の矯正を目指していたのである。もっとも、この施設もまた慢性的な財源不足を経験していたため、連行されて来た者のなかで、収容されて強制労働を課されたのは少数者に過ぎず[25]、多くは鞭打ちの懲罰だけか、あるいは懲罰も受けずに釈放されることもあった。また収容された場合でも、その収容期間はたいてい短いものであった。従って、この施設による道徳矯正がどれほどの成功を収めていたかは疑問である。しかしながら、例えば、親方に反抗的な徒弟やサーヴァントを従順にさせるには、この施設は十分な力を持ち得たであろう[26]。そうでなければ、親方たちは彼らをブライドウェルに連行することはなかったはずである。「法廷記録」に記録されている多数のそうした事例が、この施設の有効性を十分に物語っているのである。あるいはまた、ブライドウェルへの送付を威嚇として用いることで、反抗的な徒弟やサーヴァントを服従させることも一般的に行われていたに違いない。そして同様のことは、徒弟・サーヴァントに限らず、道徳の欠如する住民の誰に対しても生じ得ることであった。何故なら、道徳上問題を持つ人物が身近にいた場合、近隣住民でさえもその者をブライドウェルに連行することが可能だったからである(27)。かくして、この施設によって、下層民を中心としたロンドン住民全体の道徳の取り締まりが押し進められたのであり、道徳化を通しての社会統制が進展していったのである。

三　道徳化と民衆

以上のような道徳化の動きに対して、ロンドンの民衆はどのような反応を示したのであろうか。近世のロンドン住民の大部分は、近隣共同体、教区、区、カンパニーなどのいくつかの共同体のメンバーであったが、ここでは近隣共同体という地理的に最も近接した世界を取り上げ、「ブライドウェル矯正院法廷記録」に基づいて具体的に考察したいと思う。

一般的に、近世ロンドンにおける近隣共同体の結束は、今日よりも強固であったと考えられる。近隣住民のなかに道徳や規範に違反する者が存在すれば、何らかの制裁が行われたであろうし、また違反する者がいないかどうかを監視することも、住民の通常の行動であったと言える。事例を挙げてみよう。

牧師のウィリアム・アイルウォードの妻であるアン・アイルウォード、ジョアン・ウェストコート、そしてジョアン・ケヴェルが証言することには、彼女たちはジョアン・サットンが賃金労働者の男とベッドにいて、二人が関係するところを壁越しに見たということである。当のジョアン・サットンは関係を持ったことを否定したが、前述の目撃者たちが彼女の面前でそのことを断言したので、ジョアン・サットンは裁定により矯正を受けた。〈Vol.2,

1575/3/26〉

ここに述べられているような「壁越し」の目撃は、たいてい隣人によるものであるが、「壁の穴」や「ドアの穴」からの目撃を含め、「法廷記録」にはよく見られる記述である。プライヴァシーの観念の希薄な当時の社会においては、こうした「覗き」は違法行為ではなく、むしろ近隣共同体の秩序を守る故意の行動であった(28)。そして住民は単に違反を目撃するだけではなく、さらに積極的な方策を取る。

アン・ルウィス。ブロークン・ウォーフのパン屋であるロバート・ルウィスの妻。売春婦として治安官によって連れて来られた。そのアンの隣家に住むトーマス・デイヴィスの妻であるジョアン・デイヴィスが証言したことには、先週の木曜日、七月一九日の朝に、彼女は自分の家にいたのであるが、そのアンとバーテンのジェンキン・ヒューズ、別名ウィリアム・ジェンキンとがベッドをともにし、いかがわしい行為をしているのを、壁越しに目撃した。そしてそのことによって、彼らを捕まえたのである、と。そしてまた一二人以上の彼女の隣人たちが証言することには、彼女の夫が外出している時、いろいろな者たちが何度も彼女の家に来ては、夜の一一時や一二時に不審にも彼女と二人きりでいたのである。そしてその隣人たちは、彼女にたびたびそのことを警告してきたのであるが、彼女はやめようとはしない、ということである。そのアンとジェンキンは、実際、申し立てられた通りに、罪を犯したことを自白した。彼女は懲罰を受け、労働につかされた。〈Vol.3, 1576/7/21〉

この記事によれば、夫以外の男性との交際を続ける女性に対して(29)、隣人たちがそうした行為をやめるようにしばしば警告を与えたのである。つまり、道徳違反を咎め、彼女の改心を期待した。だが彼女は警告を聞き入れないいため、罪の現場を押え、隣人たちで捕まえるという実力行使を取ったのである。こうした経緯から推察すれば、隣家の住民は積極的に彼女を監視していたものと考えられる。

この事例においてさらに確認しておくべきことは、隣家のトーマス・デイヴィスにミスターなどの敬称が付されていないことであり、エリート層の家庭ではなかったという点である。すなわち、道徳違反を咎め、違反者を捕えて治安官に引き渡したのは、民衆自身であったという事実である。他の事例からも確認されるが、道徳化は必ずしもエリートから民衆へという一方向の動きとして存在したのではなく、民衆自身のなかにも道徳化を押し進める側面が存在したのである。次の記事は、近隣住民が売春宿をブライドウェルに通報した事例である。

ウィリアム・フルウッド、ジョン・メイソン、ウィリアム・レック、エリザベス・ベッドバウ。ロング・レインの住人たち。そして様々なほかの者たちが、当所において不平を訴えた。すなわち、トットゥルの妻はロング・レインの自宅において、最も忌まわしい売春宿を営んでおり、一日に六〇人から八〇人の男たちが、売春の目的で毎日そこにいる四、五人の売春婦と関係している。そして、いろいろな若い男女がそこで病気になったり、「ただれ」を負ったりしている、と。〈Vol.3, 1579/6/20〉

この記事においても、通報した住民には敬称が付されていないことから、エリート層でないことは確かである。売春宿は彼ら住民にとって直接の利害はなかったはずだが、ブライドウェルに通報することで、当人の近隣からの排除あるいは改心を望んだのであった。こうした動きは性道徳の違反者に限らず、怠惰や反抗的な人物に対しても当てはまることであった。事例を一つだけ挙げておこう。

ロバート・ベイカー。セント・ジャイルズ・イン・ザ・フィールズに居住。そこの住民によって当所に送られて来た。というのは、彼は自身の生計を得るために働こうとはしないからである。彼の言によると、彼は織物職人であるが、この二年間は仕事をしていない。彼は彼の妻と、妻の母親から、不平を申し立てられている。彼は労働につかされた。〈Vol.3, 1578/1/16〉

妻と義母からの不平に基づき、住民たちが本人をブライドウェルに連行して強制労働を課してもらい、その怠惰の矯正を望んだのであった。

おわりに

イアン・アーチャーらの述べるごとく、近世ロンドンの救貧政策は教区エリートによる貧民への道徳化、社会統制の手段として用いられていった(30)。また浮浪者などの「悪しき貧民」に対しては、道徳化政策がブライドウェル矯正院において、強制労働というより明確な形で実践されようとしていた。そしてブライドウェルはその道徳の取り締まりを、下層民を中心とした一般住民へと拡大していったのである。

だが、ブライドウェルの史料が示すように、道徳化の動きは必ずしもエリートから民衆への一方向のものではなく、民衆の間にも道徳化を求め、道徳化を押し進めていく動きが存在したのであった。特に近隣共同体においては、民衆層の住民が道徳違反者に対して自ら忠告を与えたり、あるいはブライドウェルへ連行して矯正を依頼することがあった。彼らはそうすることで、近隣共同体の規範や秩序を守ろうとしたのである。従って、道徳化を通した社会統制は、近隣共同体という社会の底辺において、その支持基盤を有していたとも言えるのである。

【付記】
本稿は、京都学園大学学外研究員助成規定に基づき、京都大学大学院人間・環境学研究科への国内留学（平成一六年九月一日より平成一七年八月三一日まで）の研究成果の一つとして公表するものである。

【註】

（1）A. L. Beier and R. Finlay, eds., *London 1500-1700, The making of the metropolis*, Longman, 1986, p.39, 川北稔訳『メトロポリス・ロンドンの成立』三嶺書房、一九九二年、五三頁。

（2）P. Slack, *Poverty and Policy in Tudor and Stuart England*, Longman, 1988, p.47.

（3）イギリス近世の貧民問題に関しては、E. M. Leonard, *The Early History of English Poor Relief*,（1900）, Frank Cass, repr. 1965; M. James, *Social Problems and Policy during the Puritan Revolution, 1640-1660*, London, 1930; W. K. Jordan, *The Charity of London 1480-1660*,（1960）, Archon Books, repr. 1974; A. L. Beier, *Masterless Men*, Methuen, 1985, 佐藤清隆訳『浮浪者たちの世界』同文館、一九九七年；J. Pound, *Poverty and Vagrancy in Tudor England*, Longman, 1986; P. Slack, *op. cit.* などを参照。

（4）近世ロンドンの「危機」と「安定性」をめぐる問題に関しては、P. Clark and P. Slack, eds., *Crisis and Order in English Towns 1500-1700*, London, 1972; P. Clark and P. Slack, *English Towns in Transition 1500-1700*, Oxford, 1976, 酒田利夫訳『変貌するイングランド都市』三嶺書房、一九九〇年；A. L. Beier, *op. cit.*; F. F. Foster, *The Politics of Stability*, London, 1977; V. Pearl, "Change and Stability in Seventeenth-Century London", *London Journal*, 5, 1979; J. P. Boulton, *Neighbourhood and Society*, Cambridge, 1987; S. Rappaport, *Worlds within Worlds*, Cambridge, 1989; I. W. Archer, *The Pursuit of Stability*, Cambridge UP., 1991; 中野忠「イギリス近世都市の危機と安定」『大阪学院大学経済論集』第六巻第一号、一九九二年八月、菅原秀二「近世ロンドン史における『安定』をめぐって」『札幌学院大学人文学会紀要』第五五号、一九九四年、坂巻清「近世ロンドン史研究の動向と課題――『危機』と『安定』を中心に」イギリス都市・農村共同体研究会編『巨大都市ロンドンの勃興』刀水書房、一九九九年、所収、などを参照。

（5）P. Slack, *op. cit.*, p.72.

（6）I. W. Archer, *op. cit.*, p.153.

（7）E. M. Leonard, *op. cit.*, pp.30ff.; P. Slack, *op. cit.*, pp.119ff.

（8）The Declaration of the humble Suit made to the King's Majesty's most honourable Council, by the Citizens of London, 1552, in Thomas Bowen, *Extracts from the Records and Court Books of Bridewell Hospital*, London, 1798, Appendix, no. II, p.5.

（9）P. Slack, *op. cit.*, p.70.

（10）I. W. Archer, *op. cit.*, pp.154-155.

（11）*Ibid.*, pp.194-197.

（12）拙著『「怠惰」に対する闘い――イギリス近世の貧民・矯正院・雇用』嵯峨野書院、二〇〇二年、第四章参照。

（13）I. W. Archer, *op. cit.*, pp.96-98.

（14）*Ibid.*, p.98.

（15）近世ヨーロッパの貧民問題に関しては、J-P. Gutton, *La société et les pauvres en Europe, XVIe-XVIIIe siècles*, PUF., 1974; C.

Lis and H. Soly, *Poverty and Capitalism in Pre-Industrial Europe*, Harvester Press, 1982; B. Geremek, *La potence ou la pitié*, Gallimard, 1987, 早坂真理訳『憐れみと縛り首』平凡社、一九九三年、Robert Jütte, *Poverty and Deviance in Early Modern Europe*, Cambridge UP., 1994. などを参照。

(16) ブライドウェル・ホスピタルの設立の経緯については、E. G. O'Donoghue, *Bridewell Hospital*, Vol.1, John Lane, 1923, chap. XV; A. J. Copeland, *Bridewell Royal Hospital*, London, 1888, chap.III. などを参照。

(17) *Ordinances and Rules for the Government of the House of Bridewell*, 1552, British Library, Sloane MS. 2722, fol.1a-b.

(18) *Ibid*., fols.2b-3a.

(19) *Bridewell Hospital Court Books*, vols.1-10, 1559-1659, Guildhall Library, MF.510-515.

(20) 拙著『エリザベス朝時代の犯罪者たち——ロンドン・ブライドウェル矯正院の記録から』嵯峨野書院、一九九八年、参照。

(21) 「ブライドウェル矯正院法廷記録」からの引用記事の典拠は、第一巻については記事のフォリオに打たれた数字を用い、表をa、裏をbとして示し、第二巻以降に関してはフォリオの数字が判読不可能であるため、記事の直前に記された法廷の日付で表わすことにする。尚、（ ）内は引用者による補足。以下同様。

(22) 他の三つは、クライスツ、セント・トーマスズ、セント・バーソロミューズの各ホスピタル。

(23) 一五六九年の時点では、それぞれのホスピタルに四人ずつ、合計一六人に増やされている。British Library, Lansdowne MS. 11, no.19.

(24) 区wardには、その規範を維持するための裁判機構として区法廷が存在し、査問委員はその役人である。ロンドンの行政機構については、坂巻清『イギリス・ギルド崩壊史の研究』有斐閣、一九八七年、参照。

(25) 前掲拙著『エリザベス朝時代の犯罪者たち』二四〇頁。

(26) 拙稿「一六世紀中葉のブライドウェル・ホスピタル——その法廷記録（一五五九—一五六二年）に基づいて」『西洋史学』一六七号、一九九二年一二月、五〇—五一頁。しろめ細工師のカンパニーの記録に載せられている徒弟ジョン・スミスの事例を参照。

（27）前掲拙著『「怠惰」に対する闘い』第三章参照。

（28）I. W. Archer, *op. cit.*, p.77.

（29）記事のなかでは「売春婦」として記載されているが、金銭の授受は明記されていない。売春でなくとも、婚外交渉を行った女性は往々にして「売春婦」として連行されることが多い。

（30）I. W. Archer, *op. cit.*, p.97; K. Wrightson, *English Society 1580-1680*, Hutchinson, 1982, p.181, 中野忠訳『イギリス社会史一五八〇―一六八〇』リブロポート、一九九一年、三〇三頁、菅原秀二「イギリス革命期ウェストミンスターにおける教区政治をめぐって――セント・マーティン教区の救貧行政を中心に」前掲、『巨大都市ロンドンの勃興』所収、など。

第四部　歴史世界における政治と軍事

第一一章 タグマの兵力をめぐる考察
――中期ビザンツ帝国における「中央軍」――

中谷功治

はじめに

七世紀に始まる中期ビザンツにおいて、軍事は国家の枢要な位置を占める傾向にあった。帝国は以前と比較してその支配領域を大幅に縮小させ、東西からの外敵の攻撃が国家の存亡に直接かかわるようになったからである。この事実は例えば、この時代を特徴づける統治システムであるテマ制において、各地の軍団指揮者（テマ長官）がその管轄地域の行政権をも掌握したことに端的に見てとることができよう。それは、行政権と軍指揮権の分離を原則とし、三世紀末以降長らく維持されてきた、いわゆるディオクレティアヌス＝コンスタンティヌス体制とは対照的な姿であった(1)。

帝国が対外的な危機を一応脱したといえる九世紀の中葉になると、皇帝を中心とした中央集権的な国家体制が再編成されていく。ただし、そこにおいても軍事面重視の伝統は維持されていた。「タクティコン」と総称される宮中晩餐会の席次リストから判明する官職の序列において、テマの長官たちは軒並み上位を占めていたのである(2)。

以上のような軍事優位のビザンツ帝国にあって、テマと対になって取り上げられることが多い「タグマ」が本稿の扱う主題である。「タグマ(複数形タグマタ)」とは軍事的な用語としては一般的には「部隊」を意味するが、中期ビザンツ、とりわけ八―十世紀においては、首都ないしその近郊に駐屯する戦力を指していた。その中でも、上記のタクティコンにおいて比較的高位に位置したのが、騎兵によって編成された四つの連隊である。九世紀末に成立した『フィロテオス文書』に記載された官職リストにおいて、武官最上位のテマ＝アナトリコイの長官に続く地位を占めたのがスコライ連隊長であり、そして「東方級」(3)の各テマ長官たちに続くのがエクスクビテス連隊長である。両者はともに、帝国政府にあってかなりの高位にあったといえるだろう(4)。同じく首都やその付近にあった騎兵タグマ指揮者としては、より下位に位置するビグラ連隊長(アリスモイとの別名を持ち、宮廷護衛隊長でもあった)とヒカナトイ連隊長があり、彼らは中央の政府高官たちとほぼ同列の地位を占めていた。

なお、タグマには以上の騎兵タグマの他に歩兵のタグマがいくつか知られており、首都近郊ないし首都城壁内の守備などを担当していた。ただし、その長官たちの官職リストでの地位はさほど高いものではなく、またテマの中に数えられることのあるオプティマトイを除くと、その職掌については詳細はあまりわかっていない(5)。

かつて井上浩一氏は『フィロテオス文書』を分析した際に、ビザンツ帝国の地方軍であるテマ軍に対して、首都やその近郊にあった軍事力の一部を「中央軍」と呼んだ(6)。そこで「中央軍」を構成したのは、いわゆるタグマのうちスコライ、エクスクビテスおよびヒカナトイの三つの連隊であったが、G・オストロゴルスキー(7)以来の通説に従うならば、これらに宮廷護衛をも担当するビグラを加えて、四つの近衛連隊と考えていいだろう。

本稿が問題とするのは、「中央軍」は実際にどの程度の軍事力を擁していたのか、ということにある。これまでのところ、近衛連隊を構成する騎兵タグマの兵力数については史料が著しく不足しており、定説として確定していないのが現状である。

そのようななかで、近年中期ビザンツの八–九世紀における軍隊の兵力や官職リストをもとに帝国の人口や財政規模を推計、そこからビザンツ軍全体の兵力数の推移値を割り出し、最終的にはビザンツ帝国一千年の歴史を描き出そうとしたのがW・T・トレッドゴールドであった。彼は一連の研究の中で、騎兵タグマの兵力数について仮説を提示しており、各連隊それぞれが四千ずつ、合計一万六千の規模であったとする[8]。

けれども、このような推計値については疑問も提示されている。トレッドゴールド説を批判したのは、同時代の官職や爵位に詳しく、中期ビザンツのプロソポグラフィ集成にも尽力したF・ヴィンケルマン[9]、そしてビザンツ軍事社会史の第一人者で、タグマに関するモノグラフィをかつて著したことのあるJ・F・ハルドン[10]であった。

以下本稿では、四つの騎兵連隊タグマの兵力をめぐる議論を整理するため、まずトレッドゴールドがこれを割り出す上で依拠した史料、イスラーム地理学者たちの一連の記述を取り上げ、その問題点について考察を加える。その上で、最近の研究でトレッドゴールドやハルドンの注目を集めている、コンスタンティノス七世ポルフィロゲニトスの手になる『ビザンツ帝国儀式について』の一節に記録された、帝国のクレタ島遠征軍の編成の記述を取り上げる。以上の検討から、騎兵連隊タグマのおおよその兵力規模について筆者なりの見通しを得て、「中央軍」としてのタグマの位置についてまとめることにしたい。

一　イスラーム地理学者からの情報

著名なイスラームの歴史学者アル＝マスーディ（九五六年没）はその著書の中で、九世紀のビザンツ帝国についての記述を残したアル＝ジャルミーなる人物について言及している。マスーディによれば、ジャルミーはカリフ国（アッバース朝）の国境役人であり、ある時期にビザンツ側の捕虜となったという。史料考証から判断して、彼が捕らえられたのは八三七年頃で、その後八四五年の捕虜交換に際して解放されたと考えられている。

さらにマスーディの記述では、「彼はローマ人たちと彼らの王たち、また彼らのあいだで地位をもつ者たち、そして彼らの諸地域やそれらを通る街道や道について、また彼らの国へ襲撃をなす時期やこの国からの侵入の時期、そしてブルガンたち（?）、アヴァール人、ブルガール、サカリバ（＝スラヴ人）、ハザール人たちや他の人々といった、彼らの領域の近隣についての情報を含んだ書物を著した」とある（括弧内は中谷の補足）(11)。

今日、ジャルミー自身による記述自体は現存していないが、彼の作品から引用したと考えられる一連の著作が知られている。地理学者のイブン＝フルダドベーは、ビザンツについての自身の記述の一部がジャルミーからの情報である旨ことわっている。彼の著作は、八四六年に初めて刊行され、八八六年頃に改訂がなされたといわれる(12)。

フルダドベーは、ビザンツ帝国の各地にあるテマについて、ジャルミーからの情報として名前やその拠点・兵力数など、かなりの分量となる記述を残している。そして、同じような形でのテマについての記述は、同じくイスラーム地理学者であるイブン＝アル＝ファキフの作品（九〇二年頃）(13)やクダーマ＝イブン＝ジャファルの著作（九二八―九三二年頃）(14)の中にも確認されている。マスーディの記述から判断して、これら三名の地理学者たちはジャルミーのビザンツ帝国についての記述を参照したものと考えるのが妥当であろう。

本稿が問題とするのはテマではなく、首都近郊にあった近衛連隊としての騎兵タグマであるが、以上のイスラーム地理学者のうち、フルダドベーとクダーマとがごく限定的にではあるが、タグマに関係する可能性のある記述を残している。

フルダトベーはジャルミーからの引用文の前で、コンスタンティノープルの町の城壁と門についての記述に続いて次のように記している。

「言われるところでは、コンスタンティノープルにおける彼らの君主の傍らには一二名のパトリキオスがあって、そしてその守備隊は四千の騎兵と四千の歩兵からなる」(15)

さらに類似の記述が、伝ジャルミーのテマについての記述の後にも登場する。

「宮殿の守備隊は四千人の騎兵と四千人の歩兵からなる。王の陣営は、彼が滞在するときであれ軍事遠征の場合であれ、四つの軍旗（部隊）を構成し、それらは同じくパトリキオスたちに分配され、彼らそれぞれが一万二千名の兵力、すなわち六千の兵士と六千の従者からなる騎兵部隊の指揮権を持つ」(16)

次にクダーマでのタグマに関する記述を見てみよう。なお、このクダーマの内容をトレッドゴールドは最も信用がおけるデータであるとして自説を展開することになる。

クダーマはテマについての記述に先立って、次のように述べている。「王の在所コンスタンティノープルにある軍隊の数については、二万四千人で、そのうち一万六千が騎兵、八千が歩兵である。騎兵は四つの部隊に分かれる。最初は四千人の兵力、スコライの部隊で、大ドメスティコスの指揮下にある。この人物は同時に全軍隊の長としての指揮官であり、軍隊の動員を命じる任にある。第二の部隊は同じく四千人の兵力で、「タクシス？」の名をもつ。第三の「エクスクビテス？」の同じく四千人は「ドゥルンガリオス？」の指揮下にあり、衛兵の部隊となっている。第四の「スクタリオイ？」は同じく四千人を数え、皇帝の出征時には彼に随行する。歩兵は二つの部隊から成り、おのおの四千人で、一方はオプティマテスであり、もう一方はヌメラである」(17)。

先にも述べたように、トレッドゴールドはこのクダーマの情報に依拠しつつタグマの兵力・編制を考える。四つの騎兵連隊という点において、ビザンツ側からの情報と一致するというのがその最も大きな根拠となる。彼は通説に従って、スコライ連隊に続く「タクシス」と呼ばれている連隊をエクスクビテスとする。さらに第三の連隊については、衛兵部隊という記述と、指揮官名がどうやら「ドゥルンガリオス」と読める点から、アリスモスあるいはビグラ連隊（＝宮殿護衛隊）であろう、という点で研究者たちはほぼ合意している。けれども、第四の部隊については読み方が研究者によって分かれている。ハルドンはこれを「フォイデラトイ」（テマ＝アナトリコイの下部単位であるトゥルマの一つ）と取っているが、トレッドゴールドは第四の近衛連隊であるヒカナトイと読むことが可能だと主張する(18)。

要するに、トレッドゴールドによれば、ここには四つの騎兵連隊がそれぞれ四千、合計一万六千の兵力をなしていることが記述されていることになる。そして、彼はこの情報はジャルミーによるものであり、したがって時期は九世紀中葉であると判断した。

しかもトレッドゴールドは、テマに関するイスラーム地理学者たちの記述を比較した上でこのクダーマの情報が最も信用できるものだと主張するこの仮説に従い、彼はフルダドベーの後半の記述も修正すべきであるという。すなわち、フルダドベーの情報「四つの部隊がそれぞれ六千の騎兵兵力を有する」という箇所は、「六つの部隊」がそれぞれ「四千名」の兵力を持つ、と数値を入れ替えるならば、クダーマの情報とも整合性がとれる。つまり、フルダドベーは原本を書き写す際に数字を一箇所取り違えたと推測するのである。

以上のように、トレッドゴールドは、四つの騎兵タグマ（近衛連隊）について、それぞれ四千名の兵力、合計一万六千名を想定した(19)。

けれども、イスラーム地理学者たちの情報についてのトレッドゴールドの見解には、F・ヴィンケルマンによって問題が提起された(20)。彼は、イスラームの著作について写本レベルまで戻って検討し、それらの伝承過程に仮説を提示しつつ議論をしている。ヴィンケルマンがトレッドゴールド説に懐疑的であるのは、ジャルミーとは別系統の史料が存在する可能性を想定しているからである。

これに対してトレッドゴールドは反論を試みる(21)。確かに、彼のヴィンケルマン説への批判はテマに関連する部分について一定の説得力を持っており、テマに関する情報についてはジャルミーからの一元的な情報として処理すべきなのかもしれない。けれどもタグマについてはどうであろうか。タグマに言及していると思われるのはフルダドベーとクダーマだけであり、その記述の形式や内容も異なっている。二人の述べる事柄はテマについての情報とは別個のものであり、成立の時期もまちまちだと考えることにやはり一定の配慮が必要ではないか。

ともかく、議論は平行線をたどっているとはいえ、最終的に私たちが到達する点は、ビザンツ側の史料が不備である場合に、そもそもイスラーム側からの情報をとりわけ地理学者たちが様々に提示する数値について、どこまで議論の叩き台として信頼していいか、という問題であろう。テマについての情報はそれなりに豊富であり、比較対照することで実像に近づける可能性は残されているし、ビザンツ側のデータをもとにして容易に修正を加えることができる。けれども、タグマについての情報はほとんど名前とその兵力のみに限定されており、たった二人のイスラーム地理学者の異なる情報のみを対比して整合性を追求することにどれほどの利益が見込めるか、確たることは何も言えないのである。

二　ビザンツ史料からの推測

これまで述べてきたように、騎兵タグマについての情報が比較的乏しいことは確かであるが、時代をより広く取るならば、ビザンツ側にも騎兵タグマの兵力が実際の数値をともなって登場する史料が存在している。それは十世紀の皇帝コンスタンティノス七世ポルフィロゲニトス（在位、九一三—九五九年）の編纂といわれ、帝国の有職故実や式典の式次第など様々な情報が収録されたテクスト群、一般に『ビザンツ宮廷儀式について』(22)と呼ばれるものの中にある。『ビザンツ宮廷儀式について』の第二巻、四四章と四五章に収録されているクレタ島への遠征軍の編成などの記録がそれである。

具体的な内容について述べると、この二つの章には、（一）九一〇年から翌年にかけてのクレタ島（実際には別方面に出動）への遠征軍の編成記録（部隊・艦船および兵力編成、兵士たちへの給料、艤装にかかわる経費など）、（二）九三五年のイタリア遠征軍の編成記録、そして（三）九四九年のクレタ遠征軍の編成記録の三つの記事が具体的にかつ詳しく記載されている。そして、以上の三つの記述の中にそれぞれ騎兵タグマと考えられる将兵の兵力が登場しているのである。

この事実については、すでにトレッドゴールドが注目しており、同じくコンスタンティノス七世が著した別史料『帝国の統治について』(23)の記事と合わせ、かなり詳しい考察を残している(24)。またハルドンも、より広く軍事史的な関心からこのテキストに焦点を当て、関連部分の校訂・翻訳にコメントを合わせたかたちでの研究を最近発表した(25)。

以下では、ハルドンによる最新のテキスト校訂を頼りに（日本語訳の後にテキストの箇所を示す）、トレッドゴールドの分析をも交えつつ、騎兵タグマにかかわる部分の記述を紹介していくことにする。

まず、（三）の九四九年のクレタ遠征軍の編成記録から始めることにする。この史料の冒頭近くに次のような記述が登場する（なお、以下での議論を明快にするため、それぞれの文頭に番号を付しておく。また［ ］の内側は中谷による補足である）。

①騎兵について。テマ＝トラキアからはトポテレテス［一名］、そして四タグマタからは将校［アルコンテス archontes］一三九名、四タグマタの兵士［スコラリオイ scholarioi］三五四名。合計、四タグマタの将兵四九三名。

②テマ＝マケドニアからはトポテレテス［一名］、そして四タグマタからは将校八三名、四タグマタの兵士二九三名。合計、四タグマタの将兵八六九名［この数字は①②の将兵の総計］。

③対岸の［peratika、つまり首都から見て「対岸」＝小アジア側の］タグマタからはエクスクビトル［＝エクスクビテス連隊長 domestikos のことであろう］に彼のトポテレテス［一名］と彼のタグマ全体、将校と兵士の合計で七〇〇名。

④ヒカナトス［＝ヒカナトイ連隊長］に彼のトポテレテス［一名］と彼のタグマ全体、将校と兵士の合計で四五六名。（Haldon,p.221.35-45）

以上の記述からは、騎兵タグマ（史料では複数形のタグマタも使われる）は首都コンスタンティノープル内ではなく(26)、おそらく首都の近郊に駐屯しており、その場所はヨーロッパ側では首都西方のテオドシウス二世の大城壁の外側、テマ＝トラキアならびにテマ＝マケドニアの領域、そして場所は明示されていないが、首都「対岸」の小アジアの側の二つに分かれて配置されていたことが推測される。①②からは、ヨーロッパ側には、二つのテマに分かれて四つの騎兵タグマそれぞれが駐屯していることが明らかである。一方、③④からは、小アジア側にはエクスクビテスとヒカナトイの二つの連隊が存在したことが判明する。①②での記述から判断するかぎり、③④で言われている「タグマ全体」とは、あくまでその地、つまり小アジア側に配置されていた騎兵タグマのみが問題となっているのであり、ヨーロッパ側にあったエクスクビテスとヒカナトイの将兵は含まれていないと考えるべきであろう。また、常識的な推測として、ヨーロッパ側に合わせて小アジア側にも他の二つの騎兵タグマ、スコライとビグラが駐屯していたと考えるのが妥当だと思われる。

なお「スコラリオイ」は、本来であればスコライ連隊に属する連隊兵のみを指すはずであるが、その前に「四タグマタの」とあることから判断して、ここでのスコラリオイは騎兵連隊の兵士を意味していると見て間違いはないはずである。また、トポテレテスとは、トレッドゴールドによれば、テマではなく四つの騎兵タグマに所属する副司令官格の将校であり、通常それぞれに二名が配置されているという(27)。ただし、①と②については、四つの騎兵タグマの内、どれのトポテレテスかは不明である。

次に、(二)九一〇年から翌年にかけての派遣艦隊の編成記録および(三)九三五年のイタリア遠征軍の編成記録からの情報。

⑤艦隊とともに遠征に出る騎兵について。兵士[スコラリオイ]がトラケシアノイとマケドネスで一〇三七。(Haldon,p.203.13)

⑥騎兵について。トラケシアノイとマケドネス、将校[アルコンテス]、兵士[スコラリオイ]が九八名、新しい兵士[スコラリオイ]が六〇八名。総計九二六名。(Haldon,p.213.156-7)

⑤でスコラリオイとあるのは、上の①および②から判断して騎兵タグマの「兵士」に相当すると見ていいだろう。そのことは、⑥で「アルコンテス」つまり将校と「スコラリオイ」と区別されていることからも間違いないと思われる。したがって、⑥での「新しいスコラリオイ」とは新兵と読むことができる。

次に⑤⑥で「マケドネス」とあるのは、直訳すれば「マケドニア人たち」となるが、上記の②から判断してテマ＝

マケドニアの領域に駐屯している騎兵タグマの将兵を指していると考えたい。さらに、同じく「トラケシアノイ」も訳としては「(テマ) トラケシオイの将兵」という可能性もないわけではないが、①の記述と上での「マケドネス」＝「(テマ) マケドニア領域の騎兵タグマ将兵」という読み方から判断して、こちらもテマ＝トラキアに駐屯する騎兵タグマの将兵を指すとみるのが妥当であろう。

さて、以上のように史料の関連箇所を読み解いた場合、騎兵タグマの兵力数について、われわれはどのような情報を手にすることができるであろうか。

トレッドゴールドは、①②について数字は兵力の一部であるとして事実上問題にしていない。「全」タグマの兵力に言及しているはずの③④についても、何故か彼は沈黙している。そして、⑤についての彼のコメントは、一〇三七名というのは、一部隊の兵力を二〇〇と仮定すれば五部隊に相当する、というものである。ここから彼は、将兵の数とその給料との合計をピタリと計算してみせる(28)。

けれども、現状においてはビザンツ帝国軍における一部隊の兵力数というのは、必ずしもトレッドゴールドのいう二〇〇名とは決められないのである。とりわけ、騎兵であり、かつ近衛連隊という特殊な軍事力においては、なおさらであると思われる。

ちなみに、一部隊の兵力数については、史料による変動が大きい。五―六世紀のスコライ隊(これは本論が問題としているタグマと直接つながらない) は五〇〇名を一部隊の理論上の兵力としつつ、七部隊あったといわれている。六―七世紀初頭の時代状況を反映しているとされるいわゆるマウリキオスの『軍事書』では、一部隊の兵力は四〇〇名となり、十世紀初頭のレオン六世の『戦略書』では、概数しか示されておらず、二〇〇から四〇〇〇名の間を変動している。同じく十世紀中葉に成立したとされる軍事書『Sylloge Tacticorum』では一部隊は五〇名となるのである(29)。

またトレッドゴールドの推計の危うさは、彼が提示する将校と兵士との比率において顕著に表れている。彼の挙げる数値では将兵比率は概ね一対二〇前後になるのであるが、上に示した『ビザンツ宮廷儀式について』からの情報では、例えば①の場合、将校：兵士＝一：二・五五、②の場合で将校：兵士＝一：三・五三、⑥の場合で、将校：兵士＝一：三・二一（新兵を兵士に含める）となっている。明らかに、騎兵タグマの編成はテマ軍団などの場合とは異なっていたと考えなければならないのである(30)。

これに対してハルドンによる推計は次のようなものである(31)。彼は、上記①〜⑥の史料情報などをもとに、ヨーロッパ側（テマ＝マケドニアとトラキア）とアジア側（「対岸」）に四つのタグマがそれぞれ駐屯していた、と見ている。この点はトレッドゴールドと同じである。しかし、③よりアジア側の「全」エクスクビテス連隊の兵力が七〇〇であるから、ヨーロッパ側と合わせた総兵力は、おおよそ一四〇〇―一五〇〇であろうとする。同様に、④よりアジア側の「全」ヒカナトイ連隊の兵力は四五六であるから、ヨーロッパ側と合わせた総兵力は、おおよそ九〇〇―一〇〇〇程度ということになる。

ハルドンによる推計は、より無理がないもののように思われる。彼の議論を引き継ぐならば、エクスクビテス連隊よりも格が上であったと考えられるスコライ連隊の兵力規模は、同等の一五〇〇名、もしも多く見積もるとしても二〇〇〇名程度であろうか。一方、ビグラ連隊の兵力規模はヒカナトイ連隊並であれば一〇〇〇名、あるいは宮廷護衛という任務（おそらくは兵力の一部が首都の宮廷の警護を担当していたのであろう）を重視するならば、エクスクビテス連隊並の一五〇〇名ということになる。以上を合計すると、四つの騎兵タグマの兵力数は五〇〇〇―六〇〇〇名となる。

十世紀の情報であることは考慮しなければならないが、『ビザンツ帝国儀式について』に記載された数値は、実際の遠征に際しての当局の把握していた実数であり、必ずしも出典が明白ではないイスラーム側の情報に比べるならば、格段に信憑性のあるデータであると言うべきであろう。

おわりに

以上、第二章では、近衛連隊の四つの騎兵タグマの兵力をめぐって議論を整理し、一定の見通しを導き出した。そこから言えることをまとめるならば、次のようになる。

第一に、少なくとも十世紀の前半においては、騎兵連隊としてのタグマは、トレッドゴールドが考えているような（四千×四＝一万六千人）大規模なものであったとは考えにくい。また、各連隊の兵力数が均等であったと考えることについても、十分に慎重である必要がある。

第二に、それでは九世紀中頃に比べて、タグマの兵力は著しく削減されたと考えるべきなのであろうか。筆者の私見を述べるならば、対外的な軍事情勢から判断するかぎり、地方のテマ軍団の兵力削減はありえても、より必要性が高い遠征向けの実戦部隊である騎兵タグマの場合、兵力が増大ないし維持されることはあっても、とても三分の一程度への大幅な削減を想定することは困難であるように思える。無理にイスラーム史料のうちのクダーマの情報に固執して、これとの整合性を図るよりも、イスラーム側の数値情報の不安定性にこそ改めて注意を向ける必要があるだろう。

第三に、『ビザンツ宮廷儀式について』に記載された情報の分析と、ハルドンの議論を受けた推計に依拠するならば、近衛連隊の四つの騎兵タグマの総兵力はおおよそ五千―六千名程度であり、井上浩一氏が呼んでいるような「中央軍」というような呼称から予想されるものよりはかなり小規模であったといえる。

確かに、これだけの騎兵力が常時首都近郊に駐屯していることは、九世紀初頭以後は大規模なテマ反乱が影を潜めており、イスラーム側からの大攻勢も見られないだけに、首都防衛という点ではかなりの程度の役割を果たし得たことは認めねばならないだろう。けれども、西方から侵攻するブルガリアの軍勢に対しては、しばしば帝国軍は敗退を繰り返して、最後の砦である首都のテオドシウスの大城壁や外交交渉に依存しなければならない場合があったことにも留意しておく必要がある。

軍事的な観点からいえば、イスラーム側に対しての東方戦線は、しばしば国境線での局地戦に限定される傾向が常態化しつつあること（十世紀後半のニケフォロス二世とヨハネス一世ツィミスケスによる大規模な外征期は別であるが）、その一方で西方のバルカン半島における対ブルガリア情勢は相変わらずテマ＝トラキアやマケドニアといった首都コンスタンティノープルに比較的近い地域での戦闘が続く傾向にあった。このような東西における情勢の相違をも十分に考慮に入れつつ、帝国がどのような軍事的な態勢で事態に対処していたのかを、具体的な政治プロセスと合わせて考察していく必要があると思われる。

【註】

（1） 例えば、拙稿「テマの発展――軍制から見たビザンティオン帝国」『古代文化』四一巻、二号、一九八九年、八―二一頁などを参照。

（2） 八九九年成立の『フィロテオス文書』での官職リストの序列を見ると、テマ長官の首位にあるアナトリコイの将軍（ストラテゴス）よりも上位に位置するのは、元老院議長（ライクトル）や最近に設けられた皇父（バシレオパトル）といった名誉職を除くならば、総主教顧問官（シュンゲッロス）ただ一人であり、その後には「東方級」（注3参照）のテマ長官たち、さらに「西方級」（注三参照）のテマ長官たちが続く。第一八位の首都総督（エパルコス）を除くならば、中央政府の主要な閣僚たちのすべては、地方のテマ長官たちよりも下位の第三〇位以降に登場する。
『フィロテオス文書』については、井上浩一『ビザンツ帝国』岩波書店、一九八二年、一二三―一三五頁を参照。史料の関連箇所は、N.Oikonomidès,(ed.) *Les listes de préséance byzantines des IXe et Xe siècles*,1972, Paris,pp.101,103。

実は、このような傾向は『フィロテオス文書』よりも約半世紀早く成立した、いわゆる「ウスペンスキーのタクティコン」（八四三年）においてもほぼ同様のかたちで現れている（*ibid.*,pp.47,49,51,53）。おそらく、八世紀に成立し九世紀初頭まで継続した「テマに支えられた政権」としての国家形態の伝統が、形式的なものとしてかもしれないが、その後長く維持されたものであろう。「テマに支えられた政権」については、拙稿「テマ反乱とビザンツ帝国――『テマ＝システム』の展開」『西洋史学』一四四号、一九八七年、二二一―四〇頁を参照。

（3）テマ＝トラキアならびにマケドニアはバルカン半島側に位置しているが、その軍事的な重要性から伝統的に「東方級」として、小アジアに位置するテマと同列に扱われる。また、「西方級」には、バルカン半島に位置する比較的新しいテマに加えて、小アジア半島南岸に位置するテマ＝キビュライオタイ、エーゲ海のサモス島や諸島といったいわゆる「海のテマ」や、さらにテマ＝シチリアや黒海北岸のテマ＝ケルソンが含まれる。

（4）ただし、エクスクビテス連隊長は「ウスペンスキーのタクティコン」では、すべてのテマ長官と首都総督の後に位置している。

（5）J.F.Haldon, *Byzantine Praetorians* ,Bonn,1984, pp.256-275,629-634.

（6）井上浩一、前掲書、一二八―九頁。

（7）G・オストロゴルスキー『ビザンツ帝国史』和田廣訳、恒文社、二〇〇一年、三三三頁。

（8）W. T. Treadgold,'Notes on the Numbers and Organization of the Ninth-Century Byzantine Army', *Greek, Roman and Byzantine Studies*, 21, 1980, pp.269-288; idem, *The Byzantine State Finances in the Eighth and Ninth Centuries*, New York, 1982; idem,

Byzantium and Its Army,284-1081,(Stanford U.P.),1996. cf.idem, *The Byzantine Revival 780-842*,(Stanford U.P.),1988; idem,'The Revival of Byzantine Learning and the Revival of the Byzantine State', *American Historical Review*, vol.84, no.5, 1979, pp.1245-1266; idem, *A History of the Byzantine State and Society*,(Stanford U.P.),1997.

(9) ヴィンケルマンらによる中期ビザンツのプロソポグラフィ研究の集大成は、R.-J.Lilie, et al.(Hrsg./Vorarbeiten F.Winkelmanns), *Prosopographie der mittelbyzantinischen Zeit*. Abteilung I (641-867), Prolegomena & 6 Bande,Berlin/New York,1998-2002。

(10) J.F.Haldon,'Kudāma Ibn Dja'far and the Garrison of Constantinople', *Byzantion*,48, 1978, pp.78-90; idem, *Byzantine Praetorians;* idem,'Strategies of Defence, Problems of Security: the Garrisons of Constantinople in the Middle Byzantine Period',in :C.Mango & G. Dagron(eds.),*Constantinople and its Hinterland*, (Papers from the Twenty-seventh Spring Symposium of Byzantine Studies), Oxford, April 1993, London, 1995,pp.143-155. その他ハルドンによる軍事社会史関連の著作としては例えば以下のものがある。J.F.Haldon,*Warfare,State and Society in the Byzantine World c.565- 1204*.(Warfare and History Series), 1999; idem, *State, Army and Society in Byzantium. Approaches to Military,Social and Administrative History, 6th-12th Centuries*, (Variorum Reprints), Great Yarmouth, Norfork, 1995; idem, 'Recruitment and Conscriptions in the Byzantine Army c.550-950: A Study on the Origins of the Stratiotika Ktemata', (*Sitzungsberichte der österreichsche Akademie der Wissenschaften*, phil.-hist. Klasse,357), Wien, 1979.

(11) E.W.Brooks, 'Arabic Lists of the Byzantine Themes',*Journal of Hellenic Studies*, 21,1901,pp.67-77,esp.70. cf.A.A.Vasiliev, *Byzance et les Arabes*, I, Brussels, 1935, pp. 336, cf.137-141,203-4. さらにジャルミーについては ,A. Miquel, *La géographie humaine du monde musulman jusqu'au milieu du XIe siècle*,I, Paris,1967, xviii。

(12) M.-J.de Goeje,(ed.), *Bibliotheca Geographorum Arabicorum*,8 vols, Leiden, 1885 - 1927, vol.6,1889,p.77. (フランス語訳より) フルダトベーについては、Miquel,*op.cit*.,I,xxi。

(13) Brooks,op.cit.,pp.72-77.cf.Miquel,*op.cit*.,xxix.

(14) de Goeje,op.cit.,pp.196-9.cf.Miquel,*op.cit*.,xxviii.

（15）de Goeje.*op.cit.*,p.76.「一二名のパトリキオス」というのは明らかな誤りである。

（16）de Goeje.*op.cit.*, p.81-82. cf. Haldon, 'Kudāma Ibn Dja'far and the Garrison of Constantinople', pp.79-82. 丸括弧（　）内は中谷の補足。

（17）de Goeje.op.cit.,pp.196-199. cf. Haldon, 'Kudāma Ibn Dja'far and the Garrison of Constantinople',pp.80-82. カギ括弧「　」内は中谷の判断で記述。

（18）Treadgold, 'Notes on the Numbers and Organization of the Ninth-Century Byzantine Army', pp.270-277.

（19）さらに、トレッドゴールドは、タグマの兵力はそれぞれの創設時点においてすでに整備されていたと考えているが、歴史的な文脈から判断するかぎり、かなり無理がある。cf. Haldon,*Byzantine Praetorians*,pp.228-256; 拙稿「タグマについて――八世紀ビザンツにおける近衛連隊の誕生」『関西学院史学』三〇号、二〇〇三年、九四―一一四頁を参照のこと。

（20）F.Winkelmann,'Probleme der Informationen des al-Ǧarmī über die byzantinischen Provinz',*Byzantinoslavica*,43,1982,pp.18-29. ハルドンもこれ以前の論文でジャルミーとは異なる情報源の可能性を想定している。Haldon,'Kudāma Ibn Dja'far and the Garrison of Constantinople',pp.78-90.

（21）W.T.Treadgold, 'Remarks on the Work of Al-Jarmī on Byzantium', *Byzantinoslavica*, 44,1983,pp.205-212.

（22）J.J.Reiske（ed.）*Constantine VII Porphyrogenitus,De ceremoniis aulae byzantinae*, 2 vols.,Bonn,1829-30.

（23）Gy. Moravcsik（ed.）, R. J. H. Jenkins（tr.）, *Constantine VII Porphyrogenitus, De administrando imperio*, vol 1: Text and Translation, Washington D.C.（new revised ed.）,1967, vol.2:Commentary, London,1962.

（24）W.T.Treadgold, 'The Army in the Works of Constantine Porphyrogenitus', *Rivista di studi bizantini e neoellenici*,N.S.29, 1992, pp.77-162.

（25）J. F. Haldon, 'Theory and Practice in Tenth-Century Military Administration, Chapter II,44 and 45 of the Book of Ceremonies', *Travaux et Memoires*, 13, 2000, pp. 201-352.

（26）『テオファネスの年代記』の七六六、七年の記述によると、かつてコンスタンティノス五世の治世（七四一―七七五年）には首都コンスタンティノープルの町中にタグマの将兵が逗留していたことが分かる。「神の栄光のために、また救済を求める人々の避難所として建てられた修道院についていうと、彼［コンスタンティノス五世］はそれらを彼と考えを同じくする兵士たちのための共同の兵舎とした。こうして彼はビザンティオン市でも一流の共住修道院を兵士たちの住みかとして転用した。すなわち以下のような修道院である……［名前列挙］」（C.de Boor(ed.),*Theophanis Chronographia*, vol.1, Leipzig, 1883, p.443.1-7.）また、八〇〇年に宦官のスタウラキオスが簒奪を準備した際、「首都に滞在するスコライオイやエクスクビトレスたち」を、将校たちともども買収しようと画策した、とある（*ibid*.,p.474.24）。もちろん、十世紀においても宮廷護衛隊（ビグラ）をはじめ一定数の兵力が首都宮殿に駐在していた可能性は高い。

（27） 例えば、Treadgold, *The Byzantine State Finances in the Eighth and Ninth Centuries*,pp.104-105（Table III）などを参照のこと。cf. Treadgold, 'The Army in the Works of Constantine Prophyrogenitus', p.107.

（28） Ibid.,pp.105-106.

（29） Haldon, 'Theory and Practice in Tenth-Century Military Administration', p. 332, n.369.

（30） トレッドゴールドは、クリスマスの後に宮中晩餐会に招かれる各タグマの将校の数が二百名程度である（八九九年の『フィロテオス文書』中に記載されている cf. Oikonomides, *op. cit*.,pp.171-175）ことに注目し、ここからタグマ全体の兵力規模である四千名を割り出すのであるが、部隊の兵力数（つまり将兵の比率）が違えば兵力規模も当然変わることになる。cf.Treadgold, 'Notes on the Numbers and Organization of the Ninth-Century Byzantine Army',pp.273-277.

（31） Haldon,'Theory and Practice in Tenth-Century Military Administration', pp. 330 -334.

第一二章　一九二〇年代イギリス海軍の極東防衛構想

山口　悟

はじめに

戦間期イギリス海軍は、極東に艦隊を常備しない代わりに大戦力を収容可能な基地をシンガポールに建設し、対日戦の際にはそこにヨーロッパから主力艦隊を派遣して日本を打倒するという極東防衛構想を有していた。しかし、このいわゆる「シンガポール戦略 Singapore Strategy」は、太平洋戦争初期におけるマレー沖海戦での敗北とシンガポールの陥落により最終的に破綻する。戦間期を通して整備に努めたにもかかわらず破綻したこの極東防衛構想に対しては、すでに第二次世界大戦中から、たとえば戦略上の「幻想 illusion」だった、などという批判が向けられてきた(1)。この批判の背景には、すでに衰退過程にあった戦間期イギリスが世界規模の過重な防衛責務に元来応えられるはずもなかった、との考えが存在している。

しかし、近年、衰退する戦間期イギリス像、また同じく衰退するそのシーパワー(2)像に対する再考が進められており(3)、それと連動して、戦間期イギリス海軍の極東防衛構想を再評価する動きもでてきている。太平洋戦争直前の時期はともかくとして、戦間期イギリス海軍には広大な英帝国を防衛する力があり、ゆえにその極東防衛構想にも妥当性があったとの見解である。

本稿では、以上のような新旧の見解を意識しつつ、戦間期イギリス海軍の極東防衛構想を概観、考察する。ただし、紙幅の関係もあり、また一応は国際関係が安定していた一九二〇年代と危機が急速に深化する一九三〇年代とでは戦略環境が大きく異なると考えられるため、本稿では対象時期を一九二〇年代に限定する。考察に際しては、戦間期イギリス海軍の対日戦計画書である「戦争覚書 War Memorandum 」(4)を中心史料とする。

一　一九二〇年代の極東防衛構想

第一次世界大戦中からすでに対日不信感を抱いていたイギリス海軍は(5)、大戦終結後、日本を主要な脅威と認識しはじめる。早くも一九一九年三月には大戦後初の対日戦分析がおこなわれ、そこでは二つの状況想定、つまりヨーロッパに日本同盟国が存在するため、または極東増援が間に合わないためにイギリスが劣勢な場合と、イギリスが優勢な場合とにおける、イギリス海軍の対応について検討がなされた(6)。イギリス劣勢の場合、イギリス海軍はオーストラリア、マレーなどへの海上連絡線を防護しつつ日本の連絡線を脅威する防御戦略をとるが、本国海域に強力な艦隊を維持する必要から対日戦への投入戦力は見積もりえない。一方、優勢の場合には、イギリス海軍は中国海域に進出し、日本海軍を封じ込める、または撃滅したあと、香港よりも日本近くに前進基地を設置し、対日封鎖、もしくは日本領土への侵攻によって日本に和平を強いる、とされた(7)。総合戦力で劣勢な日本は、基本的に、イギリス海軍戦力の大部分がヨーロッパに拘束される場合、つまり、おそらくは日本同盟国がヨーロッパにある場合にのみ、対英戦に入ると考えられた。

大戦終結後のイギリスをめぐる戦略環境は、海軍力についての英米問題に日英同盟更新問題が連関する複雑かつ不透明なものだったが(8)、そのなかにあってもイギリス海軍による極東防衛問題の検討はつづけられた。そして、戦争初期に優勢な日本がマレーやオーストラリア方面に南進を図るのに対し、イギリス海軍は初期の防御戦略をへて、増援を待って反攻に転じるという対日戦構想の基本的枠組が形成されていき(9)、一九二〇年には最初の戦争覚書が作成された。

この戦争覚書は、当時の極東における英日の戦力バランスにかんがみてイギリスが劣勢との想定下に、英日二国間戦争で予想される事態とそれへのイギリス海軍の対応を概ね以下のように述べたものだった(10)。戦争初期に優勢な日本は、自国の重要連絡線を確保しつつ、中国、シンガポール、オーストラリア方面などへ進攻すると考えられる。香港はほぼ確実に攻撃され、防衛力が不十分なら陥落し、その場合は、中国・日本海域でのイギリス海軍の制海権確保が非常に困難となる。逆に香港が保持されるなら、またアメリカの介入がありそうなら、ボルネオやオランダ領東インドなどへの日本の攻撃はないだろう。シンガポール保持は絶対に必要だが、不十分な防衛体制なら日本の攻撃が予想され、陥落の場合はオーストラリアなどへの海上連絡線防護が困難となる。中国とフィリピン方面への通商は途絶するが、それ以外は比較的安全である。また、小規模攻撃はあるかもしれないが、カナダやオーストラリアへの日本の侵攻はありそうにない。イギリス海軍は、通商路を防護し、優勢な日本海軍部隊との会敵を避けつつ柔軟な行動で日本の海上連絡線を攻撃し、状況に対応する。

一九二〇年版戦争覚書は、のちの戦争覚書と比べて分量的に少なく、内容も総論的といえる。大戦終結後まもない時期の先行き不透明な戦略環境のなかでは、確固たる防衛構想の策定が困難であったことは想像に難くない。実際、このあと戦略環境は大きく変化する。有事に際し極東派遣される大戦力を収容するためのシンガポール基地の建設が一九二一年に政府によって認可される一方(11)、ワシントン会議の結果、一九二一年成立の四カ国条約により日英同盟が解消され、また翌年のワシントン条約により海軍戦力に国際的制限が課せられることになったのである。この戦略環境の変化を受け、また極東配備部隊司令官たちの意見(12)なども参考として、より詳細な戦争覚書が一九二三年に成立し(13)、さらにすぐ翌年には新版が作成された。この一九二四年版は二〇年代最後の戦争覚書であり、二〇年代における極東防衛構想の基本的枠組となった。以下においては、この一九二四年版戦争覚書（二度の修正をふくむ）(14)、および艦隊移動問題を個別にあつかうその付随文書などから、二〇年代イギリス海軍の極東防衛構想を概観したい。

[戦略環境] 四カ国条約が紛争の外交的解決を定めているので日本による奇襲開戦の可能性は低下したが、外交交渉中に大規模な戦力移動はできそうにない。極東配備戦力は、増強が意図されているものの、現状では日本に対し劣勢である。対日戦の際には極東へ増援がなされるが、有事に対応可能な戦力をヨーロッパにも残置したうえでの増援となる。日本に対する英米の協調はあるかもしれないが、開戦前の同盟結成はありそうにない。

[日本の行動] 日本は、戦争を有利に進めるべく、イギリス主力艦隊の極東来援を遅らせて時を稼ごうとするだろう。そのため日本は、香港攻撃、あるいは香港牽制とシンガポール攻撃、スエズ運河の妨害、燃料備蓄の破壊、潜水艦と機雷による艦隊への散発的攻撃、油送船への攻撃などをおこないうる。また、有益であると判断したなら、躊躇なく中国あるいはオランダの中立を侵犯するだろう。日本の行動は、イギリス側の防衛準備、特にシンガポールの状況に影響される。主力艦隊の到着前にシンガポール（港）を攻略もしくは破壊できるのなら、日本は香港を牽制しつ

つ、または香港と同時に、シンガポールへ本格的攻撃をおこなうだろう。もしシンガポールの防衛状態が万全なら、日本は香港に努力を集中するだろう。シンガポールと香港の攻略や占領維持、または基地機能破壊を目的とした一時的占領であれ、日本の成功は、その攻撃軍の戦力や遠征の所要期間、イギリス主力艦隊の到着時期などに左右される。

［イギリス海軍の対応］対日戦では香港とシンガポールが最重要拠点である。対日戦勝利のためには香港または香港北方の基地から主力艦隊が作戦することが必要なので、香港維持は非常に重要であり、早期救援が必要である。そのために必要な主力艦隊が機能するにはシンガポール基地が不可欠であり、そこさえ維持されていれば香港喪失の場合でも戦局は挽回しうる。逆にシンガポールが失われれば、香港も失われる。それゆえシンガポールの安全が極東防衛戦略の基本でなくてはならず、その防衛は香港に優先する。そして香港とシンガポールの安全は主に主力艦隊の機動性 Mobility にかかっている。

対日戦は以下の三局面により構成される。第一局面「増援までの期間 The Period before Relief」――主力艦隊が極東海域に到着するまでの期間。艦隊のシンガポール到着には二八日から四二日かかると見積もられる(15)。この期間の最大の目的はシンガポールの安全確保である。戦争覚書では、この第一局面のみをあつかう。第二局面「強化期間 The Period of Consolidation」――主力艦隊の到着後、補給備蓄などの準備作業をへて大規模作戦に着手するまでの期間。香港への早期進出が有益。第三局面「前進期間 The Period of Advance」――日本を孤立させて圧力をかけるべく攻勢に努める。この段階以前に戦力的な対日優勢が確立されるべきだが、それはヨーロッパ情勢次第である。

対日戦の究極的目的は海上連絡線の確保であり、それは日本艦隊撃滅によって最良に達成されうる。日本艦隊が決戦を避けて、自らの管制海域に引きこもった場合は、日本の重要連絡線への攻撃が非常に困難となるために戦争は長期化するだろうが、それでも日本に艦隊決戦を強いるべく行動せねばならない。つまり、こちらの海上連絡線を防護しつつ、世界的規模で日本の海上連絡線を切断して経済的圧力をかけ、また陸上戦力による日本領土占領を可能ならしめることにより、日本海軍を艦隊決戦に引きずりだすのである。

極東ではドックと修理施設が不十分なので、対日戦の際にはマルタとダーバン Durban のドックだけではなく、インド洋諸港や香港などの港湾設備の利用も必要となろう。

［極東への艦隊派遣］一九二五年時点での想定派遣戦力は、二個戦艦戦隊、一個巡洋戦艦戦隊、二個巡洋艦戦隊、六個水雷戦隊、二個潜水艦戦隊、航空母艦二隻を基幹とするものとされ、ヨーロッパ情勢安定の場合は、これに最大で一個戦艦戦隊、六個水雷戦隊、一個強の潜水艦戦隊、航空母艦三隻などが追加されることになっていた。派遣艦隊には、さらに既存の極東配備部隊である二個巡洋艦戦隊と一個潜水艦戦隊などが合流する。一九二八年の段階になると、既存の極東配備部隊も合わせて、二個戦艦戦隊とネルソン級戦艦二隻、一個巡洋戦艦戦隊、五個巡洋艦戦隊、一三個水雷戦隊、三個強の潜水艦戦隊、航空母艦三隻を基幹とする戦力の極東展開が想定され、ヨーロッパ情勢安定の場合は、最大で一個戦艦戦隊、一個水雷戦隊、一個強の潜水艦戦隊、航空母艦一隻などが追加されることになっていた(16)。つまり、一九二八年の時点では、最大で三個戦艦戦隊と戦艦二隻、一個巡洋戦艦戦隊、五個巡洋艦戦隊、一四個水雷戦隊、四個強の潜水艦戦隊、航空母艦四隻を基幹とする大戦力の極東展開が想定されていたことになる。また、この戦力には、自治領オーストラリア、ニュージーランドの部隊も合流する。戦争覚書では戦隊規模で示されているので派遣部隊の隻数はよくわからないが、一九二七年作成の戦争覚書関係文書は、派遣艦隊の戦力を戦艦一〇―一二隻、巡洋戦艦四隻、大型航空母艦二隻、巡洋艦二五隻、七個水雷戦隊としている(17)。いずれにしても巨大な戦力ではあるが、長距離派遣や補給困難ゆえの戦力低下が想定されてもいた。

派遣部隊は、プリマス、マルタ、ポートサイドから発進し、部隊により航路は異なるが、スエズ運河、秘密停泊地M（紅海のカマラーン湾 Kamaran Bay）、T（インド洋のアドゥ島 Addu Atoll）、W（ナンコウリー湾 Nancowry Harbour）、コロンボなどを経由しながら、マラッカ海峡を通ってシンガポールへと二八日から四二日で到着する(18)。

この移動には、マラッカ海峡の通過タイミングをふくめたタイム・スケジュールが組まれ、艦隊用燃料の輸送(19)などを伴う綿密な計画がたてられていた。出発地や航路により異なるとはいえ、極東派遣部隊はプリマスからおよそ一万五、六〇〇〇キロ、マルタから一万二、三〇〇〇キロもの長大な距離を越えてシンガポールへと集結する(20)。それまでイギリス海軍が経験したことのない巨大な艦隊派遣であるが、日露戦争中にロシアのバルチック艦隊がバルト海から日本海まで移動をなしえたことを考えれば、より有能なイギリス海軍にできないはずはないと感じられていた(21)。

二　極東防衛構想の核――艦隊決戦での対日優勢の確保

一九二四年版戦争覚書は、先述の対日戦争の三局面のうち、第一局面「増援までの期間」しかあつかっていない。つまり一九二〇年代における極東防衛構想の基本内容は、極東への主力艦隊の移動であり、また、日本が優勢である「増援までの期間」をいかに乗りきるか、ということであった。しかし、この防衛構想の背景には、主力艦隊の極東来援さえあれば、長期化することはあっても、主力艦隊による対日反攻によって戦争勝利は確実だという観念があった。

一九三一年版戦争覚書(22)も参考にして考えてみると、一二〇年代イギリス海軍の対日戦イメージは概ね以下のようなものになろう。速やかに主力艦隊をシンガポールへと派遣する一方、極東配備部隊によってシンガポールを絶対に確保し、可能なかぎり香港も保持する(23)。また、護送船団方式などによって自国通商路を防護しつつ(24)、世界的規模で日本の通商路を圧迫・切断して対日経済圧力をかける。主力艦隊の極東来援後は香港へ本格的に進出、あるいはすでに香港失陥の場合はそこを奪還する。次いで香港、または香港以北の前進基地から北方へと作戦して対日圧力を強め、日本を屈服へと導く。主力艦隊による反攻開始後いずれかの時点で日本主力艦隊との決戦が生じ、それにイギリス海軍が勝利して日本敗北が決定づけられる。劣勢の日本海軍が防御戦略をとって自らの管制海域に引きこもり、艦隊決戦を拒否する場合でも、あくまで対日圧力を強化することによって日本海軍を艦隊決戦に引きずりだす(25)。

このようにイメージされる対日戦に勝利するための最重要要素は、艦隊決戦での勝利を保証する戦力の優勢であり、イギリス海軍は、それを質量両面において確保できると考えていた。ワシントン条約により英日の主力艦（戦艦・巡洋戦艦）戦力が五対三比率で固定されたので、イギリス海軍は本国に必要な戦力を残置しつつ、日本に対して優勢な戦力を極東へ派遣する戦力的余裕を確保した(26)。先述のように、イギリス海軍が一九二八年段階で、主力艦一四―一六隻を中核とする戦力の極東展開を考えていた一方、日本海軍は、翌一九二九年の時点で、主力艦一〇隻、航空母艦三隻、巡洋艦二五隻、駆逐艦七六隻、潜水艦五九隻を第一線戦力として有していた(27)。主力艦以外の戦力では互角に近い印象を受けるが、当時は主力艦による艦隊決戦により海洋戦争の勝敗が決するとされていたので、イギリス海軍の対日優勢は非常に大きいと評価できた。だからこそイギリス海軍は、対日反攻開始後、日本海軍が艦隊決戦を拒否してその管制海域に引きこもる可能性を懸念していたのである。

イギリス海軍は質的な対日優勢も確信していた。海軍国としての長い歴史と伝統から、イギリス海軍は質的に世界最高と自任し、米独海軍を格下と位置づけ、日本海軍をさらにその少し下、だいたいイタリア海軍と同等以上くらいに考えていた(28)。この感覚の背景には、日本への人種的偏見もあることは否定できないが、その対日戦構想への影響を評価することは難しい。日本海軍の過小評価は事実だとしても、可能なかぎりの量的な対日優勢確保にイギリス海軍が努力しつづけたこともまた事実である。

一方、第一次世界大戦後の日本海軍は、対英戦ではなく、対米戦準備に努力を集中していた。国力の上で、またワシントン条約の制限により主力艦戦力での対米劣勢を強いられる日本海軍は、対米戦の際には、いわゆる邀撃漸減作戦によってアメリカ海軍に対抗するつもりであった。邀撃漸減作戦とは、開戦後すぐにアジア配備のアメリカ海軍戦力を一掃してフィリピン、グァムを攻略後、西進してくるアメリカ主力艦隊をその航路上にて潜水艦、航空機で攻撃し、さらに水雷戦隊の夜襲により消耗させて戦力的対等を得たうえで、小笠原海域（一九三六年頃からはマリアナ諸島以西）で艦隊決戦を挑んで勝利するという対米戦構想である(29)。英日戦争を考えた場合、この戦略構想が単純に日本海軍の対英戦略に適用されるはずもないが、優勢な敵に対しても日本海軍が艦隊決戦による短期決戦を志向していたことは意味深いといえる。なぜなら、そのような日本海軍の志向は、英日戦争の場合にもイギリス海軍の望む艦隊決戦の発生を期待させうると考えられるからである(30)。

さて、二〇年代の極東防衛構想では艦隊決戦が重要視されていたわけだが、戦間期の不十分な海軍航空戦力整備に関連して、イギリス海軍の艦隊決戦重視志向、いわゆる大艦巨砲主義への批判もいままで多くなされてきた(31)。しかし、二〇年代において航空機は技術的発展途上にあって戦術的価値がまだ不明確だったこと、二〇年代の日本海軍でも航空戦力整備がさほど進んではいなかったこと(32)、イギリス海軍も航空機の戦術的価値を無視していたわけではなく、その利用も含めた艦隊戦術を発展させていたこと(33)、いずれの海軍でも当時は大艦巨砲主義の傾向が強かったことから、イギリス海軍の大艦巨砲主義をもって、その極東防衛構想の基本的欠陥の一つであったと批判するのは妥当ではないだろう(34)。

戦争覚書に表された二〇年代イギリス海軍の極東防衛構想の核は優勢な戦力の極東派遣であり、その先には特に艦隊決戦を通しての対日戦勝利が予想されていた。必ずしもイギリス海軍の望むかたちでは起こりえないだろうが、日本海軍の戦略思想からも艦隊決戦発生の可能性が少なからず期待でき、そこでのイギリス海軍の対日優勢も十分に予想できた。また、イギリス海軍は、艦隊決戦のみに専心していたわけではなく、日本海軍が防御戦略をとって艦隊決戦に応じない場合の長期戦をも予期し(35)、経済面をふくむ対日圧力強化が艦隊決戦を生じさせるためにも必要だと認識していた。実際、イギリス海軍は、三〇年代に入ると香港以北への漸進戦略によって、より着実に対日経済圧力を強化していくことが必要だと考えるようになる(36)。しかし、そのなかにあっても艦隊決戦は戦争を決定づけるものとして期待されつづけた(37)。二〇年代の極東防衛構想は、三〇年代のそれに発展的につづくものなのである。

おわりに――一九二〇年代におけるイギリスのシーパワーとシンガポール戦略

従来の見解では、戦間期においてイギリスのシーパワーは、予算削減と政府の楽観的な戦略環境見通し、また軍縮条約などによる海軍戦力の抑制のために衰退していったと考えられてきた(38)。具体的には、今後一〇年間は大戦争に参加しないとの前提で防衛予算を設定する「一〇年ルール Ten-Year Rule」(39)が一九一九年に軍事財政上の原則として成立し、以後、海軍予算を強く抑制して海軍戦力を弱体化させた。また、英米海軍競争勃発を恐れて実質的にアメリカとの海軍力対等を認める一国標準 One-Power Standard を海軍力整備の基準として採用し、実際にワシントン条約で英米対等が実現した結果、世界最大の海軍力に保障されるべき海洋覇権 Maritime Supremacy を失い、国防上の必要からではなく国際条約によって海軍力が制約されることになった。このワシントン条約と一九三〇年のロンドン条約による海軍戦力の抑制は、艦艇建造能力をも衰弱させ、一九三〇年代後半にはじまる再軍備に悪影響を与えた。

しかし、近年の研究では、従来いわれてきたほどの影響を成立当初から一〇年ルールがおよぼしていたわけではなかったこと(40)、イギリスは一国標準をもって海洋安全保障を確保できていたこと、総合的に判断してワシントン条約も有益なものであって、一九二〇年代を通してイギリスの海洋での優勢、ひいては海洋覇権は維持されていたこと、などが指摘されている(41)。二〇年代においてイギリス海軍が予算面での、また軍縮条約による制限を不満に感じていたのは事実だが、少なくともロンドン条約成立までは、その海軍力は帝国防衛の責務に応えるに十分だったと考えられるのである(42)。そして、このような見解は、戦間期イギリス海軍の極東防衛構想についても新たな見解をもたらすことになった。なぜなら、戦間期においてかなりの間、少なくとも二〇年代においてイギリスが帝国防衛に十分なシーパワーを維持していたのであれば、極東防衛の実行可能性をも維持していたとの考えにつながるからである。

戦間期イギリスの極東防衛政策に関する従来の研究では、イギリス海軍の極東防衛構想は概して批判的に評価されてきた(43)。つまり、イギリス海軍には基本的に広大な英帝国全体を防衛する力はなく、有事の際に十分な戦力をヨーロッパに残置しつつ主力艦隊を極東へ派遣するという構想自体に当初から無理があるのであって、三〇年代の戦略環境の悪化によってその実行可能性はいっそう低くなっていった。それにもかかわらずイギリス海軍はその防衛構想、いわゆるシンガポール戦略に固執し、最終的には一九四一年のマレー沖海戦の敗北と翌年のシンガポール陥落という悲劇をまねくことになった、との見解である。実際、一九四三年という早い時期に、イギリス海軍のリッチモンド大将は以下のように述べている。「シンガポールの運命を決定づけたのは、一半球を防衛できる海軍 One-Hemisphere Navy によって二つの半球に広がる帝国 Two-Hemisphere Empire を防衛しうるとの幻想だった」(44)。

しかし、近年、ベルは、シンガポール戦略批判に対し以下のような反論をしている(45)。従来の研究では、極東派遣艦隊到着後の対日戦計画の検討が綿密にはなされておらず、長期消耗戦構想をふくむその計画の全体像を把握していない。また、「シンガポール戦略」という固定された一形式の対日戦構想があったかのように捉えられているが、実際には多様な対日戦計画が存在していた。いままで、いわゆる「シンガポール戦略」なるものは当初より本質的欠陥を抱えたものだったと批判されてきたが、その最もありふれた論拠は、ヨーロッパに十分な戦力を残置しつつ極東へ大部隊を派遣することは元来不可能だった、との説である。しかし、実際には、極東への艦隊派遣がまったく不可能だったわけではない。二〇年代においてイギリスは極東へ大規模艦隊を派遣しうる戦力的余裕を有しており、三〇年代なかばから日独伊の脅威が顕在化するにつれてその余裕は減少していくものの、最終的に極東への大規模艦隊派遣が不可能となるのは一九四〇年のフランス崩壊によってである。イギリスは三〇年代の戦略環境の悪化のなかでも、ヨーロッパと極東の両方で防御戦略をとりうる海軍戦力を有していたし、フランスのような同盟国があるなら一正面で攻勢さえとりえたかもしれない。極東に十分な戦力を配備できない以上、イギリス海軍には、たしかに危険性をはらむものだが、有事において可能なかぎり早期に可能なかぎり大きな戦力を極東へ派遣するという方策しかとりえなかった。しかし、その対日戦計画は、航空機の戦術的有効性を無視した時代遅れの大艦巨砲主義や、戦略環境に対する自己欺瞞に基づいた不適当なものではなく、イギリス海軍はできうるかぎり最良の防衛体制を構築しようと努力していた。極東防衛体制の破綻は、イギリス海軍の戦略が根本的に誤っていたためではなく、一九四一年にイギリスが直面した脅威の大きさゆえにである。

本稿の対象は二〇年代に限られるため、戦間期を通してのイギリス海軍の極東防衛構想について評価はしないが、少なくとも二〇年代のそれには、ベルもいうように妥当性があったと思われる。二〇年代の極東防衛構想では艦隊決戦が重要視されていたが、先述のように、当時、それは不適当な想定ではなかった。また、二〇年代の極東防衛構想は、艦隊決戦のみに過度に依拠していたわけでもなく、長期戦の可能性と対日経済圧力の必要性も認識していた。たしかに対日戦の経済面についての本格的検討は三〇年代に入ってからであり、それについての理解はまだ不十分だっただろうが、二〇年代の極東防衛構想に本質的欠陥があったとは考えられない。総合的に判断して、二〇年代イギリス海軍の極東防衛構想は、妥当なものだったと判断できよう。

戦間期イギリス海軍の極東防衛構想への批判は、太平洋戦争初期における極東防衛体制の急速な崩壊という悲劇を基点とした、そこから過去をみての評価だといえる(46)。しかし、極東防衛体制の崩壊には、日中戦争から太平洋戦争開戦までの時期における仏領インドシナなど南方への日本の軍事的進出が大きく影響しており、それは二〇年代には予測できない事態だった。ベルの主張にも重なるが、二〇年代のイギリス海軍は、当時の戦略環境に適合した、また、その時点で将来ありうると予測される危機に対応可能な極東防衛体制の整備に努力していた。それを考えるなら、二〇年代における、また戦間期全体を通してのイギリス海軍の極東防衛構想に否定的評価を与え、それに太平洋戦争で被った大損害の責を負わせることは、酷に過ぎるのではないだろうか。

【註】

（1）Herbert R. Richmond, *Statesman and Sea Power* (London: Clarendon Press, 1946; repr., Westport, CT: Greenwood Press, 1974), p.328.

（2）シーパワー Seapower とは、エドワード・M・アール編著『新戦略の創始者――マキャベリーからヒットラーまで』下（山田積昭、石塚栄、伊藤博邦訳）（原書房、一九七九年）、一三二頁の訳者注における石塚栄氏による定義を引用すると、「平・戦時を通じて国の安全確保に資する、海軍力、商船力、造船能力、国内外の港湾の数とその諸能力、海洋関係技術力等々を含む総合的な一国の力」を意味する。

（3）cf. *The International History Review*, vol.13, no.4 (Nov. 1991).

（4）戦間期において戦争覚書は、一九二〇、二三、二四、三一、三三、三七年に作成された。

（5）ex. 'Report of Admiral of the Fleet Viscount Jellicoe of Scapa on Naval Mission to the Commonwealth of Australia (May–August 1919)', vol.4, chap.1, ADM116/1834.

（6） 'Future Naval Programme', 24 March 1919, ADM167/58; James Neidpath, *The Singapore Naval Base and the Defence of Britain's Eastern Empire, 1919-1941* (Oxford: Clarendon Press, 1981), pp.28-29. 参照、拙稿「ワシントン海軍軍縮条約と英帝国極東防衛問題――イギリス海軍の対日認識を視角として」（『大阪学院大学通信』第三一巻第四号、二〇〇〇年七月）。

（7） のち早くから日本本土への侵攻は実行困難だとして除外される。Andrew Field, *Royal Navy Strategy in the Far East 1919-1939: Preparing for War against Japan* (London: Frank Cass, 2005), pp.49-50; 'War Memorandum (Eastern)', para.156, July 1931, ADM116/3118.

（8） 参照、拙稿「ワシントン海軍軍縮条約と英帝国極東防衛問題」。

（9） ex. 'British Imperial Naval Bases in the Pacific', 26 April 1919, ADM1/8570/287; 'Naval Situation in the Far East', 31 Oct. 1919, CID Paper No.119-C, CAB5/3.

（10） 'War Memorandum', 20 Jan. 1920, ADM116/3124. イギリス優勢の場合や、開戦後に極東派遣されるだろう大規模増援についてはあつかわれていない。

（11） Cabinet Minutes 50(21)3, 16 June 1921, CAB23/26. 二〇年代におけるイギリスの極東防衛体制整備については、拙稿「イギリスの戦間期極東防衛政策の始動とイギリス海軍――極東防衛問題に対する海軍と政府の価値認識の差異」（大阪学院大学『国際学論集』第一三巻第一号、二〇〇二年六月）を参照。

（12） 'Report of Conference Held on Board H.M.S. "Hawkins" at Penang, between the Commanders-in-Chief of the China, East Indies and Australian Stations, from 7th March, 1921, onwards', 13 March 1921, ADM116/3100.

（13） 'War Memorandum', Jan. 1923, ADM116/3124.

（14） 'War Memorandum (Eastern)', 29 Aug. 1924, ADM116/3125. この戦争覚書の第一次修正（一九二五年）は、'List of Corrigenda to War Memorandum (Eastern)', 1 Sep. 1925, ADM116/3125 において、第二次修正（一九二七年）は、'Corrigenda No.2 to War Memo. (Eastern)', 10 Aug. 1927, ADM116/3125 において示されている。

（15） 当初は六週間とされていたが、戦争覚書第一次修正で四週間とされた。第二次修正では、二八日–四二日となり、香港到着までは同じく三七日–五四日とされた。

(16) Appendix B 'War Disposition of the Fleet', 'War Memorandum (Eastern)', 29 Aug. 1924; 'List of Corrigenda to War Memorandum (Eastern)', 1 Sep. 1925 and Appendix B 'Distribution of the Fleet and War Dispositions–1928', 'Corrigenda No.2 to War Memo.(Eastern)', 10 Aug. 1927, ADM116/3125.

(17) 'Amendment No.1.(M.00427) to Memorandum M.00390/25–Passage of the Fleet to the Far East', May 1927, ADM116/3123. 後発の巡洋艦一隻をふくむ。当文書から考えると、巡洋艦は五隻、駆逐艦は九隻、潜水艦は六–七隻で一戦隊を組んでいたかと思われる。

(18) 'Passage of the Fleet to the Far East', 31 July 1925, ADM116/3123. 秘密停泊地の位置は'Secret Envelope M.00370 C: 'Enclosure to M. 00370/24 of 29th August, 1924', ADM116/ 3125において示されている。

(19) 'Passage of the Fleet to the Far East', 31 July 1925, ADM116/3123. たとえば、三カ所の秘密停泊地には、油送船一八隻で燃料計一三万三三〇〇トンが輸送されることになっていた。

(20) Appendix No.2. 'Routes for Squadrons and Flotillas', ibid.

(21) Christopher M. Bell, *The Royal Navy, Seapower and Strategy between the Wars* (London: Macmillan, 2000), pp.67–68.

(22) 'War Memorandum (Eastern)', July 1931, ADM116/3118.

(23) 対日反攻において香港は重要な前進基地と考えられたが、日本に近いがゆえに、またワシントン条約の防備制限などのために、主力艦隊来援まで保持可能か疑問だった。戦間期においてイギリス海軍は香港の積極的な防衛と利用を希望しつづけるが、三〇年代の戦略環境の悪化により、その前進防衛策は後退せざるをえなかった。Christopher M. Bell, '"Our Most Exposed Outpost": Hong Kong and British Far Eastern Strategy, 1921–1941', *Journal of Military History*, vol.60, no.1 (Jan. 1996); idem, *The Royal Navy, Seapower and Strategy*, pp.68–70, 74–83; Ian Cowman, *Dominion or Decline: Anglo-American Naval Relations on the Pacific, 1937–1941* (Oxford: Berg, 1996), pp.13–24.

(24) cf. 'Convoy of British Trade in the Event of War with Japan', 1 Oct. 1920, ADM116/3101.

（25）一九二五年に東インド戦隊司令リッチモンド中将は、戦争覚書は対日戦計画ではなく艦隊移動計画でしかない、対日経済封鎖の実行可能性と効果は疑問などとして対日戦計画に批判的意見を呈した。remark on M.00370/24 August 1924, 13 April 1925, ADM116/3125. その意見のなかにはヨーロッパと極東の両方に十分な戦力を配することは不可能との指摘もあり、それゆえ彼は、すでに二〇年代からシンガポール戦略批判をおこなったとして評価されてきた。しかし、近年の研究では、彼の批判はイギリス海軍の極東防衛構想と本質的に対立するものではなかったとされている。Christopher M. Bell, '"How are we going to make war": Admiral Sir Herbert Richmond and British Far Eastern War Plans', *Journal of Strategic Studies*, vol.20, no.3 (Sep. 1997); idem, *The Royal Navy, Seapower and Strategy*, pp.71-76; Field, *Royal Navy Strategy in the Far East*, chap.3.

（26）参照、拙稿「ワシントン海軍軍縮条約と英帝国極東防衛問題」。

（27）この日本海軍戦力については、山田朗『軍備拡張の近代史——日本軍の膨張と崩壊』（吉川弘文館、一九九七年）、表一五、一二一頁による。

（28）イギリス海軍の日本海軍観とその影響については以下を参照。Bell, *The Royal Navy, Seapower and Strategy*, pp.63-65; idem, 'The Royal Navy, War Planning, and Intelligence Assessments of Japan, 1921-1941', in Peter Jackson and Jennifer Siegel, eds., *Intelligence and Statecraft: The Use and Limits of Intelligence in International Society* (Westport, CT: Praeger, 2005). 一九三九年にイギリス海軍は、日本海軍の能力を自らの八割と評価している。しかしこれは、イギリス海軍の管制海域で日本海軍を迎撃する場合は対日八割の戦力でも対処しうるという意味であって、それなりに理にかなったものとの指摘もある。*ibid*., pp.153-154.

（29）邀撃漸減作戦については、平間洋一「日本海軍の対米作戦計画——邀撃漸減作戦が太平洋戦争に及ぼした影響」（『第二次世界大戦——発生と拡大（『軍事史学』一〇〇号記念特集号）』、一九九〇年）、を参照。

（30）ただし、日本海軍のいわゆる「条約派」は、一九二八年の報告書「軍備制限対策研究」において、対英軍備の必要性を指摘し、台湾海峡以北のアジア大陸との連絡線確保を重視した長期総力戦の志向を表していた。これは英日長期戦をもたらしかねない構想ではあるが、条約派も敵主力艦隊撃滅を重視していた。また、条約派はのちに衰退したので、日本海軍の短期決戦志向は維持された。黒野耐『日本を滅ぼした国防方針』（文藝春秋、二〇〇二年）、一四三―一四六頁。

（31）ex. Ian Hamill, *The Strategic Illusion: The Singapore Strategy and the Defence of Australia and New Zealand, 1919–1942* (Singapore: Singapore U.P., 1981), p.310; Malcolm H. Murfett, 'Living in the Past: A Critical Re-Examination of the Singapore Naval Strategy, 1918–1941', *War & Society*, vol.11, no.1 (May 1993), pp.77–78.

（32）平間「日本海軍の対米作戦計画」、三五二頁。

（33）Field, *Royal Navy Strategy in the Far East*, chap.5.

（34）cf. Bell, *The Royal Navy, Seapower and Strategy*, pp.94–95.

（35）長期戦の場合でも、国力にまさるイギリスは日本以上の海軍戦力増強が可能なので、イギリス海軍の対日優勢は時間の推移とともに拡大していくだろう。Bell, 'The Royal Navy, War Planning, and Intelligence Assessments of Japan', pp.141, 253(note 5).

（36）'War Memorandum (Eastern)', July 1931, ADM116/3118.

（37）Bell, *The Royal Navy, Seapower and Strategy*, pp.74–86.　ただし、三〇年代後半以降、イギリス海軍は、経済圧力に対する日本の脆弱性を過大評価するようになる。

（38）この従来の見解にたつ代表的研究としては以下のものがあげられる。Paul M. Kennedy, *The Rise and Fall of British Naval Mastery* (New York: Charles Scribner's Sons, 1976); Stephen Roskill, *Naval Policy between the Wars*, vol.1: *The Period of Anglo-American Antagonism, 1919–1929* and vol.2: *The Period of Reluctant Rearmament, 1930–1939* (London: Collins, 1968 and 1976).

（39）一〇年ルールについては以下を参照。N. H. Gibbs, *Grand Strategy*: vol.1, *Rearmament Policy* (London: HMSO, 1976), part 1.

（40）John Robert Ferris, *The Evolution of British Strategic Policy, 1919–1926* (London: Macmillan, 1989), chaps.2,10.

（41）一国標準とワシントン条約について、このような見解にたつ研究は以下のものがあげられる。Bell, *The Royal Navy, Seapower and Strategy*, chap.1; John Robert Ferris, '"It is our Business in the Navy to command the Seas": The Last Decade of British Maritime Supremacy 1919–1929', in Greg Kennedy and Keith Neilson, eds., *Far-Flung Lines: Essays on Imperial Defence in*

Honour of Donald Mackenzie Schurman（London: Frank Cass, 1996）; idem, 'The Symbol and the Substance of Seapower: Great Britain, the United States and the One-Power Standard, 1919–1921', in B. J. C. Mckercher, ed., *Anglo-American Relations in the 1920s: The Struggle for Supremacy*（London: Macmillan, 1991）; Phillips Payson O'Brien, *British and American Naval Power: Politics and Policy, 1900–1936*（Westport, CT: Praeger, 1998）．ただし、近年でも、戦間期イギリス海軍への諸制限がイギリスの海軍力とシーパワーに相当な悪影響をおよぼしたとの主張もある。Joseph Moretz, *The Royal Navy and the Capital Ship in the Interwar Period: An Operational Perspective*（London: Frank Cass, 2002）, chap.3.

（42）ロンドン条約受け入れに際しても、海軍は戦力整備要求の基幹部分を確保しえたとする見解もある。Orest Babij, 'The Royal Navy and the Defence of the British Empire 1928–1934', in Kennedy and Neilson, eds., *Far-Flung Lines*.

（43）シンガポール戦略について従来の説をとる研究としては、たとえば以下のものがあげられる。Paul Haggie, *Britannia at Bay: The Defence of the British Empire against Japan 1931–1941*（Oxford: Clarendon Press, 1981）; Hamill, *The Strategic Illusion*; Arthur J. Marder, *Old Friends New Enemies: The Royal Navy and the Imperial Japanese Navy, Strategic Illusions 1936–1941*（Oxford: Clarendon Press, 1981）; W. David McIntyre, *The Rise and Fall of the Singapore Naval Base, 1919–1942*（London: Macmillan, 1979）; Murfett, 'Living in the Past'.

（44）Richmond, *Statesman and Sea Power*, p.328.　註25のリッチモンドである。

（45）Bell, *The Royal Navy, Seapower and Strategy*, pp.59–60, 93–98; idem, '"The Singapore Strategy" and the Deterrence of Japan: Winston Churchill, the Admiralty and the Dispatch of Force Z', *English Historical Review*, vol.116, no.467（June 2001）, pp.605–10.　cf. idem, 'The Royal Navy, War Planning, and Intelligence Assessments of Japan'.

（46）cf. Babij, 'The Royal Navy and the Defence of the British Empire', pp.171–172.

第一三章　戦間期ドイツの「国防軍参謀本部」構想に関する一考察

八木希容子

はじめに

アドルフ・ヒトラーは、独裁者としての地位を固めるために、陸軍への関与の度を強めていった。その過程で、ナチス・ドイツ史の軍事的考察に欠かせない国防軍総司令部（ＯＫＷ）が新たに創設された。

当時ドイツでは、陸海空軍を指導する組織として、それぞれ陸軍総司令部（ＯＫＨ）、海軍総司令部（ＯＫＭ）、空軍総司令部（ＯＫＬ）が存在し、とりわけプロイセン陸軍からの伝統をもつ陸軍参謀本部を有する陸軍総司令部が、重要な軍事機関として機能していた。大陸国家ドイツにとっての陸軍の重要性は殊の外高く、それゆえ陸軍指導部は軍事的、政治的に一大勢力を形成していたが、ヒトラーは、一九四一年一二月に陸軍総司令官に就任することにより、このドイツ国内の一大勢力を支配下に置くことに成功した。ハンス＝アドルフ・ヤコブセンは、ヒトラーの陸軍総司令官就任を、すでにダンケルク以前に始まっていたＯＫＨの弱体化の結末であるとしている。そしてこれ以降ヒトラーは「作戦指導の原則を考慮することなく、軍事的な取り扱いの法則を決定した」が、「指導機関である陸軍参謀本部の没落は、全軍の破滅を招いた」と述べている（Jacobsen, S. 39）。さらに、そのＯＫＨ弱体化の要因のひとつとして浮かび上がってくるのは、ＯＫＷとＯＫＨとの対立である（八木、一〇六―一一八頁参照）。すなわち、これら二つの軍事機関の対立は、第二次世界大戦中のドイツにとってまさに致命的なものであったといえよう。そこで本論文では、両者の対立関係に関して、その性質と経過の考察を試みたい。すなわち、両者の対立はそもそもどのような見解に基づいたものであったのか。それは、いつ頃どのようにして現れてきたのか。ヒトラーは政権獲得後、このような対立にどのように対処し、どのような解決法を見出したのか。新設のＯＫＷの存在は、既存の軍事機関であるＯＫＨにどのように受け取られていたのか。そしてＯＫＷは、実際どのように機能したのか。以上の観点から、ＯＫＷ―ＯＫＨ間の対立へと発展した国防軍内部、厳密にいえば陸軍内部の指導上の意見対立を検証し、ヒトラーの陸軍掌握の一因を明らかにする。

一　一九三八年までの国防軍指導部の概観

ヴァイマール時代、国軍（Reichswehr）全軍――ヴェルサイユ条約により空軍は禁止されていたため、表向きには陸軍と海軍――に対する最高統帥権を有していたのは大統領であり、それゆえ大統領は憲法上の最高司令官であった。したがって国防大臣が大統領の下で命令権を行使した。しかし国防大臣はかならずしも軍人出身である必要はなく、また実際歴代の大臣を見ても幾人かは文民出身者であり、しかもその任務範囲は大臣としてのもの、つまり政治的、財政的利害に関する事柄に限られていた。そのため、軍の実質的な軍事的最高指揮権を有していたのは、国防大臣から軍の統帥を委託されていた陸海軍統帥部長官（一九三五年以降陸軍総司令官と海軍司令長官）であった（寺阪、八八頁）。一九二三年六月の規定によれば、陸軍統帥部長官は国防大臣に直属し、指揮権の行使において国防大臣の代理を務め、軍団司令官及び師団長は長官に従属することになっていた（Hoßbach, S. 56）。しかし現実には、軍の統帥権の確定は曖昧で（寺阪、六一頁、六六頁、註八）、権限の境界の不確定が概して大臣と長官との間で権限の争いをもたらす元となった。ナチス・ドイツ期の国防軍指導部に関する論文を数多く著した寺阪精二氏は、この陸軍統帥部長官と国防大臣との間の統帥権所在関係の不確定が、後のＯＫＷ―ＯＫＨ対立の源になったと述べている（寺阪、六一頁）。

一九二六年、当時の国防大臣ゲスラーは、「政治的将軍」と呼ばれたシュライヒャーの下に、国防省内に政治的な事柄を取り扱うための「国防軍課」を設立した。国防軍課は、一九二九年に「大臣官房」、さらに一九三四年には「国防局」へと名称を改められたが、この機関は、名称上の変化だけでなく組織としても発展していった。一九三二年当時には大臣官房は、長官の参謀部と国防大臣の副官部の他に四つの部課を有し、その後一九三三年には八つの部課に増え、以降国防局となって拡大化の一途をたどることになる（Hoßbach, S. 80）。

国防省内の一部局、しかもこれまでの伝統的な軍組織とは系統を異にする新たな組織が、短期間のうちに急成長を遂げ、独立した機能をもつに至った背景には、シュライヒャーの影響力の増加――とりわけ大統領ヒンデンブルクに対する政治面においての――と、それに相反する陸軍統帥部長官の地位の低下があったと考えられる。国防軍課の設立は、ゼークトが陸軍統帥部長官在任中のことであったが、その発展はゼークトがその任に留まり続けていたとしたら、あり得なかったであろうと思われる。一九二六年の彼の辞任後、跡を継いだ二人の陸軍統帥部長官が前任者ほどの権力あるいは陸軍統帥部の独立性について強い主張をもっていなかったことが、それを可能としたといえる。

ゼークトは、第一次世界大戦後の弱体化したドイツ軍を指導し、ヴェルサイユ体制の下で連合国の監視の目をくぐり抜けて強大な軍の再建に努め、国軍を「非政治化」してドイツ国内の一大勢力に押し上げることに成功した。そして同時に自らの地位も、国防大臣に対してだけでなく大統領に対しても大きな影響力をもつにまで高めた。しかし彼の後継者であるハイエとハンマーシュタイン両将軍の時代における陸軍統帥部長官の地位は、ゼークトの時のそれと比較すると、かなり低下したものといえた（Hoßbach, S. 58-59）。陸軍統帥部長官の地位の低下と比例して、国防大臣の権限は増大した。そしてまさにこれら二人の将軍が陸軍統帥部長官に就任していた頃に、シュライヒャーは自らの権力を強化させるとともに、国防軍課／大臣官房をも発展させた。彼が一九三三年一月に首相兼国防大臣の地位から失脚した後も、彼の後任として国防大臣となったブロンベルクの庇護の下、国防局長となったライヘナウや後任のカイテルへとその発展の努力が引き継がれ、国防局は軍事機関としての影響力を増していったのである。

一九三三年一月、ヒトラー政権下で、現役の軍人であったブロンベルクが国防大臣に、一〇月にはベックが陸軍隊務局局長にそれぞれ就任した。ヴェルサイユ条約で陸軍参謀本部の設置は禁止されていたため、隊務局という名称で事実上の参謀本部の役割をもたせていた。さらに一九三四年二月にフリッチュがハンマーシュタインの跡を継いで陸軍統帥部長官に就任すると、陸軍統帥部と長官の地位を回復させるため、また国防大臣の陸軍統帥部への干渉をやめさせるために、国防大臣に対して権限をめぐる争いが表面化した。そして国軍内部では軍の指導の問題、とりわけ「国防軍参謀本部」の設立と軍の統一の問題をめぐって、国防大臣と国防局側と、陸軍統帥部と隊務局との間で対立が目立つようになった。

一方、ヒトラーによる軍への本格的な影響力の行使は、一九三四年から始まった。一九三三年一月ヒトラー政権が誕生したとき、首相としてのヒトラーは国軍に対して何の権限ももっていなかった。一九三四年八月に、軍の最高司令官を兼ねていた大統領のヒンデンブルクが亡くなった後、大統領選挙を行うことなく、首相の地位にあったヒトラーが大統領職と同時に最高司令官職にも就いたことが、彼が軍に対する権限を得る最初になった。彼は、大統領権限引き継ぎとともに、軍の全将兵に彼個人に対する絶対服従を宣誓させた（Müller, S. 135-139）。しかし、彼は確かに軍のヒエラルキーのトップに就いたが、一九三四年の時点ではまだ、歴代の大統領が有していた権限、つまり名目上の指揮権以上のものは手に入れておらず、彼と両軍統帥部長官たちの間には国防大臣が存在しており、また指揮権の行使は広範囲にわたって軍の専門家に委ねられていた（Schott, S. 13）。

その後、一九三五年の「新国防法」の公布と「再軍備宣言」により、これまで秘密の存在であった空軍が正式に国防軍の一軍隊として公表され、航空大臣としての権限で空軍を支配してきたゲーリングは同時に空軍総司令官となり、また陸軍統帥部長官と海軍統帥部長官もそれぞれ陸軍総司令官、海軍司令長官となった。そして陸軍隊務局は陸軍参謀本部に、国防大臣も軍務大臣に名称が改められた。一九三五年以降の国防軍指導部は、国防軍最高司令官である総統兼首相のヒトラーの下で軍務大臣ブロンベルクが国防軍総司令官として、国防軍に対する命令権を行使した（Absolon, S. 156）。そして軍務大臣兼国防軍総司令官に従属する形で、陸軍総司令官フリッチュと海軍司令長官レーダーが位置した。ゲーリングは、空軍総司令官としては国防軍総司令官に従属するが、航空大臣としては軍務大臣と同等で総統に直属するという独立性の強い地位にあった。このような従属関係が、一九三八年二月の、国防軍指導部の改編まで続くことになる。

二　陸軍の「国防軍参謀本部」構想

一九二〇年代の陸軍統帥部内部における国防軍指導についての構想

軍の統一的指導の問題は、陸軍統帥部内において既に一九二〇年代に現れていた。

第一次世界大戦での敗戦によってこれまでの軍内部の伝統が壊され、軍指導部だけでなく軍全体が、混沌の中にあった。ヴェルサイユ条約は、陸軍参謀本部の存続を禁止し職業軍人の大幅削減を規定していた。そのような状況下で、軍の再編と維持が指導部にとっては急務であり、より効率的な組織作りが求められた。しかしそれは、あくまで陸軍を中心とした組織であり、陸軍の伝統的な考え方に立脚したものであった。すなわち、ドイツの地理的条件から将来の戦争は本質的に陸戦となることが予想され、そのため、いざ戦争となると、必然的に陸軍に主要な負担がかかってくるであろうし、また陸軍が中心となって戦争を遂行しなくてはならなくなるであろう、という考え方である。他の二軍すなわち海軍や空軍は、戦争を遂行する上での陸軍の補助部隊に過ぎないものとして認識されていた。それゆえ、戦時には陸軍統帥部長官に、海軍やさらに将来的には空軍も含めた国防軍全軍に対する指揮権を与える必要性が唱えられていた。それが発展して、国防軍を統一して指揮する上部組織の存在が考慮され始めたが、常に陸軍の絶対的優位が保証されなくてはならないことが強調されていた。こうして、陸軍統帥部内においては、陸海空三軍の統一指揮を目指しながらも、あくまで陸軍に重点を置いた指導部の設立が、意図されていたのである（Müller, S. 216）。

前大戦において初めて航空機が兵器として登場し、これまでの戦争の様相を変えつつあったが、その大戦ではまだ陸軍とりわけ砲兵が大きな役割を果たしていたという事実が、揺籃期にあった空軍の可能性を過小評価させたのである。また海軍に関しても、歴史的に見て陸軍国であるドイツにおいては元来その重要性は低く、陸軍とは別に独自に作戦を立てて行動していたため、決戦の道具としては認識されなかったのである。そしてさらにヴェルサイユ条約によって空軍が名目上は存在しなくなり、海軍も全体で一万五〇〇〇人の規模にまで縮小されて、国軍全体に陸軍が占める割合が大きくなった（陸軍は一〇万人）。それゆえ、まだ戦後間もない二〇年代においては、国軍上層部の間で「陸軍中心主義」が唱えられることになったのであろう。さらには、陸軍の解体にもかかわらず多くの旧派の将軍たちが残り、彼らが陸軍の再建を進めていったがために、余計その傾向が強まったと考えられる。

一九三〇年代の隊務局内部での構想

一九三〇年代に入ると、様相が変化した。国軍の再編が進んで人員が増えたのと、たびたび行われた首脳部の人事異動のため、国軍統帥部内に、これまでには見られなかった新たな思想や構想が現れてきた。また、秘密裏にではあるが空軍の再建も進み、国防軍の一軍隊としての復活も現実味を帯びてきた。さらに一九二〇年代末から一九三〇年代初頭にかけてのヴァイマール共和国内における政治権力をめぐる闘争と社会情勢の混乱に、国軍統帥部も少なからず巻き込まれていった。

ヒトラーが首相の座に就いたその年の一〇月に、ベックが隊務局長に就任した。彼は第一次世界大戦に参謀将校として勤務し、戦後は様々な部隊の指揮官を務めた。上級将校を数多く輩出したユンカーの出身ではなかったが、思想的には保守派に属していた。

一九三四年一月一五日の日付のある「首脳部編成」と表題の付けられた覚書（RH 2/ 1056, II, Bl. 295-305）の中で、ベックは、その冒頭において、国防大臣が兼務する国防軍長官（Chef der Wehrmacht）の下での三軍の統合の必要性を認めているが、陸軍が三軍のうちでも決定的な要素となるべきであるとはっきりと主張している。

国防軍長官は国防軍全軍の総司令官であり、戦時には三軍を統一して指揮を執る。しかし国防軍長官の参謀部にあたる「国防軍参謀本部（Generalstab der Wehrmacht）」は、戦時内閣でなされた軍事的な内容の決議に従って、大まかな戦争指導の枠組みを取り扱うに過ぎない。また「国防軍参謀本部」参謀総長は国防軍長官の第一の助手であるが、その権限は国防軍内部の管理業務に限られ、作戦に対して直接影響力を行使できない。軍事指導の実質的な権限は、機能上陸軍参謀本部（＝隊務局）及び参謀総長（＝隊務局長）が握り、陸軍だけでなく国防軍全軍に対しても作戦指導を行う。このような形態を取ることによって、陸軍の優越性と決定的役割が保証され得るはずであった（Müller, S. 225 ff.; RH 2/ 1056, II, Bl. 295-305）。

隊務局内部で作成された他の草稿の中には、これほどはっきりと陸軍参謀本部を事実上の国防軍参謀本部に発展させようという意見が現れているものはない。それどころか、隊務局の一部を国防軍参謀本部に組み入れて、陸軍統帥部のためにも国防軍全軍のためにも作業するという考えに反対の意を示しているものすらある（たとえばRH 2/ 1056, I, Bl. 188-192）。一九三〇年代初頭においてすでに、陸軍の参謀部すなわち隊務局をそのまま国防軍参謀本部にしてしまおうという考えが、もはや隊務局内部でさえも否定されつつあったことを伺い知ることができる。しかしながら、「国防軍参謀本部」は存在するべきであるが、その任務は三軍の作戦立案及び指導には直接関与せず、むしろ国防軍長官の補佐機関として、政治の一部として決定された戦争方針に従って、全般的戦争指導に関する指令をまとめあげることに限定されていたという点においては、隊務局長も含めた隊務局内部で共通していたといえよう。

ベックが上記の覚書を作成した翌月には、新たにフリッチュが陸軍統帥部長官に就任した。フリッチュはベックと同じく、第一次世界大戦で大きな役割を果たした砲兵科の出身で、戦後は部隊指揮官や参謀長、さらには参謀本部作戦課長にあたる隊務局第一課長を歴任した。その間ゼークトとは常に親しい関係を保ち、彼から大きな影響を受けた。ハンマーシュタインの陸軍統帥部長官辞任に際して、その後任にライヘナウを望んでいたブロンベルクとヒトラーの反対を押し切り、当時ベルリンの第三軍管区司令官だったフリッチュを長官にするよう圧力をかけたのは、他ならぬヒンデンブルクであった（Murray, S. 153-170）。

陸軍のトップについたこの二人の人物は、陸軍主導の国防軍指導という点において共通した見解を持っていた。これ以降二人は協力して、国防大臣のブロンベルクや国防局長のライヘナウ、その後任のカイテルや国土防衛課長のヨードルらと、国防軍参謀本部のあり方をめぐって争うのである。

国防大臣ブロンベルク及び国防局の「国防軍参謀本部」構想

ブロンベルクは、第一次世界大戦前に当時の「大参謀本部」に勤務し、大戦中は前線や参謀本部で様々な地位に就いた。そして一九二七年から一九二九年までは隊務局長に就任した。シュライヒャーの国防大臣就任中は、ドイツの国家防衛上最重要地とされていた東プロイセンの第一軍管区司令官を務めている。一九三三年一月にヒンデンブルクによってヒトラー内閣での国防大臣に任命されるが、それは副首相のパーペンや外務大臣のノイラートらとともに、政府内部におけるナチスの防波堤としてヒトラーを押さえ込む役割を期待されてのことであった。しかしながら現実にはブロンベルクは、今やナチスに傾倒していた国防局長ライヘナウの影響を多分に受け、防波堤としての役割を果たすことができなかった（Muller, S. 50-65; ゲルリッツ、四〇三頁以降）。

ブロンベルク時代の国防局は、陸海空軍全軍に共通する、軍事、政治、経済、財政、法律の各分野の問題について規定すること、および他の大臣やナチスの上層部との連絡を行うことなどを主な任務としていた（Hoßbach, S. 78; ウィーラー＝ベネット、一八三頁）。局内には、重要なものとしては、国土防衛、防諜、対外政策、国内政策、財政、兵站、司法、経済をそれぞれ扱う部課が存在していた（Hoßbach, S. 78）。

国防局は国防省内の一部局であったが、急速な発展を遂げて、省内でも重要な組織になっていた。ブロンベルクは国防大臣として、第一軍管区司令官時代に彼の参謀長だったライヘナウを国防局長に任命した。ライヘナウは、元来は国防軍の政治的な問題を扱うための組織であった国防局に、国土防衛課（L課）が新たに設立されたのをきっかけにして、本格的に「国防軍参謀本部」への構想の実現に着手し始めた。

ブロンベルクもまた、今までは政治的な分野に制限されていた国防大臣の権限を、軍事的な分野にも広げようと考えた。法律上では確かに国防大臣は軍事指揮権を有してはいたが、既に述べたように、実際にその権限を行使していたのは陸海軍統帥部長官であった。陸軍統帥部長官及び海軍統帥部長官がかなりの独立性をもって作戦指導を任されていたため、ブロンベルクが国防大臣職に就いた時点では、国防軍総司令官として三軍に対する指揮権を実質的に行使するための部局や参謀部が国防大臣にはなかった。そのため彼は、国防軍総司令官として、戦略上、作戦上の計画立案と指導を行える、三軍の平等性を基礎にした機関の設立を望んだ。

ブロンベルク及びライヘナウの「国防軍参謀本部」構想の基本は、三軍の平等性にある。すなわち、三軍のいずれの参謀部も国防軍参謀本部に発展することを認めず、また陸軍で伝統的に唱えられてきた陸軍絶対優位の主張とも相容れないものであった。彼らの構想は、三軍の参謀部から独立していた国防大臣の政治的補佐機関としての国防局を「国防軍参謀本部」にしようとするものであった（Müller, S. 216 ff.）。

一方の国防大臣（軍務大臣）と国防局、他方の陸軍統帥部長官（陸軍総司令官）と隊務局長（陸軍参謀総長）そして隊務局（陸軍参謀本部）の、国防軍の統一をめぐる争いに対して、海軍と空軍はそれぞれの独立性を維持する方法を見つけていた。確かに軍務大臣の国防軍の統一構想には両軍とも陸軍と同様に反対を唱えてはいたが、まず海軍は作戦指導上の理由によって、そして空軍は総司令官たるゲーリングの航空大臣としての地位と彼の「個人支配」によって、独立を保つことが可能のように思われた。それゆえ、このような国防軍の指導をめぐる争いは、むしろ陸軍内部の争いであったといえよう。

三　ＯＫＷの設立と設立当初のその実態

「国防軍参謀本部」をめぐる陸軍統帥部と国防局の争いは、一九三八年に大きな転換期を迎えた。

ヒトラーは、一九三八年一月から二月にかけて起こった一連のスキャンダルを利用して、軍務大臣ブロンベルクと陸軍総司令官フリッチュを共に辞任させ、フリッチュの後任にはブラウヒッチュを任命した。しかしブロンベルクの後任は指名せず、軍務大臣職を廃止して、彼自ら国防軍総司令官としての職務を引き継いだ。このような国防軍首脳部の改編によって、組織上は彼と陸海空軍総司令官との間に介在する職を取り除いたことになり、三軍総司令官は彼に直属することになった。また、これまでは軍務大臣が有していたいくつかの権限を、三軍総司令官及び新たに設立されたＯＫＷの長官カイテルに委譲した（RW 3/ v. 3, II; RW 3/ v. 3, III）。ヒトラーはＯＫＷの設立を、一九三八年二月四日の「国防軍の統帥に関する布告」の中で次のように伝えた。「今後は、私［ヒトラー］が個人的に、全軍に対して直接命令権を行使する。これまでの軍務省国防局は、『国防軍総司令部』として、また私個人の参謀部としての任務を有して、直接私の指揮下に入る。国防軍総司令部の参謀部のトップには、『国防軍総司令部長官』としてこれまでの国防局長が就任する。彼には、大臣と同等の地位が与えられる。国防軍総司令部は同時に軍務省の業務を引き継ぎ、国防軍総司令部長官はこれまでは軍務大臣が有していた権限を、私の指示で行使する。私の指令に従って、平時においてあらゆる分野で国家防衛の実際の準備を行うのが、総司令部の任務である」（RW 3/ v. 3, I; Cooper, p.77; Schott, S. 159, Anm.14）。また、一九三九年三月一日付の「ＯＫＷ戦時首脳部編成」（KTB OKW, S. 879）には、「ＯＫＷは総統兼国防軍最高司令官の軍事的参謀部」であり、「総統兼国防軍最高司令官に直属」し、「ＯＫＷのトップにはＯＫＷ長官が就任する」と明記されていた。

これらの文脈だけを見てみると、ＯＫＷは一種の「国防軍参謀本部」であり、ＯＫＷ長官は国防軍最高司令官ヒトラーの下で「国防軍参謀本部」参謀総長として三軍に対して軍事的にかなりの影響力を有していたかのように見える。だがＯＫＷが、ブロンベルクらが意図したような本当の意味での「国防軍参謀本部」になるためには、必然的に陸軍参謀本部の機能が縮小されなくてはならないことになる。しかし、当時の情勢から近い将来チェコスロヴァキアあるいはフランスとの戦争をにらんでいる時に、ＯＫＷを陸軍参謀本部に優先させることは、陸軍参謀本部の長い伝統と有能性から、ヒトラーですら考えられないことであったろう。またＯＫＷの前身である国防局が元来国防軍の政治的な事柄を取り扱う部局に過ぎなかったことをもってしても、純粋に参謀本部としての機能を有することは望み得ないものであろうといえる。

ＯＫＷ長官の権限を規定した、「一九三八年二月四日の布告のための一九三八年五月三〇日付施行条例」(RW 3/ v. 3. III: Absolon. S. 163 ff.) には、ＯＫＷ長官は、「大臣が取り扱うあらゆる要件において、またその他のライヒ上級官庁に対して、国防軍の責任ある代表者」で、「ＯＫＷの全任務範囲に対して、［ヒトラーに］責任を有して」おり、さらに「国防軍三軍それぞれの根本的な問題に精通しておかなくてはならない」ことが記されていた。ＯＫＷ長官の役割はＯＫＷのいわば管理・運営の面を統括することで、実際のところ彼の名で国防軍全体あるいは国防軍の一軍隊に対して命令を与える実質的な権限はもっていなかった (Klink, p.135)。「これまでは軍務大臣が有していた権限を［…］行使する」とはいえ、軍務大臣の国防軍総司令官としての権限はヒトラーに受け継がれたのであるから、それ以外の政治的・事務的業務の管理のみがＯＫＷ長官に残された任務であることは、容易に想像できる。

またＯＫＷそのものも、確かに規定のうえでは国防軍最高司令官に直属する彼の軍事参謀部という地位にあったが、ＯＫＷを構成している部課のそれぞれの任務内容を見れば、ＯＫＷの主な役割は、国防軍全体に共通の事柄を処理し、三軍間の利害を調整するという、国防局時代の任務と内容的には変わりがないことが明らかである。たとえば、上記の「ＯＫＷ戦時首脳部編成」から知ることができるその初期の編成では、国防軍中央課、国防軍統帥局、外国・防諜部、一般国防軍局、国防軍経済局、ＯＫＷ長官付司法部、軍事裁判所、厚生・給与裁判所の八つの部課がＯＫＷ長官に従属しており、このうち戦争指導の問題や国防軍部隊及びライヒ官庁に対する総統の指令を処理するのを任務とする国防軍統帥局（後に国防軍統帥部）長は、その年功に関係なくＯＫＷ長官の代理人の任にあった。しかしながら、ＯＫＷの中心的な機関で戦争指導の問題を扱う統帥局にしても、国防軍に対するヒトラーの命令を準備し、その命令の実行を管理するのが任務であり（Busch, S. 104）、三軍の総司令官や総司令部に対してＯＫＷが独自に軍事的な命令を下す権限はなかった。

ヒトラーは「陸軍優位論」のような考えには全く賛成せず、むしろ今後起こるであろう戦争での、陸海空軍それぞれの果たすべき役割を正しく認識してはいたが、それでもドイツの地理的状況から軍事力としての陸軍の重要性と、その国内における一大勢力としての重要性を忘れることはできなかった。かといって、陸軍の望みどおり陸軍参謀本部をそのまま国防軍参謀本部にしてしまうわけにもいかなかった。そうなれば空軍の、とりわけ総司令官ゲーリングの反感をかうのは必至であろうし、さらに陸軍にこれ以上の権力を持たせるようなことはできなかった。第一、そのような指導部の形態は、将来予想される戦争の様相にまったく適合しないものであることは、彼には良く分かっていたはずである。そこで彼は、一見妥協的に見える方法で、「国防軍参謀本部」問題を収拾しようとしたのである。

ヒトラーの軍務大臣職就任は、そもそも彼自身の思い付きではなく、ブロンベルクから彼に出された提案であった（Hoßbach, S. 115）。彼にとっては軍事権力を掌握する絶好の機会に思われたであろうが、補佐機関なしにはその権力を行使することができないのは明らかであった。そこで彼は、彼の首相就任以前から存在し、就任直後から激しさを増した、陸軍統帥部と国防大臣、国防局との間のいさかいに目をつけ、自らの軍事的補佐機関として、また軽視できない勢力である陸軍に対抗し得る手段として、国防局を利用しようと考えたのではないだろうか。

結局のところヒトラーは、国防軍最高司令官及び国防軍総司令官として、個人的に三軍に対して指揮権を行使したため、三軍総司令部に対するＯＫＷ独自の指令権は存在しなくなった（Schott, S. 14）。全ての軍事的指揮権は、唯一人国防軍最高司令官が握ることになり、彼と三軍総司令官との間には、もはや国防軍部隊に対して命令を与える権限のある軍事機関も人物も存在していなかったのである。そしてこの決定によって、陸軍参謀本部が国防軍参謀本部になる道が事実上閉ざされることになったのである。

四　ＯＫＷとＯＫＨの国防軍指導及び将来の戦争観の相違

陸軍総司令官や参謀総長を初めとする陸軍指導部が、既にＯＫＷの設立以前から、その前身である国防局に対して抱いていた懸念は、国防局が大きな権限をもつことによってＯＫＨが陸軍の任務分野における唯一の機関ではなくなってしまうことと、それに伴って生じるであろう陸軍総司令官の地位の低下、そして陸軍の独立性が失われてしまうことであった（RW 4/ v. 37）。また、陸軍の優位性の上に成り立っている国防軍指導と陸軍指導の統一が崩れてしまうことも、陸軍指導部にとっては容認できないことであった。

ＯＫＨにしてみれば、「完全な機能を持たずに、すなわち唯一陸軍参謀本部のみが所有している専門的な資料も知識もなしに」国防軍総司令官（ブロンベルク）の命令や指令を独自に取り扱う国防局のやり方は、「陸軍総司令官が考慮するところによると、危険でありまた思い上がりのように」思われた。なぜならば、「陸軍のあらゆる利害に関して、国防軍総司令官の助言者は、唯一陸軍総司令官のみであり、それも陸軍参謀本部の支持を受けた陸軍総司令官であって、『受け売り』で不完全なままの見解しか作ることのできない国防局は、国防軍総司令官の助言者ではない」からであった（RW 4/ v. 37）。ここには、国防局の作業に対する陸軍総司令部側の軽視と、唯一陸軍総司令官あるいは陸軍参謀本部のみが果たし得る（と彼らが考えていた）任務への国防局の干渉を許さない姿勢が表れている。

こうした考えは、国防局を基にしてOKWが設立された後にも引き継がれており、国防軍指導部の改編は、むしろOKHの懸念を増大させた。OKWの設立直後に行われたOKWとOKHの間での意見交換（RW 3/ v. 1. I; RW 3/ v. 1. II）では、他の二軍に対する陸軍の優位や戦時における国防軍指導と陸軍指導の統一を主張するOKHと、三軍の平等性を認め、国防軍総司令官の参謀部の必要性を唱えるOKWとの間で、意見の相違が見られた。これは、以前から存在した「国防軍参謀本部」の問題をも含んだ、今後の国防軍指導のあり方をめぐる議論でもあった。

両者間の意見の相違は、OKWとOKHの国防軍指導をめぐる議論が平行線をたどって決して交わることがないものであることと、将来の戦争のあり方に対して根本的な対立が見られるということである。すなわち、両者の国防軍指導をめぐる対立の根底には、今後の戦争の形態についての意見の相違があったのである。OKHは相変わらず陸軍優位論に立った見方でしか戦争を見ることができなかったのに対し、OKWは宣伝戦や経済戦などの総合的な戦争方法を視野に入れて今後の戦争を考慮していた。

ドイツが第一次世界大戦に敗北してからすでに二〇年が経過し、戦争や用兵、兵器に対する概念も変わってきた。さらに、空軍が正式に国防軍の一軍隊として復活してから三年経ち、海軍も独自の艦隊建設計画に取り組み始めていたこの時期においても、まだ旧派の陸軍優位論がOKH内部で幅を利かせていたのは奇妙に思われる。しかしながら、ここにドイツの軍の特質があり、また戦後のドイツ軍の困難な時期にゼークトらの敷いた布石は、それほどまでにしっかりとしたものだったのである。

それに対し、今後起こり得る戦争の形態に関するOKWの考えは、一九三八年四月に作成された「組織の問題としての戦争指導」の中の「将来の戦争とは何か」と題された文書に、より具体的に述べられている。曰く、「陸軍と海軍に、空軍が第三の国防軍部隊として加わった。空軍の広範囲に及ぶ効果は、戦場の以前の概念を大きく広げることになった。〔…〕戦争はあらゆる手段を用いて指導される。すなわち、武力だけでなく、宣伝や経済的手段を用いても。〔…〕それにもかかわらず、武力による決戦での勝利が、今日でもなお戦争においては最も重要なものである。勝利を可能にするための国防軍の要求は、他の全てに優先する。〔…〕ドイツの状況においては、陸軍の勝利か敗北かが、戦争の勝敗を決する。しかし陸軍の勝敗は、海戦あるいは空中戦の成否によって決定的影響を受けかねない。武力決戦の戦いが長引けば長引くほど、また双方の軍事力が拮抗すれば拮抗するほど、宣伝戦や経済戦が戦争を決するようになる」。そして、そのような総力戦ゆえに、「国家・軍・国民の統一と団結のみが、戦争において成功を保証する。戦争が全国民に課す甚大な要求にもかかわらず、そのような統一や団結を得ることは、国家指導部の最も重要かつ最も困難な任務である。故国の犠牲なくしては、国防軍が武力決戦での勝利を収めることは到底できないであろう」(RW 2/ v.2)。ここにおいてOKWは、国家と国民の指導者としてのヒトラーの独裁を事実上容認し、戦争遂行上不可欠のものとすらしているのである。

OKHは、第一次世界大戦以来の地上戦中心の戦争形態を想定していたために、戦争の勝敗に関して陸軍の機能を最重要視し、その結果陸軍参謀本部を主体とした「国防軍参謀本部」の設立を提案した。対してOKWは、地上戦・海戦・空中戦などの武力による戦闘のみならず、国民の動員を必要とする総力戦を想定したため、三軍平等と一人の国家指導者の下での統一的戦争指導に基づいた「国防軍参謀本部」を必要とした。「国防軍参謀本部」の形態をめぐる争いは、突き詰めていえば、今後の戦争指導のあり方、戦時における陸海空軍の役割や、総力戦についての考え方の相違にそもそもの原因があったといえるのではないだろうか。実際のところ、このような根本的な相違が存在したがゆえに、OKH–OKW間の「国防軍参謀本部」構想についての意見対立は、消えることがなかったのである。

この意見対立は他の方面での対立をも呼び起こし、結局両組織間の断絶につながった。中堅の将校の中には、両組織間の関係を良好に保とうと努力する者も見られたが、それぞれのトップ、すなわちOKH側のベックとOKW側のカイテル及びヨードルの関係が悪化したため、それらの努力は徒労に終わった。第二次世界大戦勃発後、戦争の経過に従って戦争指導における両者間の力関係は変化していくものの、これら二つの組織が一つになることはついになかった。

おわりに

国防軍指導をめぐる問題は既にヴァイマール期から見られ、一種の「国防軍参謀本部」を設置しようという動きの中で、意見の相違が現れてきた。ヒトラーが政権をとり、政治的な権力基盤を強化しつつあったときに、その意見対立は、第一次世界大戦時の大参謀本部を思わせるような、陸軍指導部による国防軍の統一的指導をもくろんだ構想と、どの国防軍部隊にも属さない新たな組織による三軍の統合を目指す構想とに大きく二分した。しかしこれら二つの構想の違いの背景には、将来起こり得る戦争の形態についての認識の違いがあったことを忘れてはならない。そしてそれぞれの相違は、一方のＯＫＨの見解ともう一方の国防局あるいはＯＫＷの見解に反映された。

だがＯＫＷは、実際は三軍に対して独自に軍事的な影響力を行使できる立場にはなく、その意味では、当初期待されていた真の「国防軍参謀本部」ではなかった。その後、戦争の経過に伴って、ＯＫＷは組織のうえでも機能のうえでも拡大の一途をたどることになるが、ＯＫＷが「国防軍参謀本部」として発展せずに、政治的・軍事的指導者であるヒトラーの軍事的補佐機関としての役割にとどまったのは、陸軍参謀本部の存在ゆえのヒトラーの思惑と、あらゆる種類の戦争の指導を一人の人物に委ねようとしたＯＫＷの考えの結果であった。そして、ヒトラーの首相就任前から存在し、就任直後から激しさを増した国防軍の指導をめぐっての陸軍内部での対立は、ＯＫＷの設立によって終結したのではなく、それどころかまさにＯＫＨが懸念していたとおり、ＯＫＷ対ＯＫＨという新たな対立の図式を生み出すことになったのである（Schott, S. 14; 八木、一〇九頁）。両者の対立の根本はそもそも「将来の戦争」への対処の仕方の違いにあったのだが、ただその際ドイツの戦争指導にとって悲劇だったのは、ヒトラーという一人の政治家によって、その権力拡大のために利用されたという点にあるといえよう。

【史料】（Bundesarchiv-Militärarchiv, Freiburg i.Br. 所蔵）

RH 2/ 1056, Betr.: Oberste Führung, 16. 12. 33, Nr. 1080.33.g.K. T 4 IV.（RH 2/ 1056, I）

RH 2/ 1056, „Spitzengliederung“, den 15. 1. 34.（RH 2/ 1056, II）

RW 2/ v. 2, Die Kriegführung als Problem der Organisation – Denkschriften und Stellungnahmen der obersten Wehrmacht- und Heeresführung, Anhang: „Was ist der Krieg der Zukunft?“

RW 3/ v. 1, Wehrmachtspitzengliederung, den 8. März 1938.（RW 3/ v. 1, I）

RW 3/ v. 1, Betr.: Denkschrift des Ob.d.H. über Organisation der Wehrmachtführung, den 22. März 1938.（RW 3/ v. 1, II）

RW 3/ v. 3, Anlage 1 zu OKW/WZ（III）, 27. April 1940, Nr. 2386/40, „Erlaß über die Führung der Wehrmacht. Vom 4. Februar 1938“.（RW 3/ v. 3, I）

RW 3/ v. 3, Anlage 2 zu OKW/WZ（III）, 27. April 1940, Nr. 2386/40, „Ausführungsbestimmungen zu dem Erlaß vom 4. 2. 1938 über die Führung der Wehrmacht, den 2. März 38“.（RW 3/ v. 3, II）

RW 3/ v. 3, Anlage 3 zu OKW/WZ（III）, 27. April 1940, Nr. 2386/40, „Ausführungsbestimmungen zu dem Erlaß vom 4. 2. 1938

über die Führung der Wehrmacht, den 30. Mai 1938".(RW 3/ v. 3, III)
RW 4/ v. 37, „Ansichten und Äußerungen des Ob d H gegenüber Chef WA".

【参考文献】

Rudolf Absolon: *Die Wehrmacht im Dritten Reich,* Bd.IV, Boppard am Rhein, 1979.

Eckart Busch: *Der Oberbefehl: Seine rechtliche Struktur in Preußen und Deutschland seit 1848*, Boppard am Rhein, 1967.

Matthew Cooper: *The German Army 1933-1945: Its political and military failure,* New York, 1984.

Friedrich Hoßbach: *Zwischen Wehrmacht und Hitler 1934-1938*, Göttingen, 1965.

Hans-Adolf Jacobsen: *Deutsche Kriegführung 1939-1945: ein Überblick*, Hannover, 1961.

Ernst Klink: "The Organization of the German Military High Commando in World War II", in: *Revue Internationale d'Histoire Militaire*, No.47, 1980.

Kriegstagebuch des Oberkommandos der Wehrmacht 1940-1945, Bd. I, Frankfurt am Main, 1965.

Richart R. Muller: "Werner von Blomberg - Hitlers »idealistischer« Kriegsminister", in: Ronald Smelser/ Enrico Syring (Hrsg.), *Die Militärelite des Dritten Reiches*, Berlin, 1995.

Klaus-Jürgen Müller: *Das Heer und Hitler: Armee und nationalsozialistisches Regime 1933-1940*, Stuttgart, 1969.

Williamson Murray: "Werner Freiherr von Fritsch - Der tragische General", in: Ronald Smelser/ Enrico Syring (Hrsg.), *Die Militärelite des Dritten Reiches*, Berlin, 1995.

Franz Josef Schott: *Der Wehrmachtführungsstab im Führerhauptquartier 1939-1945*, Bonn (Univ., Philos. Fak., Diss.), 1980.

ヴァルター・ゲルリッツ、守屋純訳、『ドイツ参謀本部興亡史』、学習研究社、一九九八年。

寺阪精二、『ナチス・ドイツ軍事史研究』、甲陽書房、一九七〇年。

ジョン・ウィーラー＝ベネット、山口定訳、『国防軍とヒトラー』第一巻、みすず書房、一九六一年。

八木希容子、「ヒトラーの陸軍総司令官就任に関する一考察」、関西学院大学人文学会編、『人文論究』、第四八巻第四号、一九九九年二月。

第一四章　ヘンリー・ブラッケンベリーとイギリス陸軍省情報部　一八八六年―一八九一年

根無喜一

はじめに

一八八〇年代になるとイギリスは、フランスからの侵略の脅威やロシアとのグレート・ゲームの帰趨をめぐって、本国および帝国の防衛に本腰を入れて取組まなければならなくなる。また陸軍のみが非難される筋合いではなかったにせよ、一八八五年のゴードン救出作戦の失敗は、なにか陸軍にとってイヤな時代が来ることの予兆だったように思われた。基本的に小規模な植民地戦争と国内の治安対策用につくられていた旧来の陸軍は、こうした状況にどう対処しようとしたのであろうか。それにはまず、自身の植民地戦争的な体質を変更しなくてはならなかった。この小稿では以上の点を、当時はそれほど大きな部局ではなかった陸軍省情報部の、具体的には部長ヘンリー・ブラッケンベリーの意図や活動に焦点をあてて明らかにしようとするものである。その場合、ファーガスンの情報部の制度研究とビーヴァーの外交・戦略の場での情報部の動向の研究を軸として、作戦課はもつことができなかったにせよ、情報部がかぎりなく二十世紀型の参謀本部に近似したこと、そうした変化のなかで、対ロシア戦略が構想された経緯を考えてみたい。

＊ブラッケンベリーの動員問題は、重要だが紙幅の関係でここではとりあげない。

一　一八七〇年代から八〇年代はじめの情報部 Intelligence Branch

一八七三年から、補給局次長DQMGの資格で初代情報部長となったサー・パトリック・マックドゥーガル中将は、一八七八年に英領北アメリカ軍総司令官としてカナダに去った。マックドゥーガルの時代には、諸外国や植民地情報の記録と索引づくりの定式化がなされたり、地図や図書の充実が図られるなど、陸軍省情報部門としての機能を高めていた(1)。一八四〇年代から一八六〇年代にかけて、蒸気エンジンが英仏海峡を橋渡し、フランスからの侵攻の可能性が議論されて以来、フランス担当のセクションAは、「フランス陸海軍のすべての種類の情報を受理し分類」していたという。ロシア（中央アジアを含む）担当のセクションEでは、ロシア陸軍の詳細な情報が分析され、「トルコにおける戦争」などの時宜を得た報告が作成された(2)。また副部長ロバート・ヒューム中佐やセクション・Eのチーフのジョン・アーダー大尉が、露土戦争で頂点にたっした東方問題で、ブルガリア、ルーマニアやコンスタンティノープルでの情報蒐集、それにブルガリア国境の画定をめぐる地理の測量において示した働きはめざましく、それは一八七八年のベルリン会議でイギリスの主張を技術的に支援することになった。実際、外相だったソールズベリーは、アーダーを指して「この将校は、陛下の全権に最大の貢献をした。それはとりわけ、軍事上の地誌と国境画定においてである」と賛辞をおしまなかった(3)。このアーダー、一八九六年から一九〇一年のイギリス帝国のもっとも困難なときに部長をつとめることになるが(4)、ヒュームは、ブルガリア国境画定委員会で仕事中にチフスにかかり、一八七九年帰国してまもなくその四一歳の生涯をとじねばならなかった(5)。

さて、一八七八年五月にマックドーガルを継いで部長となったアーチバルド・アリソン少将は、スコットランド出身で幕僚大学の校長だったという共通点をのぞけば、およそ前任者とは対照的な将軍であった。ジョミニの戦略論によってまとめた『戦争の理論』(一八六五)などで軍事理論家として知られ、スタッフ・ワークに長じたマックドゥーガルは、単なる武辺者でないという意味で、来るべき時代を予感させる軍人だったが、アリソンはまさしく旧派に属する典型的なヴィクトリア陸軍の軍人であった。アリソンはクリミア戦役においてセヴァストポリ攻略戦に先立つ塹壕戦の活躍が認められて名誉進級の少佐になり、インド大反乱の第二次ラクノフ救出作戦では、一方の腕を失いながらも勇猛果敢に戦い、名誉進級の中佐に昇進することを得た。またアシャンティ戦争(一八七三―七四)での働きでは、議会から謝辞をうけるほどの見事な野戦軍の司令官であった。要するにかれには、クイーン・アンズ・ゲートの情報部での、デスクワークには不向きな人物だった。一八八二年エジプトへの干渉戦争が勃発したとき、アリソンが勇躍壮途についたことはまちがいない。しかもかれは一方で情報部長でありながら、アレクサンドリアでは、海軍による同市占領ののち、この地域の指揮をまかされ、その後イスマイリアに上陸したハイランド旅団の司令官として実戦の指揮をとり、テル・エル・ケビルで塹壕への猛攻を敢行した。こうしてかれは再度議会の謝辞をうけ、中将に昇進した。エジプト派遣軍ウルズリー中将が去ると、アリソンは一八八三年五月まで、エジプト駐留軍の司令官であった。おおよそ三年間というもの、情報部長は事実上空席であったといってよい。帰国しても情報部にはもどらずに、かれは、オールダーショット軍管区司令となった(6)。

アリソン一人が情報部を離れただけだったなら、まだ被害は少なかったかもしれない。かれは一八八二年、エジプトにこの部の少佐クラス〔各セクションのチーフ〕、四人の人材を連れていってしまった。結果、この期間の情報生産の仕事は、副部長のC・J・イースト大佐の肩に重くのしかかることになった。かれは七〇年代にはセクションAのチーフとして、アルジェリアで機密任務につきフランス陸軍についての精緻な情報をもたらした人物であって、後年サンドハースト陸軍士官学校の校長を歴任する(7)。それでもイーストのもとで、エジプトについての報告書が編集、印刷され、上級指揮官と幕僚将校のために、下エジプトの地図が編集されている。一八八三年イーストが情報部を去ると、後任の副部長はエルマー・キャメロン大佐であった。かれはシーフォース連隊の若き中尉のとき、インド大反乱に参加して、その左腕を切られながらも、なお三人のセポイと戦って勇名を馳せて、ヴィクトリア十字章を授与された。そんなかれであるから、デスクワークを好む人物とはとうてい言えなかった。またかれの副部長時代には情報部の将校が部を離れて戦地に行くことが、あたりまえになってしまった。実際一八八五年には、エジプト作戦の戦略上の要衝スアキン遠征へのために、現地で情報部門を設置するべく四人の情報部スタッフがロンドンをあとにしている。しかしこの時期、ソールズベリー外相時代と異なり、一八八〇年から八五年までグラッドストン内閣の外相をつとめたグランヴィルは情報部の仕事を重視しなかった(8)。アーダーやヒュームのような情報部将校の活躍は望み薄だったようである。ゆえに一八八五年の英露間にぞっとするような緊張がもたらされたとき、情報部はその低迷から立ち上がることはできなかった。一八八五年までにこの貧弱な本国情報部でも、スアキン遠征等に関する地図を作成してエジプトのイギリス軍部隊に提供することはできたが(9)、「陸軍省の無害ではあるが役に立たない付属物」になってしまった(10)。

二　ブラッケンベリーの経歴

一八三七年リンカンシャー生まれのヘンリー・ブラッケンベリーは、一八八六年の一月一日に情報部長になったとき四八歳であった。かれは一八五〇年から五二年にかけてイートン校で過ごし、一八五四年ウリッジの砲・工兵（技術）士官学校に入学した。同時代の士官候補生と同じく、若きブラッケンベリーは、クリミアでの若手将校のさしせまった需要のために、その課程を終了することなく、一八五六年四月に一九歳で砲兵隊の任命辞令をうけ、一八五七年の夏インドに向けて船出をし、この亜大陸で実戦経験をつんだが、健康上の理由のために一八五八年に帰国を余儀なくされる。かれはしばらくその余暇の多くを、クリケットとともに著作に傾倒することになった。このときかれは砲兵廠の副官であった。多くの軍事刊行物に論文を寄稿することに加えて、かれは軍事史への関心をふくらませていった。一八六八年に第二次グラッドストン内閣の陸相カードウェルが陸軍改革を開始するとかれは、これを支持する論稿を著した。同年ウリッジの戦史教官に任命され、講義の準備のためにヨーロッパの戦跡のいくつかを訪問する機会を得たのもこの折であった。こうした成果は、『ロイヤル・アーティレリー・インスティテューション会報』への投稿において示され、そこでかれは砲兵兵器の技術革新の軍事学においてもつ意義に言及する。この教官としての勤務は一八七三年までつづいた(11)。

さて、戦史教官在職中の一八七〇年から七一年にかけて、普仏戦争の戦場においてイギリスの救済活動（疾病者支援のためのナショナル・ソサイエティ）で配給の問題を監督するべく、かれは大陸へわたった。もちろん公正な立場でこの職務を果たしたが(12)、フランス軍およびドイツ軍を観察する格好の環境の真っ只中にいたことは事実だった。ウリッジの戦史教官としてかれは、ヨーロッパ近代国家間の戦争をじかにみることができた。クリミア戦争以外にヨーロッパ戦争を経験していなかったイギリス陸軍の野心的な軍人にとって、これは重要な意味をもつことになる。

一八七三年の秋にアシャンティ遠征が計画され、その司令官にウルズリー卿が選任されると、実戦にあこがれていたかれは、この将軍に自身をうまく売りこんだ。ウリズリーは、この戦役で自分の軍事秘書官補となったブラッケンベリーの印象をこう回想する。

「ブラッケンベリーは強い意志と論理的な心をもった生粋の合理主義者〔わが陸軍には稀有な存在〕であるばかりでなく、第一級の実務家であり不屈の働き手なのである。およそかれがその境涯において陸軍よりも崇高ではないが、利得の多い職業を選択したとすれば、かれは容易に財をなしたことであろう。かれの弁舌は理にかなったものだったから、かれが政治を専門職業としていたならば、かれはこのいかがわしい仕事において、高い地位につくと私には明確に言える」(13)。

ウルズリーが西アフリカに連れていった将校たちは、「ウルズリー・リング」〔ウルズリー一派〕と称されるようになる。このサークルには、サー・イーヴリン・ウッド、サー・レッドヴァース・ブラー、サー・フレデリック・モーリスらがいた。かれらはヴィクトリア陸軍の新人と考えられた。かれらが陸相カードウェルを支持したためにそう呼ばれたのだろう。陸軍将校団というものがなお、保守的だったとしても、アシャンティ・リングは、変革を標榜し、ヴィクトリア時代後期の陸軍を代表する人々となる〔かれらは第一次大戦直前または戦中には物故するか隠退していた。したがって第一次大戦の軍事指導者たとえばダグラス・ヘイグなどは一つあとの世代に属する。ゆえにかれらの斬新さはあくまでもヴィクトリア陸軍の枠内でのものと考えるのが妥当である〕。イーヴリン・ウッドはイギリス軍初代のエジプト軍司令官となり最後は陸軍元帥になった。ブラーは、一八八八年に補給と輸送の面での改革を推進することになり、南アフリカ戦争の初代総司令官となった。モーリスは、まず、幕僚大学の戦史教官となり、のちには公刊戦史『南アフリカ戦争』〔一九〇二〕の最初の二巻の編集者であった(14)。

このとき以来、ウルズリーはブラッケンベリーの信頼できるパトロンとなった。ためにかれは一八七三年から一八七五年の間に、大尉から名誉進級の中佐に昇進する。かれは将来の陸軍元帥にしたがって、キプロス〔一八七八年〕、参謀長としてズールーランド〔一八七九年〕、トランスヴァール〔一八七九年〕、エジプト〔一八八二年〕におもむき、ナイル渓谷に沿ってエジプトからスーダンへのゴードン救出作戦〔一八八四―八五年〕でも将軍にしたがった。一八八五年二月ブラッケンベリーがスーダンでかの有名なリヴァー・コラムの指揮をとったときには、すでに准将であった。八月にイギリスに帰還すると、かれは「戦場でのすぐれた活躍」で陸軍少将に昇進する(15)。

以上はまさしく武人としてのブラッケンベリーの活躍を示す一面であるが、幕僚・スタッフとしてのその経歴はどんなものだったのであろうか。一八七〇年代後半ブラッケンベリーは、マックドゥーガルと一緒にクレタとエジプトに旅行して〔一八七五―七六〕、近東に関する関心をかきたてられた。このときかれは、クレタの戦略的重要性やコンスタンティノープルへのロシアの意図、一八七七年から七八年の露土戦争をテーマにした論文を、『ブラックウッズ・マガジン』その他の刊行物に執筆した。かれは一八八一年から八二年にかけてパリ駐在陸軍武官として、フランスの陸軍兵力についての戦略情報の蒐集につとめた。かれのインドとのかかわりは、一八五七年から五八年のインド大反乱の鎮圧に参加したことを除けば、一八八〇年に短期間インド総督〔当時リットン伯爵〕の秘書官をつとめた程度のものであった。ゆえにブラッケンベリーは、インドの知見を多くもたなかったようであるが、一八八六年以降、当時インド軍総司令官で、第二次アフガン戦争の国民的英雄サー・フレデリック・ロバーツ将軍とインド軍の対ロシア戦略をめぐって、文書を交換し、この地域についての知見を広めた(16)。

一八八二年五月にダブリンで、アイルランド相 Chief Secretary for Ireland 等が暗殺された。緊急閣議は、情報部将校ブラッケンベリー大佐をダブリンに急派し、反フェニアン捜査部 anti-Fenian Detective Force を設置することを決定した。かれは、「諜報長官」Spymaster General となった。軍事情報の重要性の強い信望者ではあったが、かれは、内務省畑に属するこの任命に落胆し、辞職する道を選んだ。当局はこれに激怒し、ブラッケンベリーは半給

half-pay の地位に置かれ、一八八二年のアラービー・パシャの反乱鎮圧に際して、ウルズリーのもとで任務に就くことは許されなかったが、一八八四年にウルズリーの推奨で、ゴードン救出作戦において、ブラッケンベリーは幕僚として採用された(17)。こうして幕僚としてまた実戦での活躍双方において、ブラッケンベリーのすぐれた資質は、ウルズリーとの緊密な関係とあいまって、一八八六年一月に補給局次長として情報部を主管することを可能にしたのだった(18)。

三　ブラッケンベリー部長時代の情報部 Intelligence Department

部長のブラッケンベリーもスーダン戦役の帰還者であったが、この戦役には多くの情報部の将校が含まれていて、戦後かれらの多くが、古巣の情報部で勤務することを得た。こうした将校の一人の部長ブラッケンベリー評はこうである。

「かれは黒い口ひげをたくわえ、青白く黄みがかった顔色をしていて、一言または一つか二つの質問で複雑な問題の真相を見きわめる、ほとんど神秘的な力をもった人物」であると(19)。きっと将校たちは、この新部長に深く印象づけられたにちがいない。一方ブラッケンベリーは普仏戦争中に、プロイセン参謀本部の重要性と情報の果たした少なくない役割にいたく魅せられ、以後それをイギリス陸軍改革への持論にする。アシャンティ戦争での、正確な情報の少なかった状況にかんがみて、かれは、はやくから情報に関心を示すようになり、情報部を「陸軍の目や耳ばかりでなく、国家のためにもっとも価値ある部門……」にしようと決意して、情報部にやってきたのだった(20)。

大陸強国なみの参謀本部を設置することは、島嶼国家イギリスそのものの否定であると考えられたヴィクトリア朝で、とりわけ守旧派の軍人にとって、ブラッケンベリーのような構想をもった人物は、とんでもない存在に映じた(21)。当時少尉であったエドワード・グリーケン卿〔のち少将、第一次大戦中は諜報部を主管〕は(22)、一八八六年に女王の従弟で陸軍総司令官であったケンブリッジ公爵に会ったときのエピソードをこう回想する。

「私が情報部で働いておりますと説明すると、公爵は憂慮のいろを浮かべて……言われた。〔それでは君はブラッケンベリーのもとにいるんだね。奴は危険人物だ。とても危険な人物だ〕。総司令官府のなかの情報部のチーフについて、一介の少尉に言うには、公爵のお言葉は奇妙なものであった」(23)。

そして実際ブラッケンベリーは「危険な人物」だった。この人物は執拗にその部に関して自己主張を開始したからである。かれの部長時代に情報部は、まず、その陣容に変化がみられた。一八七三年に情報部がはじめて設置されたとき、対外セクション〔本国と植民地を含む〕及び地誌セクションのチーフの将校五名と情報部付き〔非常勤〕の将校九名を中心として総勢は二七名であった。これがブラッケンベリー時代にはかれの尽力によって非常勤の「アタッチト・オフィサー」を削減して、専任の将校が増員される。結果、一四名の将校が専任となり、総勢三九名の所帯となることを得た(24)。

その在職中ブラッケンベリーは、植民省、陸軍省、海軍省の代表からなる植民地防衛委員会Colonial Defence Committeeのメンバーとなって、植民地防衛のプラン作成を支援した。この委員会は、一八八五年のパンジュデー事件で頂点に達した対露戦の脅威と、ロシア海軍が英領植民地を攻撃するのではないかという恐れのなかで、植民省の次官補ロバート・ミードの提案によって、一八八五年に設置された常設委員会であった。役割は、内閣の植民地委員会Colonial Committee of the Cabinetに助言を与え、植民地からの問い合せに回答することであった。のちの帝国防衛委員会の前身と考えてよいであろう。ただしこの委員会は、植民地と本国との軍事情報の流れをスムースにしたが、戦略問題にまで立ち入ることはなかった。特定の港湾の防備、植民地軍の規模と訓練といった案件についての情報交換が、その主たる機能だったからである[25]。

海軍の情報部は、「鋼鉄と蒸気の時代」における帝国および本国防衛について、海軍の意義を考察した退役海兵隊将校のジョン・コロム大佐、イギリス初の装甲軍艦ウォリアーの艦長をつとめ、一八九三年トリポリ沖の事故で亡くなったジョージ・トライアン大佐〔のち中将〕、またトライアンがその秘書官をつとめ、かつて陸軍省情報部の誕生に大きな足跡を残した海相ノーブルック卿らの尽力によって、一八八二年秋に成立した「対外情報委員会」を出発点として一八八七年に設置された。この海軍情報部ができた直接の契機も、パンジュデー事件の刺激だったようである[26]。海軍少将にして第一次大戦中の情報部長であったサー・ジョージ・アストンは、こう言っている。「一八八五年のペンジェ事件も、印度とロンドンを脅かし、雑多な問題が、海外諜報委員会〔対外情報委員会〕に雨のようにふりかかってきた」[27]。そうしたさなか、一八八六年に海軍省第四本部長になったチャールズ・ベリズフォード卿は、陸軍省の情報部の活躍を称賛していた首相ソールズベリーの支持を得て、海軍情報部NID設置に大きな貢献をしたのであった[28]。初代部長は、対外情報委員会からその代表をつとめていたW・H・ホール大佐であった。ちなみにかれの息子は、かの有名な第一次大戦中の海軍情報部長となったレジナルド・ホールである。さて父のホールは、陸軍のブラッケンベリーと同じく、一八七〇年のドイツの勝利に瞠目させられ、海軍が海外情報に敏感にならなくてはいけないと、痛感していた人物であった[29]。ブラッケンベリーは、陸軍がたとえば黄金海岸やエジプトに派遣される場合ばかりでなく、あらゆる機会に海軍の情報部門との関係を重視し、このホール大佐と親密な作業上の連携を定期的にとることになった[30]。

ブラッケンベリーによって打ち立てられた、情報部と海軍の関係がどんなものであったかを、理解していただくために、海軍側の情報将校アストンが言うところを引用しておきたい。「設立された当時の陸軍省情報部は、上陸後の敵軍をどうして撃退するかが主要な研究課題であって、海軍のことなど考えもしなかった。ジョン・アーダー氏などは見識も立派で、情報部に関係していた。一八八四年エジプト・スーダン作戦中のエル・テブ・タマイ戦争前の上陸に関して、この戦争中に親しくなった、かれから得たさまざまな知見は大いに役立ったものである。そこで私ははじめて、陸軍省情報部からいろいろと有益なことを教えてもらった。情報部を重要な存在にしようとすれば、議論ばかりしていては駄目だということをしった」〔訳文大意〕[31]。

ブラッケンベリーは外務省と植民省を説いて、大使や領事からのテレグラムとデスパッチのコピーおよび、各総督からの文書のコピーもかれに送ってもらうことになる[32]。さらに陸相は、情報部長が外務省、植民省の事務次官と半公信 semi official で接触することを認めた。これらの省の次官たちは、すぐに情報部長を、「軍事的な意味を有するすべての案件に関する、親しい相談相手」とみなすようになる。ロシア情報を担当していたセクションDのW・H・ウォータース少佐〔のち准将〕は、「情報部は外務省との恒久的かつ直接のコミュニケーションをもった。また外務省としばしば、さまざまな政治的な主題と軍事情勢に関する立場について協議した」と書くことができたのだった[33]。ブラッケンベリーは大蔵省から、年間六〇〇ポンドの「部長の旅行基金」DMI's Travelling Grant を獲得していた。これが、これまではその資金のほとんどを、自前で調達して外国で情報蒐集にあたっていた情報部の将校に、役立ったことは容易にうかがえる。この額ではいかにも少なすぎる。そこで、十九世紀をとおして諜報機関 SIS を管轄下におき、その資金 Secret Service Money〔およそ年間六万五千ポンドで情報部の年度予算の六倍〕を認められていた外務省は、この基金の一部を情報部にまわすことになった[34]。こうして蒐集された外国陸軍情報は、ただちに、情報部での他の情報とつき合わされ、『ロシアの軍事力』〔グリァソン・一八八六〕、『日本の軍事力』〔グリァソン・一八八六〕『オーストリー・ハンガリーの軍事力』〔コールウェル・一八九一〕、『フランスの軍事資源』〔レピントン・一八九五〕というふうに発表され、幕僚将校および他の政府機関に配布されたのだった[35]。

一八七〇年代はじめインド担当大臣のソーリズベリーは、北西国境とペルシアに対するロシアの脅威に関して、インド情報が信用できないことにもどかしさを感じた。かれは親インドの総督として知られていた、ノースブルック卿に、中央アジアにおいて、適当な情報機関を設置するように要請した(36)。結果一八七八年に、シムラにインド軍情報部が創設される。インド軍情報部は、ロンドンの情報部の助言をうけ、当初はこの両者は親密な関係にあった。シムラの情報部は、インド軍のコレン大尉の一年間のロンドンでの情報部調査の結果、成立をみたのだから、本国情報部との結びつきは、以上のようなものだったのであろう。このとき両情報部の役割分担がなされた。一八七八年三月にロンドンとシムラで締結された協定によると、アジア・ロシア、アジア・トルコ、アフリカ、中国、シャム、日本はロンドンの情報部に、アラビア、ペルシア、バルチスタン、アフガニスタン、カシミール、ネパール、ビルマ、マレー、セイロン、蘭領東インド、インドにおける他のヨーロッパ植民地、インド自体はシムラの情報部に、それぞれ責任分担がなされた。中央アジアは、両情報部共通の責任とされた(37)。

ブラッケンベリーは、ロンドンの情報部にインド・セクションをおいて、インド情報部との認識の共通項を醸成しようと考えていた。このセクションは結局、実現しなかったが、両情報部の人的交流は進展するようになった。まず一八八五年にシムラからジョージ・ネイピアがロンドンにやってきた。それはシムラの前進政策をロンドンに理解させ、共同戦線をつくろうと意図されたものだった。ネイピア少佐は、ロシアへの知識がおおいに不足していて、単に厄介でしかない人物として新部長には映じた。ネイピアの役割は失敗し、シムラの意図は、達成されなかった(38)。むしろ一八八〇年代にはいると、ロンドンでは保守党の閣僚も自由党の閣僚も、ロシアの脅威に関しては、ロンドンの情報部の評価に信をおくようになる。ロシアに対抗して中央アジアに進出することを求める、インド軍およびそのエージェントのシムラの情報部は守勢にたたされたのだった(39)。

実際、一八八九年のブラッケンベリーとインド省のO・R・ニューマーチ少将による覚書は、ロバーツの前進政策Forward Policyを挫折させたのだった。覚書の議論は、インド軍の前進政策にみられるヘラート遠征などに関して、兵站上の脆弱性を明らかにし、インドへのロシア主力部隊の進出に関しても、その兵站面での困難さを指摘していた。エジプトなどで大規模になっていく植民地戦争、それに鉄道の発達が大きな役割を果たしたロシアの中央アジア進出、ここではほとんど述べることはできなかったが、フランスからのイギリス本土侵攻の恐怖、どれ一つをとっても困難な問題であるのに、これらが同時に二つ以上で出現したらどうであろうか。こうした考量がロンドンの戦略策定者を悩ませたことは疑いない。結果この議論はスタナップ陸相をも動かし、インドの前進政策は、後退を余儀なくされる(40)。この間、インド軍と本国軍との人的交流は情報部の将校を中心にすすんだ。一八八七年にはベンガルの幕僚部Staff Corpsの将校が本国情報部に参加し、アーダーは一八八八年に総督ランズダウン卿の軍事秘書官となり、一八九一年にブラッケンベリーは、総督評議会Viceroy's Councilの陸軍メンバーとなった。任務はインド軍の情報システムを改革することであったが(41)、本国の路線にシムラの路線を整合させることが、その重要な役割だったことは間違いない。かれの働きによって、一八九二年には、再編されたインド軍情報部はもはや、前進政策のエージェントではないと、本国陸軍省に確信させることができた。インド軍将校は、北西国境でのロシアの脅威を強調するよりは、両情報部の見解を整理統合するために、ロンドンの情報部におくられた。ブラッケンベリーの後任の情報部長は、比較的穏健な対ロシア戦略の持主だったインド軍のF・チャップマン中将であった。こうして前進政策は沈静化し、シムラの情報部はロンドンのそれと密接な連携をとった。それはソールズベリーの現実主義的な戦略路線に沿うものでもあった(42)。

一八八七年六月に情報部はふたたび軍務局の管理にうつされたが、今次はブラッケンベリーの肩書きは、正式に情報部長となり、軍務局長を介することなく直接に総司令官に報告することができるようになった(43)。九〇年代に総司令官府に属してミニ参謀本部の核となるような、方向性が示されてとみてよいであろう。

おわりに

前述したようにブラッケンベリー部長時代、つまり一八八〇年代中頃になると、イギリスにとっての戦略環境は次第に厳しいものになっていく。イギリス陸軍は、一八六〇年代末七〇年代はじめにかけてのカードウェル改革で再編されたとはいえ、とどのつまりは小規模植民地戦争用の陸軍であった。こうした軍隊では、以上のいずれの場合でもうまく作動しない、というより動きがとれなくなってしまう。そこでたとえばつねに臨戦体制に応じられるように、大陸型の参謀本部システムを導入して、ヨーロッパ列強なみの陸軍をつくろうという動きがでてくる〔兵力に関しては本稿ではとりあげない〕。大陸モデルに拒否反応が強い場合、どうしろというのか。

ブラッケンベリーは、情報部の戦略の機能を強化して〔作戦部門はない〕、かぎりなく参謀本部システムに近づけることに努めた。そのために、かれは外務省、植民省、海軍省、インド政庁、インド省、インド情報部、また陸軍の各部局さらに言うならば、内閣の戦略策定に関して、情報部をそれらの接合部分として位置づけるシステムづくりに邁進した。インドの前進政策をめぐる議論の経緯はそのことを証明している。情報部の役割を過大に評価はできないが、情報部はいくつかの異なった政府部内の戦略論議に整合性をもたせるための、同心円の中心になり得た。もちろん作戦部門をもたないために、それは主として正確な情報分析の披瀝という限られた武器に依拠しなければならなかった。情報部の活動、さらに言えばブラッケンベリーの役割は、植民地陸軍という特殊十九世紀的な制約のなかで、なされ得る限界的な努力だったが、八〇年代のイギリス戦略策定において少ない重要性をもつものであった。

【註】

（1） *Isaac's Paper on the History of the Development of the Directorate of Military Intelligence,* 1855-1939, p.7,WO106/6083.なお、一八七四年七月より情報部は補給局に移され、部長は補給局次長DQMGとなった。*Ibid.*, p.6.

（2） Fergusson, T.G., *British Military Intelligence: 1870-1914,* Maryland: University Publications of America, 1984, pp.62-63.

（3） Collen's Report on the Intelligence Branch,QMG's Department,p.12.*WO33/32.*

（4） Fergusson, ibid., p.70.Malmesbury, Susan Countess of, *The Life of Major-General Sir John Ardagh,London*: John Murray, 1909, chapts, 18-20.

（5） R.H.Vetch, "Home,Robert", *D.N.B.*9:1132-33. もっともヒュームやアーダーが、情報部を離れて活躍したことはこの部の名を高めたかもしれないが、ロンドンの情報部自体の中央機能をそこなった点は否定できない。

（6） Parritt, Lt. Col. B.A.H., The Intelligencers: *The Story of British Military Intelligence up to 1914*, Templer Barracks, Ashford, Kent:Intelligence Corps, 1971, pp.147-48. Lloyd, Ernest M.,"Alison,Sir Archibald, "*D.N.B.The Twentieth Century, 1901-1911*, pp.33-34. Fergusson, *British Military Intelligence*, p.70. Andrew, Christpher, Secret Service: *The Making of British Intelligence Community*, Kent:Hodder and Stoughton, 1992（3rd.ed.）,pp.47-48.

（7） Fergusson, *British Military Intelligence*, p.63.

（8） Andrew, *Secret Service*, p.48.

（9） Parritt, *The Intelligencers,* p.148.Isaac,"History of the Directorate of M.I.," p.7. キャメロンは一八八五年一二月三一日づけでサンドハーストの校長になるため情報部を離れた。Parritt,ibid. Andrew, *Secret Service*, p.48.

（10） Fergusson, *op. cit.,* p.71. Andrew, ibid.

（11） Alfred Cochrane, "Brackenbury, Sir Henry, "*D.N.B.,*Twentieth Century, 1912-1921, pp.60-62. Fergusson, British Military Intelligence, p.81.

（12） かれはドイツからは鉄十字章、フランスからはレジョン・ド・ヌール勲章を授けられた。Parritt, *The Intelligencers*, p.148.

（13）Fergusson, *British Military Intelligence*, p.81.
（14）Hamer, W.S., *The British Army:Civil Military Relations, 1885-1905*, Oxford: Oxford University Press, Clarendon Press, 1970, p.25.
（15）Cochrane, "Brackenbury, Sir Henry," p.61.
（16）Fergusson, *British Military Intelligence*, pp.81-82. Beaver, W.C., "The Development of the Intelligence Division and its Role in Aspects of Imperial Policy Making"（Oxford DPhil. Dissertion,1978）, pp.159-60.
（17）Andrew, *Secret Service*, p.p.44. Cochranr, "Brackenbury, Sir Henry,"p.61.
（18）軍務局長としてウルズリー将軍は、昇進と任命に強力な力をもっていた。ウルズリーが一八八六年にブラッケンベリーを情報部長に任命したことは、まず間違いない。Fergusson, *British Military Intelligence*, p.97.
（19）Parritt, *The Intelligencers*, p.148. Beaver, W.C., "The Development of the Intelligence Division", p.158. Susan, *John Ardagh*, p.228.
（20）Andrew, *Secret Service*, p.48.
（21）ブラッケンベリーや、陸相当時ゴードンのスーダン派遣を決定したハーティントン侯爵〔一八八八―九〇年間陸海軍問題の調査に関する委員会を主催〕のように陸軍の効率を重視する立場から参謀本部制度の設置を希求する人々もいたが、二度陸相を経験し陸軍改革を推進したキャンベル・バナマンなどはこの制度に真向から反対した。その論拠はこうである。「陸軍省のスタッフ・ワークへの批判と戦略構想の責任者を明確化する必要にもかかわらず、ドイツ・モデルの参謀本部の観念は、多くのイギリス人にとってはなじまないものであった。……政治家は、……陸軍が作戦参謀を利用して、精巧な動員計画と攻勢プランを発展させるのではないかと疑ったこうした動員計画や攻勢プランは、究極には、文民政府をしてそれがしたがいたくない政策にコミットさせるであろうと、考えられた」。 Hamer, *The British Army*, p.61. Jackson,William,General, Sir, andBramall, Lord, Field Marshall, *The Chiefs*, London: Brassey's, 1992, pp.17-18. Parrit,*The Intelligencers*, p.158.
（22）Roper, Michael, *The Records of the War Office and related Departments: 1660-1964*,（Public Record Office Handbook 29）, PRO

Publications, 1998, p.215.

(23) Andrew,*Secret Service*,p.48.Parritt.*The Intelligencers*,p.152.

(24) Ferguson, *British Military Intelligence*, appendix,charts,4,6. Isaac's Paper,pp.6,9. ちなみにこの三九名はアイザックによれば三七名になる。

(25) *Isaac's Paper*, p.9.Fergusson, *British Military Intelligence*, pp.79-80.Parritt, *The Intelligencers*, p.157.

(26) Fergusson, *British Military Intelligence*, pp.68,76.

(27) ジョージ・アストン〔隅井幸次訳〕『英国の機密室』誠文堂、一九二一年、一五頁。

(28) Andrew, *Secret Service*, pp.38-39.

(29) アストン、『英国の機密室』一六頁。

(30) Fergusson,British Miliatry Intelligence,p.87. ブラッケンベリーは、ランドルフ・チャーチル卿、サー・ヘンリー・キャンベル・バナマンらとともにハーティントン委員会のメンバーとしての仕事をしていた。一八八八年に置かれたこの委員会は、陸軍大臣に対する助言機関として陸軍省評議会〔War Office Council〕の設置を実現したが、総司令官の廃止や参謀本部設置提案は否定され、これらの改革は来るべき世紀にまで先送りされてしまった。しかしそこでの武官委員としてブラッケンベリーは、海軍との一層の協調に努力したのだった。ただし陸海軍の協調は、全体としてみれば、きわめて困難なものだったことは指摘しておかなくてはならない。Fergusson,British *Military Intelligence*, pp.98-99. Hamer,*The British Army*, pp.134-47. Spiers, Edward M., *The late Victorian Army*, 1868-1902, Manchester U.P and N.Y.,1992,p.231.

(31) アストン『英国の機密室』六—七頁。

(32) *Isaac's Paper*, p.9.

(33) Fergusson, *British Military Intelligence*, p.87.

(34) *Ibid*.,pp.88,99.

(35) *Ibid*.,pp.88ff. グリァソン〔のち中将〕は、ベルリン駐在武官、一九〇四年陸軍作戦長、一貫して英仏関係を重視した。コールウェル〔のち少将〕は、『小規模戦争』〔一八九六〕の著者として有名。一九一四年から一九一六年には陸軍作戦・情報部長。レピントンは一九〇二年に軍務をやめ、著名新聞の特派員として活躍するが、退任直前にはブラッセルとハーグの駐在武官。

（36）Beaver, "Development of the Intelligence Division", p.3.

（37）Collen's Report, p.99. 参照 Fergusson, *British Military Intelligence*, pp.59-60,73-74.

（38）Beaver, "Development of the Intelligence Division, "pp.159-60.

（39）*Ibid.*, p.3.

（40）*Ibid.*, pp.182-84.

（41）*Ibid.*, p.3. Issac'Paper,p.8.

（42）Andrew, *Secret Service*, pp.49-50.

（43）*Issac's Paper*, p.8. Fergusson, British Military Intelligence, p.85.

第五部　現代史像の陰影

第一五章　ナチ強制収容所の「抑留者社会」
──近年の研究動向によせて──

飯田収治

はじめに

ナチス関連の歴史的研究は依然として衰えを見せないが、一九九〇年代以降の一つの顕著な傾向として、ナチ強制収容所（以下KZと略記）に関する研究の目覚しい進展が注目される。一九九八年には論文集『ナチ強制収容所──発展と構造』二巻（①）(1)が刊行され、九〇年代半ばの研究状況を知る格好の手掛りを提供している。本書は九五年一一月にヴァイマルで開かれた国際シンポジウムの成果に基づいて編まれたもので、個別研究四〇本、序文・総括・講評など一〇本を収録する。個別研究は次の七セクションに分かれる。(1)ナチ強制収容所の構想と実態、一九三三─一九三八年（五本）。(2)強制収容所の発展と機能転換、一九三七・三八─一九四五年（七本）。(3)東部における収容所（六本）。(4)強制収容所における労働（七本）。(5)犯行者たち（三本）。(6)収容所における抑留者と抑留者グループ群（九本）。(7)戦争の最終局面（三本）。各セクションの締めくくりには詳細な講評論文が載る。以上のような構成と目次題目を見るだけでも、KZ史研究の現状を精査し、残された課題と争点を検討し、歴史家の国際的研究協力を深める（①:32）、というシンポジウム主催者側の意気込みのほどが感じとれよう。確かに問題設定の違いによって研究蓄積に偏りがあり、なお未開拓の分野も少なくない。しかしそれもナチ強制収容所というテーマの意外な広がりと奥行きを逆に印象づける。KZ史研究のいっそうの進捗が今後とも予想される。

本書のセクション構成を見渡して気づくのは、KZ発展史に関するセクションは別として、(6)「抑留者と抑留者グループ群」が相対的に大きなウエイトを占める点である。この「KZ抑留者社会（KZ-Häftlingsgesellschaft）」の実態と構造は、長らく手付かずの研究対象であった。そこに九本の論文が集中し、抑留者の生存と死、シンティ・ロマ、女性、生残りと抵抗、役職抑留者（Funktionshäftling）システムなど、多様な側面からKZ強制社会の実像に迫っているのである。これはおそらく、シンポジウムを企画したブーヘンヴァルト・ミッテルバウ＝ドーラ記念遺跡理事会の本意に通じる。九五年に理事会はブーヘンヴァルトKZ解放五〇周年記念にあわせて、国際的な学術集会を開催したのだが、この年にはまた、DDR時代の国立記念遺跡の思想と運用を全面的に見直す作業を終えて、一新されたブーヘンヴァルトKZ史の常設展示が公開されている。その数年に及ぶ見直しの過程では、特に抑留者社会をどのように描くかが、新たなKZ記念遺跡コンセプトの作成において重要な争点の一つとなった。抑留者を反ファシスト一色に塗りつぶし、共産党員主導の連帯と抵抗が抑留生活のすべてを律したかのように描くDDR官製のブーヘンヴァルト像を、どう修正してゆくか、それはまず歴史学的検証の篩にかけるほかはない。従って新常設展示の確定をめぐっては、歴史家の間に論争が起ったし、他のKZ記念遺跡や元抑留者団体から抗議や異論が寄せられもした。ブーヘンヴァルト記念遺跡所長クニゲ（Volkhard Knigge）は、記念遺跡が守るべき指針として第一に、「理性的で根拠のある判断形成ができるように、探究し、歴史的実態を明らかにすること」をあげる(2)。その意味で解放五〇周年行事を記念式典にとどめず、国際シンポジウム開催にまで踏みきるには、十分な理由があった。とりわけKZ強制社会における「生と死」を抑留者の視線でとらえる研究報告に対しては、記念遺跡側のそれなりの積極的な期待が籠められていたものと見てよい(3)。

第六セクションの総評を担当したのは、専門理事の一人ニートハマー（Lutz Niethammer）である。九四年彼は記録資料集『《粛清された》反ファシズム』を編纂し、旧来の「ブーヘンヴァルト抵抗神話」の清算を鮮明に打ち出した(②)。その序文の共同執筆者ハーテヴィヒ（Karin Hartewig）も今回、同じセクションに寄稿している。この資料集の刊行がきっかけとなり、ブーヘンヴァルトKZにおける「赤いカポ（rote Kapos）」、すなわち共産党員の役職抑留者の評価が初めて正面から論じられ、それをめぐる歴史家間の対立も明確になった。後述するように、論争自体は必ずしも生産的なものではなかった。しかしその際、「KZ抑留者社会」の歴史像が容易には定まらない事情もまた浮彫にされたのである。以下、この論争を手掛りにしながら、近年歴史家の関心を集めている「KZ抑留者社会」について、その研究動向を概観し、KZ史研究の今後の行方を探ってみたい。

一　ブーヘンヴァルトの「赤いカポ」論争

ニートハマー編の資料集は主として、戦後一九四六・四七年と一九五〇〜五五年にドイツ社会主義統一党（SED）とソ連軍当局がブーヘンヴァルトの「赤いカポ」に対しておこなった査問・尋問調書、およびその関連資料からなる。大半は八九年までSEDの機密に触れる文書として、むろん非公開であった。「赤いカポ」がKZ犯罪に関わっていたのではないか、という疑惑は解放直後から米軍側にはあった。元抑留者側はこれに鋭く反発した（③:331 ff.）が、冷戦下の東独当局はこれを一顧だにしなかったかに見える。しかし実は同じ疑惑を当時SED、ソ連軍ともに抱いていたことが資料公開によって判明する。それこそが当資料集のセンセーショナルな面だ、とニートハマーはいう（②:11）。本書には長大な序文が付され、その前半（②:23-67）は疑惑の背景となる解放前のKZ内の事実関係の説明に費やされ、資料解釈に一定の方向づけが施される。その要旨を初めに紹介しておこう(4)。

ニートハマーの新解釈は、ブーヘンヴァルト収容所社会における共産党員の優位と抵抗実績を疑問視するものではない。それを事実として踏まえたうえで、「赤いカポ」の優位と抵抗が何を招いたかを問う（②:24）。抑留者の日常生活をKZ親衛隊（SS）のテロと反ファシスト＝政治囚の抵抗との対抗図式に還元して描けば、掻き消えてしまう「赤いカポ」の実際の役割と行動を、改めて確認し直そうというのがニートハマーの基本的な狙いであり、本書の審問・供述記録はそのための貴重な手掛りということになる。

「赤いカポ」は、SSの導入した「抑留者-自己管理（Häftlings-Selbstverwaltung）」の役職に就いた政治囚のことを指す。KZ支配の効率化と抑留者分断を組み合わせた、この「悪魔的」システムは必然的に彼らを一般抑留者から隔てる「厄介な中間的位置」に置く（②:11）。「SSの助手役」を感じとった社民党員は役職に消極的だった。しかし共産党員は役職に伴う権限と特典にさまざまな利点（特に生存条件の改善）を認め、また役職を有効に活用できる主体的条件も備えた（②:29f.）。役職掌握をめぐる「緑のカポ」（刑事囚）との熾烈な抗争の末、四二・四三年以降、「赤いカポ」の共産党員がほぼ自己管理の主要ポストを制覇する。ニートハマーはそこに、「幹部保護（Kaderschonung）」と自集団維持を最優先させる党組織の意志とその生残り戦略の根幹をみる。もとより「赤いカポ」の役職支配が、非共産党員や外国人の「政治的同盟者（僚友）」の保護にも及び、KZ秩序・規律の強化を通じて結果的にSSテロの横行を抑え、抑留者全体に利益をもたらしたことは否めない（②:55ff.58.101）。だがその代償も大きかった。「幹部保護」に始まる救命保護の優先順位は厳守され（ブーヘンヴァルト党員の「十戒」）（①:947f.）、党員・僚友共同体に属さない多数の抑留者が対象外となった。病室や労働統計部（Arbeitsstatistik）の「赤いカポ」が実行した「犠牲者交換（Opfertausch）」はその最たる例である。彼らは殺害候補や危険な労働隊の編成リストから党員・僚友を外し、代りの犠牲者を別に用意した（②:52-55,79ff.）[5]。犠牲者選びでは、共産党員がSS隊員と共有するドイツ的な通俗道徳や、慣習的な人種差別が物をいい、同性愛者、東方ユダヤ人、シンティ・ロマ、ウクライナ人等が見放され犠牲になった、とニートハマーは断ずる（②:50,52,55）[6]。

KZ指導部と共産党員との間には、イデオロギー的親近性を裏付ける証拠はない[7]。だが抑留者、特に外国人が急膨張する戦時下のKZ管理は、事実上、「赤いカポ」の組織・統制力と国際主義的実績に頼るほかはなかった。後日、党幹部のクーン（Harry Kuhn）が、党の指示で動かない収容所機関は一つとしてなかった、と豪語したのも不思議でない（②:15,34,56f.,77）。「赤いカポ」はKZ社会のSS隊員に次ぐ中間上層を占めた。いわゆる「名士（Prominente）」である。収容所内の地下党指導部はSSとの関係悪化や、役職の喪失をひどく恐れ、「赤いカポ」に対してSS命令の順守を強く求めた（②:101）。本書を読むかぎり、その他九〇パーセントの抑留者の目にはドイツ人政治囚がSS側の人間として映る、現実的な背景があったことを認めざるをえない。集団エゴイズムに徹し、自己管理の役職を占有した結果、「KZにおける生残り共同体としてのドイツ共産党（KPD）の異常な成功」があったとされる（②:44f.,58,101f.）。

ニートハマーは、DDRの反ファシズム神話によって隠された「赤いカポ」の真の姿をとり戻す本書の意図を、「救済的批判」にあるといいきる。しかし一般には「赤いカポ」を「英雄の台座から歴史の被告席へ」と引きずりおろす荒業と受けとられた（②:19;③:88,90,111）。これをまだ手緩いとする新聞論評も出るなかで、元抑留者団体のブーヘンヴァルト・ミッテルバウ＝ドーラ収容所活動協会は抗議声明を発し、「ゲベルス的手練手管」と酷評した[8]。ニートハマーが歴史家として応じる必要を認めたのは、元東独史家のペツォルト（Kurt Pätzold）の批判に対してである。活動協会の声明を載せた「ノイエス・ドイチュラント」編集部が両者を招き、その対談の内容は、ペツォルトによる書評と共に、ファシズム・世界大戦研究ベルリン協会の『紀要』五号（一九九五年）に公表されている（③:59-69,84-112）。ここでは両者の対立点を手短に見ておこう。

ペツォルトは、ＤＤＲ公式のブーヘンヴァルト歴史像への批判を大筋で認める。複雑な現実の省略・誇張・平板化が正すべき歪みの因として指摘される。それを正当にも衝くニートハマーが同じ過ちを犯している。何よりもＳＳと共産党員が上下に組んで管理機構を担い、これに抑留者大衆が対峙する、という構図が真先に読者の目に焼きつく。これは扇情的な新聞記事と変りがなく、やはり現実の複雑さを無視したバランスを欠く歴史叙述である（③:62）。ここでペツォルトは、ＤＤＲ時代には黙殺されてきたコーゴン（Eugen Kogon）やセンプルン（Jorge Semprun）の著書を引用しながら、「赤いカポ」がＳＳと共犯関係にあったかのごとく説明する、論述の一面性を強調しようとする。「赤いカポ」の果たした人命救助や、抑留者全体の生活を楽にした功績の側面は、対談でも再三彼から蒸し返される（③:93,98,108f.）[9]。そもそもペツォルトは、ＳＥＤやソ連機関による査問・供述記録には、ブーヘンヴァルト歴史像を書き換えるうえでの史料的価値は認められないという立場をとる（③:67ff.,101f.）。

対談では両者の見解はやはり平行線をたどる。ニートハマーにすれば当面は、多少バランスは失しても「赤いカポ」の英雄的仮面をはがし、その犯罪的な影の部分を徹底的に究明する作業が必要と割りきる。「犠牲者交換」を「誰かを救うための決断」と評価するペツォルトに対して、その反面多数の犠牲者が出ていた現実に歴史家は目をつぶるべきではない、と反論するニートハマーの頑固さが印象的ですらある（③:97,100）。彼の歴史家としての感覚では、それは道徳的非難ではなく、「極限状況下で生じた事実の再発掘」にほかならない（③:88,94）。その結果、ブーヘンヴァルトの「赤いカポ」が「英雄の台座から歴史の被告席へ」と引きずりおろされたとしても、やむをえないというのがニートハマーの基本的考えであろう。資料集の記録の史料的価値についても彼は、その査問・裁判の経過に照らして特に疑うべき理由を見いだせない。

確かに二人の意見はほとんどすれ違いといってよい。だが双方の主張がKZ自己管理システムの一面に偏りがちであるのは直ちに了解できよう。自己批判も辞さないペツォルトの場合、「赤いカポ」の反ファシスト像の救えるところは救おうとする必死さは見逃せない。彼にはドイツにおける「抵抗の思想と記念」の将来という切実な問題があったように思う（③:69,87）。議論では明らかに優位に立つニートハマーは、その意味では敢えて歴史研究者に徹する姿勢がうかがえる。彼はどこまでも、「赤いカポ」が抵抗しただけではない、という紛れもない事実にこだわるのである（③:112）。

先の『紀要』五号は、資料集に対するダニエル（Jürgen Danyel）の書評を、ペツォルトの書評と並べて載せている。彼はニートハマー説に組みする立場で、本書を「ドイツ共産主義者の社会的政治的心性史」への学問的論考と評価する。「赤いカポ」の行動は、党集団との無際限な一体化、硬直した超自我、政治目的による手段の正当視など、共産党員に固有な慣習化された思考・態度が支え、それが戦後SEDにそのまま持ち越されたことを資料集は教える。ところが前述の収容所活動協会の抗議声明は、「批判的自己省察への能力のなさを示す悲劇的な証拠文書」である。元抑留者は自らの「持参債務の償却」をまだ果たしていない、とダニエルは手加減しない（③:70-83）[10]。

ニートハマー・ペツォルトの論争的対談はともすると、「赤いカポ」の功罪のどちらに力点をおいてその実像を描くか、という発展性に乏しい議論に終始しがちであった。それが禍いして、「KZ抑留者社会」の全体像がかえって見えにくい。現にニートハマー自身、対談の席でたとえば次のように述べるのである。たかだか七〇〇人の共産党員ではなく、ブーヘンヴァルトを通り過ぎた二三万人以上の「抑留者大衆についてわれわれは現実的なイメージをまったくもたない」。彼らをもっと前面に押しだすような「研究領域を切りひらきたい」と（③:90）。結局、対談では踏みこんだ議論にはなりようがなく、いわば一つの抱負の表明に終った。ヴァイマルの国際シンポジウムの意義は、ニートハマーのその発言の延長線上に置いて考えることもできるだろう。

報告書の第六セクションには、ドイツ人政治囚以外の、一九三七・三八年以後の多様な抑留者グループをとり上げた論文が収録される。またKZ社会における文化活動や宗教性の意味も論究の対象となる。総じて各論者は、抑留者集団と収容所現場の個別的な細部や特殊性を踏まえたうえで、抑留者がKZを生き延びるぎりぎりの可能性と行動戦略を追究する。紙数に限りがあり、その検討は別に譲らざるをえない。ここでは二つの論文だけに簡単に触れておく。ニートハマーの共同執筆者ハートヴィヒの論文「群狼のなかの狼」は、唯一ブーヘンヴァルトを論じる。「赤いカポ」の役割・行動に向ける彼女の厳しい批判的眼差しは変わらない。彼らはその他多数の抑留者の生死を握るSS支配の一端を担い、死活にかかわる危機を他の抑留者に転嫁させていたときめつける。それはニートハマー編著の序文に若干の新史料をつけ加えるが、全体としてその前半部分の忠実な要約である（①:939-958）。抑留者の相互関係を規定した「日々のパンをめぐる戦い」に焦点を絞ったオーベナウス（Herbert Obenaus）の論文でも、役職抑留者が「SSの助手」として働く特権者の姿が描かれる。彼は、日常的な飢えを免れた役職者による生存のための連帯の組織化にも言及するが、むしろ連帯を脅かす凄まじい生存競争、役職トップ間の容赦ない権力紛争、抑留者全体の連帯を妨げる集団間の亀裂など、飢餓をテコとするKZ支配の苛烈さを抉りだす（①:841-873）。ブーヘンヴァルトの「赤いカポ」の功罪を問う際にも、常に念頭におくべき論点であろう。

二　ノイエンガメ記念遺跡の「KZ抑留者社会」論

ニートハマーの編著が記念遺跡の新常設展示の組立てに影響したであろうことは容易に想像できる。だからこそペツォルトは、みずから論争に加わった理由に「(反ファシズム) 記念の撤去」への懸念をあげたのである (③:86f.)。一九九五年秋ブーヘンヴァルトの展示館を訪れた前ノイエンガメ記念遺跡所長アイバー (Ludwig Eiber) は、共産党員の抵抗の描き方に衝撃をうける。彼は所長クニゲ宛に書簡を認め、その関係の陳列ケースについてこう述べる。この内容では「非合法の共産党収容所委員会は他の抑留者に負担を押しつけて、無為徒食の生活を送り、……なに一つ積極的な仕事をなし遂げなかったという結論」にならざるをえず、極限状況下の役職担当の意味の正しい理解を妨げると。アイバーとブーヘンヴァルト記念遺跡所長代理リュトゲナウ (Rikola-Gunnar Lüttgenau) との往復書簡は後にノイエンガメ記念遺跡の年報に掲載される (④:134-141)。常設展示に見るかぎり、「赤いカポ」に関連する「抑留者管理」と「自己主張と抵抗」の展示資料 (大半は元抑留者の証言・回想報告) は、「3テロの日常」「4《総力戦》下の収容所」「5死と生残り」の三ブロックに広く組みこまれている。展示館一階奥の「3・4生残り戦略と抵抗」のさらに下位テーマ「抑留者役職におけるドイツ共産党員」が、アイバーが引っかかる問題の陳列ケースである(11)。ニートハマーの編著が注目を引いた後だけに、彼はその箇所につよい違和感を覚えたものと思われる。リュトゲナウは、展示全体を通してみた判断を求めながらも、やはりブーヘンヴァルト記念遺跡の基本姿勢として、「役職担当が原理的にまたSSテロへの加担を意味した」との見解を譲らない。KZ内の共産党員が背負いこんだ「異常な困難」を見学者に追体験してもらえるよう配慮したと突っぱねたのである。

こうした経緯もあっておそらく、ノイエンガメ記念遺跡はニートハマー・テーゼを不問に付すわけにはゆかなかったのであろう。そのうえノイエンガメのスタッフ自身も、八〇年代からすでに、元抑留者団体の、したがって元政治因による「連帯と抵抗」の記憶に寄りかかった「ＫＺ抑留者社会」像からの脱却をはかり、広範におよぶ抑留体験の証言記録の収集とそれに基づく歴史学的研究の蓄積を通じて、抑留者の「生と死」の復元に地道な努力を重ねてきた自負がある。九五年には独自の常設展示「生き残りの戦い（über lebens kämpfe）」を新たに開設している。ブーヘンヴァルトの「赤いカポ」論争はノイエンガメ側にとっても忽せにできない問題であったといえる(12)。

部内での慎重な議論の末に、年報の『北ドイツ・ナチ迫害史論集』四号（一九九八年）が特集「誘導された権力――抵抗と協力の狭間の役職抑留者」を組む（④）。リュトゲナウの二通の返書のほか、ハーテヴィヒに依頼して論文「群狼のなかの狼」の抄録を承諾してもらう。これに対してニートハマー説に具体的な反論を試みたのはノイエンガメＫＺ史研究のホープ、カイエンブルク（Hermann Kaienburg）と、ブーヘンヴァルトの「赤いカポ」を論ずるシャーンベルク（Harriet Scharnberg）である（④:18-50.123-133）。この両人は、「抵抗と協力の狭間」に立つ役職抑留者の構造的ジレンマから議論をはじめる。カイエンブルクによれば、役職者は「その本当の顔（抵抗者）とＳＳ向けの従者の顔」をかね備えることを免れない。急増する外国人抑留者の彼らに向ける不信・疑念の深さは、そこに派生する（Cf.⑨:160f.）。そのように考えると、シャーンベルクの見解では、たとえ「幹部保護」と「犠牲者交換」があったとしても、それは「赤いカポ」の支配論理の帰結ではなく、役職システムの構造論理の帰結と見るべきである。ニートハマーは役職者の「厄介な中間的位置」や役職システムの「悪魔的メカニズム」に確かに論及するが、その重圧の具体的分析を欠くために、「ドイツ共産党員が思うがままに行動できたかのような」誤解を読者にあたえる。彼女はそもそも「幹部保護」や「犠牲者交換」の目的一貫性について実証の観点から疑問とする。むしろ多様な自己主張、連帯、抵抗の競演や複合を考える。カイエンベルクのノイエンガメの事例研究は、そこでの抑留者間の「連帯と抵抗」が「赤いカポ」の組織的行動に依拠するところがきわめて限定的であった点を強調する。それに代わる個人・集団間の連帯・相互支援の多層的な展開を掘りおこし、抵抗の実相を活写する手腕は実に見事である。それでも、生残りのための救済の手が圧倒的多数の抑留者のもとには届かなかったのが、「KZ抑留者社会」の偽らぬ現実だったことも確認されている。「実際になにが起っていたのか」を丹念に追うカイエンブルクと比べれば、ニートハマーの論述は実証分析としてはいかにも浅薄と映らざるをえない。

特集論文のなかでも、ムスマン（Olaf Mussmann）の論文「《多彩な収容所名士》か？」は、ミッテルバウ＝ドーラ収容所の役職抑留者を対象とする（④:82-96）。一般に役職者構成は抑留者カテゴリーや人種的序列に規定されるが、四三・四四年に軍需生産と一体化しながら成立したKZミッテルバウ＝ドーラではその原則が崩れた。役職担当の基準が職能資格や言語能力におかれ、役職者の赤・緑構造が通用しなくなる、この収容所の特異性が指摘される。そこへ大量の抑留者を送りこんだブーヘンヴァルト労働統計部の姿勢については、彼はニートハマーの説明を採用する。そのうえで、労働統計部の抑留者送りこみ方針（「緑のカポ」の追放など）が、ミッテルバウ＝ドーラの役職者構成に決定的な影響を及ぼしたことに注意を喚起する。戦時中の「抑留者社会」の構成に関連して、KZ間の抑留者送致のもつ意味に注目した鋭い分析といえる。シュトレーベル（Bernhard Strebel）もラーフェンスブリュク女性収容所の役職抑留者に関して、やはりブーヘンヴァルトとは異なる特徴に着目する（④:54-68）。「赤いカポ」に関するニートハマー解釈が、KZ役職抑留者一般には必ずしも当てはまらないこと、それはこの特集を通じて明らかにされた重要なポイントである(13)。と同時に、抑留者移送におけるKZ相互の密接な関係が看過しえない論点として浮上していることに留意すべきだろう。

ベルリン協会に属するレール（Werner Röhr）は特集の内容を詳細かつ好意的に論評している（⑤:239-256）。しかしノイエンガメの研究者がゾフスキ（Wolfgang Sofsky）の社会学的KZ論（⑬）に、方法的に大きく依存していることは不満で、その問題点に注意を喚起する。これについては後述しよう。ノイエンガメ記念遺跡は九八年九月、「KZノイエンガメの抑留者たち――迫害体験、抑留者の連帯、そして国民的絆」というテーマで、国際シンポジウムを主催した。学術的集会の性格は薄いが、その場で報告にたった歴史家カイエンブルクがあらためて、ニートハマー流の「赤いカポ」評価を非歴史的な道徳的厳格主義としりぞけていたのが強く印象にのこる(14)。

三　「KZ抑留者社会」の諸相

ニートハマーやハーテヴィヒの論議には、DDRの反ファシズム建国神話の弊害の基を断つ、という強烈な意志が感じられる。それだけに「赤いカポ」断罪論の色合いが濃くなるのは避けられない。九五年オーフェレシュ（Manfred Overesch）は、DDRのブーヘンヴァルト伝説の除去をめざし、解放直後のブリル（Hermann Brill）など、非共産党員の主導的役割に新たな光をあてる書を発表する（⑥:16,32-205）。その前提には「他の抑留者がSS支配下での態度ゆえにドイツ共産党員を憎んでいた」事実が置かれ、「共産党員の残虐行為」、「SSと変わらぬ容赦ない酷さ」などの表現で彼らの「逸脱行動」が糾弾される（⑥:35,44）。この種の一刀両断の裁定の仕方は、本書の試みのメリットをも逆に霞ませてしまう。ブーヘンヴァルトに関するペータース（Ulrich Peters）の近著はペツォルトの立場を引きつぎ、共産党員の抵抗を仔細に検討する。抵抗の客観的主体的前提条件、党組織の実態と同盟パートナー、KPDとユダヤ人の関係などの諸論点が、史料にもとづき丁寧に考察される。「抵抗の罪」と題する第三章は、苛酷なKZの条件下で「きれい」でありえなかった抵抗の影の部分を写実し、新事実も明らかにする。と同時にそれをこえる連帯・抵抗の実績が列挙され、「ブーヘンヴァルトの共産党員は正しく行動した」とむすぶ（⑦insb.174-224.）。「赤いカポ」のいわば復権をねらう著者の意図が総じて叙述を単調にする。ニートハマーも、ペータースも「赤いカポ」の役割・行動を首尾一貫したものと見すぎていないか。

ブーヘンヴァルトの「赤いカポ」にまつわる真相究明の対立は、「KZ抑留者社会」の一部を切りとった論争にすぎない。ニートハマーも認めるように、それでは「抑留者社会」の全体像には近づけない。だがこの論争が弾みとなったのか、その前後から収容所社会の内部構造に切りこむ、意欲的な研究が多くなっている。その動向の一端を紹介するが、その前に「抑留者社会」に関する史料問題がある。KZ当局の残存文書には抑留者の内部関係をうかがわせる一次史料は皆無といってよい。KZ撤収時にSS側が抑留者も動員して、組織的な証拠隠滅をはかったのは確かだが、もともと抑留者の動静をつかみ、記録した気配がない。ニートハマー・ペツォルト対談で争われたのは、もっぱら元抑留者の回想・証言・報告の解釈をめぐるものである。奇妙なことに、双方とも自説の根拠として、たとえばコーゴン、センプルン、レーヴィ（Primo Levi）の著書を引証する。ニートハマーはコーゴンの共産党員評を、「慎重に批判、理解、承認のつり合いをとらせた」批評と特徴づける（②:201）[15]。どちらからも参照可能な史料として便利に使われる顕著な例だが、珍しいことではない。

解放後、みずからすすんで抑留体験を証言・報告したのは、圧倒的に役職経験の政治的抑留者たちである。それも元抑留者団体の会員が大半であった。彼らの記憶にのこる「抑留者社会」とは、すぐれてSSと政治囚とが対決する舞台であったろう。元政治囚の証言・報告は、KZ史研究が必ず依拠する最も信頼にたる史料であるが、その多くが「連帯と抵抗」の輪のなかでの体験記憶という制約を免れない。その輪の内側の秘密や暗部を暴く告発に近い記憶証言が敬遠されたのは、SED支配下の東ドイツだけではない。「抑留者社会」の内情をつたえる証言・報告の利用には、当然、慎重な史料批判が求められる。まったく立場の違う数々の回想記録を読みこなして、収容所社会と抵抗を過不足なく論じきる一つの範を示したのは、アウシュヴィッツからの生還者、ランクバイン（Hermann Langbein）である。歴史家には痛烈な教訓である（⑧）。

しかし問題はそれに尽きない。むしろ「連帯と抵抗」の輪の外にいた九〇パーセントの抑留者大衆の記憶はどうなるのか。たとえ幸運にも生還したとはいえ、彼らの大方は証言・報告の機会を一度も持てずに生涯を閉じるか、閉じようとしている。しかも規格化された元抑留者団体の集合的記憶は、自分らの個別体験の確証を見いだせる原版とはかぎらない。八〇年代末以降、ＫＺ記念遺跡が中心となって、「忘れられた犠牲者たち」とドイツ内外の元抑留者たちに対して聞き書きのインタヴューを精力的に実施し、からくも生還した、党派や運動とは無縁な人びととの記憶がやっと記録されるにいたった(16)。むろん網羅的とはいかなかった。ＫＺ体験のトラウマをかかえ続け、生きるために沈黙の道をえらんだ元抑留者も少なくない。オーラル・ヒストリーの方法的困難は、ＫＺ生存者については格別であり、その記憶証言を史料として活用する際の難問でもある（⑨:20-24;⑩:22-30）。いずれにしろ、記念遺跡に蓄積された「その他大勢の」記憶証言を無視しては、「ＫＺ抑留者社会」の全体像は語れない。数は多くても、どれも個別事例的な証言である。多くの記憶違いをふくみ、互いに矛盾する証言群である。それらを合算した総和が「抑留者社会」の正体とはいえないだろう。ユライトとオルト（Ulrike Jureit/Karin Orth）は各個人の聞き書き記録を、ひたすらその個人の「生きぬく物語（Überlebensgeschichte）」の細部にこだわって読み解き、ノイエンガメの「抑留者社会」の真実を見きわめようとする(17)。シュトレーベル（Bernhard Strebel）は、特定の役職抑留者に自・他の記憶の証言力を集中的に動員して、各女性カポの生きざまを再現し、そこからラーフェンスブリュク収容所社会の内部構造を映しだす(18)。記憶証言の史料的価値を活かす方法的模索の好例である。

シンポジウム報告書でハーテヴィヒはこう明記した。「抑留者社会は、あらゆる抑留者の生残るチャンスが同じように少ない、という意味での平等な犠牲者社会ではない」と。九五年一二月の別のシンポジウムの報告書「生き残りの戦略（Strategie des Überlebens）」にも、彼女は同じ報告を寄せている（①:948;cf.⑪:124ff.）。このことは今ではすでにＫＺ史研究における共通認識とみなせる。役職抑留者の任用、権限、特典、人数と構成を具体的に確かめるかぎり、ＫＺ世界がみせる極端な差別構造は否定しようがない。近年、その内部構造の分析が著しく進捗し、解明がすすんでいる。先の「生き残りの戦略」シンポジウムのボッツ（Gerhard Botz）論文は、「内部構造、日常行動、KZにおける生き残りのチャンス」をテーマとする。戦時の基幹収容所では収容所古参（Lagerälteste）以下の「自己管理」の要職をドイツ人政治囚のベテランが占有し、彼らを頂点とする一〇パーセントの名士・中間層が「抑留者社会」の上部に出現する。それより下位の「普通抑留者（Normalhäftlinge）」は、KZの破滅的条件をもろにうけ、精々三―六週間の生存しか望めない。役職システムの順位がカテゴリー区分や人種・民族の序列と重なり、構造のヒエラルヒー化が貫徹する。と同時にヒエラルヒー構造は、役職者を軸とする「生き残りの戦略」の適用範囲を狭めていく。圧倒的多数の抑留者が頼れたのは、友人・知己、血縁・地縁、国籍によるグループ形成であり、それをこえる生き残りの連帯はまれであった、とボッツは結論する（⑩:45-71）。「自己管理」システム、つまり政治的な「連帯と抵抗」の枠外の多様なグループ形成とその生存効果に注目した力作である。カイエンブルクの特集論文とあわせて読まれるべきだろう。

シュトレーベルやヴァグナー（Jens-Christian Wagner）の基幹収容所研究（⑩、⑫）は、それ自体、研究史上にのこる画期的業績といえよう。立ちいった検討は割愛し、当面は「抑留者社会」の分析と考察にかぎることにする。ゾフスキの見解にならってシュトレーベルは、KZ権力構成の持続と安定を支えたのが役職抑留者システムであったことを重視する。しかもこのシステムはSSの定めた人種的な「抑留者ヒエラルヒーの鏡像」として性格づけられる。戦時の急増した外国人抑留者からは当初、役職者が「SSの手先」と知覚されたとしても、少しも不思議でない。生き残りの最も現実主義的な前提は役職システムの影響圏内に入ることだが、その可能性は一部の抑留者にかぎられた。シュトレーベルはラーフェンスブリュク女性収容所の実態として、とくに友人関係や少人数の関係グループ内の持ちこたえの成否に注意を向けるのである（⑩:228-241,530ff.,insb.532-534）。本書ではまた、「ラーフェンスブリュクへの道」をたどった女性たちの政治的・社会的・民族的に多様な姿を、実に根気よく再構成してみせる（⑩:103-183）。

ヴァグナーのミッテルバウ＝ドーラ研究も、従来この収容所研究では周辺化されてきた抑留者グループ（ユダヤ人、シンティ・ロマ、同性愛者、エホヴァの証人、女性、子どもと青少年）の悲惨な運命に目をむける（⑫ :405-431）。この人びとも、他の捕囚者も飲みこんだ収容所社会をヴァグナーは、鋭く分節化され、厳しくヒエラルヒー化された世界として描く。「極端な不平等」、「極端な社会的格差」に貫かれたKZでは、「謀反的な反ファシズム闘争共同体」など望むべくもない。ヴァグナーは「多くの生還者の自画像」を傷つける悲観材料を挙げていく。抑留者個人、集団、民族間の根深い不信と確執。そしてなによりも、「特権的役職抑留者と名もない《普通の》捕囚者との間の深い溝」。大多数の捕囚者は前者とは「別の世界に生き、そして死んだ」。要するに抵抗とは「名士的抑留者の問題」であったのだ、と彼は断定する（⑫ :insb. 395f.,399f.,405,451）。

九三年刊のゾフスキ著『テロルの秩序：強制収容所』は権力社会学モデルをもちいて、SSの絶対権力（absolute Macht）が支配する「閉ざされた小宇宙」としてのKZの、いわば理念型を造りだす。「自己管理」が絶対権力の下部構造である以上は、役職抑留者はシステムの機能論理に絡めとられ、抵抗をめざすがゆえに「抑留者たちの敵」にもなる。ゾフスキの乾いた筆致は、「普通抑留者の世界」で日常的に演じられる「無慈悲な生存競争」におよび、一人の生がもう一人の死を意味する、ゼロサム・ゲームの冷厳な事実を読者に突きつける。「連帯には物質的基礎が欠けたのだ」という（⑬ :insb.172f.,189f.）。テロ機構としてのKZの本質が凝縮的に示される本書は、歴史家にもおおむね好評である。時期や場所の歴史的特殊性がすべて捨象されているため、経験的事実による検証が必要である、というのが歴史学からの平均的応答のようだ(19)。ベルリン協会のレールは数少ない批判者の一人である。ゾフスキの絶対権力論では「犠牲者の絶対無力」が帰結され、抵抗はSSとの共犯関係に転化する。歴史的環境から切断されては、ナチ体制が必要としたKZの歴史像は獲得できない、と彼は歴史家たちの鈍さを嘆く（⑤ :254-256）。

ではKZでの「連帯と抵抗」はやはり神話か、単なる修辞か。ツヘル（Johannes Tuchel）はKZでの抵抗の可能性を否定し、連帯との区別を厳密にする（⑪:231ff.）。むろんこれには異論が多く、カイエンブルクもその一人である。抵抗の概念規定という不毛な論争をさける彼は、ラングバインの抵抗概念を採用する（④:18-20）。「抑留者全体または一集団を狙った、収容所指導部の（絶滅的）計画を妨げ、弱めようとして、企てられた行動とその準備をすべて抵抗概念にまとめる。」と（⑧:49f.）。ＫＺ抑留者社会の個別的実態が明らかになるに伴い、「ＫＺにおける連帯と抵抗の可能性と限界」も、経験的事実に即したいっそう綿密な検討が必要になるであろう。

おわりに

歴史学の科学的客観性をふりかざした分析・考察は、人びとの過去への思い出や記憶の園にしばしば土足で踏みこむ。そしてその記憶を組み換え、変形して、まったく別の意味を付与することがある。ブーヘンヴァルト記念遺跡の新構想の断行も、その役を歴史家に求めた。ブーヘンヴァルト神話の解消に歴史家として辣腕をふるったのがニートハマー・チームにほかならない。ブーヘンヴァルト収容所活動協会はこれに正面から対決し、反ファシズムの記憶の死守をはかって敗れた。二〇〇四年現在、旧ＤＤＲ国立記念遺跡を支えた犠牲者諸団体は、新記念遺跡と手を切っている。「記憶」と「歴史」の厳しい緊張関係がここには露呈する。ボッツ論文がつぎの問いで締めくくっているのは意味深長である。「まだ一つの問題が後にのこらざるをえない。《後で生れたもの》が最後の生き残りの人たちから、最後の幻想を奪っていいものなのか」と（⑪:69）。ニートハマーも歴史家のＫＺ史研究をたじろがせる要因の一つに、「犠牲者の心情」への配慮と、「後世代の日常体験を遥かにこえるその体験の持つ独得の雰囲気（Aura）」をあげる（①:1052）。それが歴史家に立ちはだかる壁でなくなる日がくるのであろうか。

【註】

（1）以下、①:100の①は文献一覧の文献番号、100はその参照または引用箇所の頁数を示す。
（2）Ursula Härtl (Red.) *Die Neukonzeption der Gedenkstätte Buchenwald* (Weimar 2001), S.11.
（3）ブーヘンヴァルト記念遺跡の生徒見学のための事前学習本には、文献①の序文が一部を除き採録されている。*Materialien für die Vorbereitung von Besuchen in den Gedenkstätten.Materialien.*Heft 43.hrsg.v.ThILLM / Stiftung Gedenkstätten Buchenwald u. Mittelbau-Dora (Bad Berka 2000) S.13-21.
（4）ニートハマーの見解はシンポジウム報告書の講評の一部も参照（①:1046-1052）。
（5）元病室看護士ティーマン（Helmut Thiemann）の赤裸々な証言も参照（①:945ff.）。
（6）この点に関してニートハマーが引証するのは、元ブーヘンヴァルト抑留者でスペイン共産党員だったセンプルンの自伝的作品の記述である。ホルヘ・センプルン著、榊原晃三訳『なんと美しい日曜日！ブーヘンワルト強制収容所・一九四四年冬』（岩波書店 一九八六年）Ⅰ、一五一頁以下、Ⅱ、一二五―一三〇頁。
（7）そう述べながらも、しかし親衛隊幹部層と共産党抵抗グループが、第一次世界大戦に直接関われなかった同一世代（遅れてきた世代）に属し、その結果、この世代特有の社会観を共有していたとも書く（②:51f.,141f.）。
（8）本書への反響については、⑦:19f.;Jans Foitzik.Rezension,in:*IWK*.2/95,S.264f. などを参照。
（9）同時に共産党員の同胞への責任感、人間的誠実さを強調する（③:95,111）。
（10）ほとんど同一内容のノートがWandlitz auf dem Ettersberg? Zur Debatte um die roten Kapos von Buchenwald,in:*Zeitschrift für Geschichtswissenschaft*,Jg.42. Hf. 2 (1995), S.159-166. として公表されている。
（11）新常設展示の内容構成（一九九九年一一月現在）は、*Materialien*.43（注(3)の文献）の巻末付録 Arbeitsblätter um KZ Buchenwald を参照。
（12）その間の経過は拙稿「元ナチ強制収容所記念遺跡における集合的記憶の行方」『人文論究』五五巻二号（二〇〇五年）を参照。
（13）九〇年代の「赤いカポ」論争では、役職抑留者システムのKZ間の差異を無視しかねない傾向があったことをシュトレーベルは指摘する（⑩:229）。

（14）Detlef Garbe/Harriet Scharnberg(Red.) *Häftlinge im KZ Neuengamme*(Hamburg 1999).insb.S.172-187. 前掲拙稿、一一七—一二八頁も参照。

（15）コーゴンの翻訳書の該当個所を参照。E・コーゴン、林功三訳『SS国家』（ミネルヴァ書房　二〇〇一年）、三五〇頁以下。

（16）この間の事情は前掲拙稿、一一〇—一一一頁。*Gedenkstätten-Rundbrief*,Nr.48/1992, S.7-10;Nr.50/1992,S.10-14. などを参照。

（17）U.Jureit/K.Orth,*Überlebensgeschichte.Gespräche mit Überlebenden des KZ-Neuengamme*（Hamburg 1994）,S.56-152.

（18）Berhard Strebel,Verlängerter Arm der SS oder schützende Hand? in:*Werkstatt Geschichte*,12（1995）,S.35-49.

（19）たとえばガーベ（④:15）、ツヘル（Ders. Möglichkeiten und Grenzen der Solidalität zwischen einzelnen Häftlingsgruppen im nationalsozialistischen Konzentrationslager, in: ⑪:222,234）の論評を参照。

【文献一覧】

① *Die nationalsozialistischen Konzentrationslager.Entwicklung und Struktur*.hrsg.von Ulrich Herbert.Karin Orth u. Christoph Dieckmann,2Bde（Göttingen 1998）.

② Lutz Niethammer(Hg.),*Der „gesäuberte Antifaschismus". Die SED und die rote Kapos von Buchenwald. Dokumente*(Berlin 1994).

③ *Bulletin* Nr.5, Berliner Gesellschaft für Faschismus und Weltkriegsforschung(1995).

④ *Beiträge zur Geschichte der nationalsozialistischen Verfolgung in Norddeutschland*, Heft 4(1998).

⑤ *Tod oder Überleben? Neue Forschungen zur Geschichte des Konzentrationslagers Ravensbrück* (Berlin 2001).

⑥ Manfred Overesch, *Buchenwald und die DDR* (Göttingen 1995).

⑦ Ulrich Peters, *Wer die Hoffnung verliert, hat alles verloren. Kommunistischer Widerstand in Buchenwald* (Köln 2003) .

⑧ Hermann Langbein, *...nicht wie die Schafe zur Schlachtbank* (Frankfurt/M. 1997).

⑨ Hermann Kaienburg, *„Vernichtung durch Arbeit“. Der Fall Neuengamme* (Bonn 1990).

⑩ Bernhard Strebel, *Das KZ Ravensbrück. Geschichte eines Lagerkomplexes* (Paderborn u.a. 2003).

⑪ Robert Streibel/Hans Schafranek (Hg.), *Strategie des Überlebens* (Wien 1996).

⑫ Jens-Christian Wagner, *Produktion des Todes. Das KZ Mittelbau-Dora* (Göttingen 2001).

⑬ Wolfgang Sofsky, *Die Ordnung des Terrors: Das Konzentrationslager* (Frankfurt/M. 1997).

第一六章
初代連邦大統領テオドーア・ホイス
――二十世紀ドイツ社会に生きたある政治家の肖像――

爲政雅代

はじめに

現在のドイツでテオドーア・ホイスTheodor Heussという名を出すとき、どれほどの人が彼について知っているであろうか。初代連邦大統領を務めた彼ではあるが、どちらかと言えば、強烈な印象を与えた人物とは言い難いかも知れない。二〇〇三年にドイツ第二放送ZDFがおこなった人気投票「偉大なドイツ人、良きドイツ人」において、彼の名前は一一四位にランクされた。ちなみに、この調査で一位となったのは、ホイスが大統領として在職した時の首相コンラート・アデナウアーKonrad Adenauerであった。まさに対照的な結果である。もはや現在のドイツ人にとって、ホイスは通りや建物の名称に残された「聞いたことはある人物」になりつつある。しかし、こういった傾向を危惧するかのように、近年のホイス研究は新たな局面を迎えつつある(1)。二〇〇二年三月八日には、ホイスが大統領辞任後に居を構えたシュトゥットガルトの邸宅に「連邦大統領テオドーア・ホイス記念館 Bundespräsident-Theodor-Heuss-Haus」が開館し、ここを活動拠点とした研究グループが立ち上げられ、研究叢書の発行も開始されている。何より、この記念館の財政基盤は連邦政府にあり、連邦政府が支援する第五番目の政治家の記念館として建設されたことからも、ドイツにおけるホイスの位置づけの高さが窺える。一九九四年に連邦議会で決議されたホイス財団の設立目的は、以下のとおりである。「ドイツ国民の自由と統一、ヨーロッパ、諸民族の協調と和解に貢献したドイツ連邦共和国初代大統領テオドーア・ホイスの影響力に思いを寄せ、ドイツ連邦共和国の新しい歴史と建国について理解をうながすことにある(2)」。このように設立目的には、ホイスが連邦大統領としてドイツ社会に与えた影響について言及されている。

そのテオドーア・ホイスは、まさに二十世紀という激動の時代を駆け抜け、連邦大統領にまで登りつめた。帝政期に生まれ、ワイマル共和国で活躍し、ナチスを目の当たりにし、敗戦後の社会を生きた人物であった。この人物を多面的にとらえるとき、二十世紀ドイツ社会の潮流を概観することも可能となる。そこで、本稿では、二十世紀のドイツ社会という大きなうねりのなかにホイスを置き、連邦大統領となった一政治家としての肖像を追う。

一　ワイマル共和国のもとでの活動

一八八四年生まれのホイスにとって、ワイマル共和国とは自分が持つ能力を試す場であり、かつ自分の意見を形成する場でもあった。しかし、ハイルブロン市の建築官の三男であったホイスが、ワイマル共和国において様々な活動の場を得るには、彼を支える人間が必要であった。ミュンヘン大学での博士論文の指導教授であったルヨ・ブレンターノ Lujo Brentano、妻エリー・ホイス・クナップ Elly Heuss-Knapp の父であり、シュトラースブルク大学教授であったゲオルク・フリードリヒ・クナップ Georg Friedrich Knapp らは、彼の人脈と知見が幅広いものとなるきっかけを与えてくれた。そして、ホイスにさらなる飛躍の場を与え、彼の活動に対して惜しみない支援をしたのが、フリードリヒ・ナウマン Friedrich Naumann であることは疑いない。ホイスは回顧録のなかで、ナウマンとの関係について「ナウマンが私にフリーハンドを与えてくれたけれども、最初は様々な助言も与えてくれた(3)」と述べている。ナウマンはドイツ民主党ＤＤＰにおける政党活動だけではなく、ジャーナリストとしての様々な活躍の場を彼に与えることとなった。ワイマル共和国成立後まもなくナウマンは死去するが、彼が持っていた人脈や活動拠点をもとに、ホイスはワイマル共和国という不安定な時代をも謳歌したのである。

この時期における彼の活動分野は主には四つに分けられ、政治家、ジャーナリスト、文化団体役員、教員と整理することができる。まず、ＤＤＰの政治家として、ホイスは帝国議会選挙に立候補する。しかし、当初は非常に不遇であったと言わざるを得ない。つまり、選挙に勝てなかったわけである。これは選挙区内における利害対立から比例名簿で一位になることができなかったためであり、政党政治の犠牲となった結果であった。彼を支持する熱心な後援者もあったが、若手政治家の議会進出は阻まれていた(4)。ようやくホイスが議席を獲得したとき、ＤＤＰはすでに議会での勢力を失速させつつあった。また、ＤＤＰはつねに左派と右派に分裂しており、党内調整が難しく議会で政策を反映させる能力も低下していた。さらに、落選によってしばらく浪人生活を強いられた後、政界に復帰したときには、もはやＤＤＰはなく、ドイツ国家党ＤＳｔＰの議員として選出された。一九三〇年代のワイマル共和国では右翼の台頭がめざましく、そのなかで弱小政党の議員としてそれほど華々しい議会活動はできなかった。

このように、政治家としては活動の限界を感じていたものの、他方でホイスはジャーナリストとして名を馳せることになった。帝政期に彼はすでにジャーナリストとしての経験を積んでおり、これがワイマル共和国において意見を表明する機会を与えることとなる。ジャーナリストとしての第一歩は、ナウマンが一九〇五年に雑誌『ヒルフェ Die Hilfe』での編集の仕事を与えたことに始まる。これ以降、ホイスは様々な新聞や雑誌の編集に携わった。また、ホイスは第一次世界大戦に志願したものの、肩の脱臼により従軍できなかったため、戦時中もジャーナリスト活動を継続した。例えば、故郷ハイルブロンでの仕事となった『ネッカー新聞 Neckar-Zeitung』の編集、運営が傾きかけていた雑誌『メルツ März』の再建などである。そのようななかで、彼はジャーナリズムを文学的な領域の仕事ではなく、政治的なものとしてとらえていた。つまり、政治家という職業と同じ範疇にあると考えていたのである(5)。こういった見解から、ワイマル共和国で政治家として満足な立場にない時に、その鬱憤を晴らすかのように、筆によって自分の主張を世論に訴え、政治活動を展開したということができよう。おりしも出版文化が花開いたワイマルでは、多種多様な新聞や雑誌が出版され、彼の記事はあらゆるところで目にされるようになった。例えば、DDPに近い新聞である『フランクフルト新聞 Frankfurter Zeitung』、『フォス新聞 Vossische Zeitung』、『ベルリナー・ベルゼン・クリエ Berliner-Börsen-Courier』、『ベルリナー・ターゲブラット Berliner Tageblatt』などを主として、そのほか数多くの新聞に彼の記事が掲載された(6)。編集者としても、雑誌『ドイツ政治 Deutsche Politik』や『ドイツ国民 Deutsche Nation』などの編集に関わった。また、これらに加えて、一〇冊あまりの著書を執筆し、ドイツ政治の現状や将来に対する彼なりの見解を述べている。例えば、『新しい民主主義 Die Neue Demokratie』(一九二〇年)では、民主主義社会における統治、国民、行政、経済など多岐にわたる問題を取り上げている(7)。特に、彼の著書のなかで注目を集めることになったのが、一九三二年に出版された『ヒトラーの道 Hitlers Weg(8)』である。これは一九三一年二月にテュービンゲン大学でおこなわれた講演を基にしたものであるが、出版後には八版を重ね、オランダ語、イタリア語、スウェーデン語にも翻訳された。彼自身、ナチ党の機関紙『フェルキッシャー・ベオバハター

Völkischer Beobachter』を毎日購読し、ナチスとヒトラーの動向をつぶさに確認した。彼は、ナチスの活動を新しい政治スタイルとしながらも、その本質は既存のものの焼き直しにすぎないと判断した。ホイスはこの著書が当時の『フランクフルト新聞』で取り上げられ、「政治への案内書」と評されたと回顧録のなかで記している(9)。ただし、同書が後に彼の人生を大きなうねりへと巻き込むこととなる。

こういったジャーナリストとしての活躍は、彼の行動範囲や視野を拡大させた。雑誌『ヒルフェ』の編集活動のなかで、彼は文化領域に足を踏み出すことになり、ドイツ工芸連盟 Der Deutsche Werkbund やドイツ作家連盟 Schutzverband Deutscher Schriftsteller に所属し、事務局などを務めることになる。ただし、一九二六年にはドイツ作家連盟代表の座を追われている。これは、この年に有害出版物取締法が議決され、ホイスがこれを支持していたことがその背景にある。この法案が「国家による芸術の検閲」と批判されたために、代表としての進退を問われた。しかし、芸術家や作家との交流はこれで終わったわけではなく、彼らとのつながりは戦後にまで維持される。そして、その人的交流がホイスを知識人へと育て上げる土壌のひとつとなる。

さらに、ホイスはこのような多彩な活動を自らの体内で消化した上で、政治家やジャーナリストの経験に基づき、政治への知識を学生に提供していた。これがドイツ政治大学 Deutsche Hochschule für Politik における教員としての活動であった。ナウマンが創立したドイツ政治大学は、当時、多く設立された政党大学のひとつであり、そして、政治教育をおこなう場であった(10)。ベルリンにあるこの学校において、ホイスは教員としてだけではなく、一時的には教務主任も兼任し、大学における教育や運営にたずさわった。ホイスは第一次世界大戦後のドイツ社会において、この大学を「ドイツ国家の再建にとって必要な道具」と位置づけており(11)、こういった観点からドイツ政治を支える人材を育成し、彼らに政治に関する包括的な知識を与え、加えて、政治教育を施すことによって、分別のある成熟したドイツ国民の形成を目指した(12)。さらに、政治教育の実践については、共和国郷土教育センター Reichszentrale für Heimatdienst の活動にも積極的に関与し、センター発行の雑誌や叢書への執筆を請け負うだけではなく、公開講座や講演も引き受け、内政問題に関する講演などをおこなっている(13)。

以上のような多岐にわたる彼の活動を、的確にまとめた言葉がある。歴史家カール・ディートリヒ・ブラッハーは一九六四年のホイス追悼講演においてこう述べた。「ジャーナリストとして、演説家として、テオドーア・ホイスは知識人と政治を、つまり、精神性と権力を精力的に橋渡しし、ワイマルにおけるドイツ政治大学の教員として、民主主義への理解をうながそうと努めたのでした(14)」。こう評価された彼の活動の原点はワイマルにあったのである。

二　ホイスとナチス

一九三三年はホイスにとって大きな転機を与えることとなる。ナチスが政権を掌握し、全権委任法を通過させ、強制的同質化が開始されるなかで、ホイスはこれまで築いてきたものをすべて失ってしまう。同時に、全権委任法に賛成票を投じることによって、彼の政治家としての人生に大きな汚点を残した。この政治的決断は現在にまで議論の対象となっている。その全権委任法への投票には、ホイスはＤＳｔＰの議員として参加した。このとき、ホイスが属するＤＳｔＰの議員はわずか五名。彼らの賛否が趨勢を左右したかどうかと言えば、大勢に影響を及ぼさなかったと容易に想像がつく。しかし、五名のなかではぎりぎりの段階まで賛成か反対か、あるいは、棄権かについて議論が分かれていた。その時のホイスの立場は、「反対」であった。彼に同調するものは、ヘルマン・ディートリヒ Hermann Dietrich ただ一名であった。これに対して、賛成を主張するものは三名であり、ホイスらは劣勢となる。賛成派は、将来的にナチスの政権が何らかの形で崩壊した際に政権に復帰できるように、ナチスのパートナーとして議会に残ることが必要であると主張した(15)。最終的に、DStP議員五名は、全権委任法に対して賛成票を投じた。

戦後、彼の決断が物議を醸し出すことになる。一九四六年に、ヴュルテンベルク・バーデン州議会において全権委任法に賛成した議員に対して攻撃があったことを受けて、全権委任法賛成票調査委員会が発足することとなった。そして、ホイスも調査委員会による調査対象者となり、一九四七年二月一二日に委員会の召喚を受けて発言している。このなかで、彼は「私自身は、本来投じるべきであった反対票――政治的決断ではなく、道徳的感覚の「否」であったということもできるだろうが――ではなく、賛成票を投じたが、このことに責任を感じ、この事実を否定することもない」とし、自分の責任性を受け入れ、結果的に、委員会による裁決は彼の責任性を問わないものであった(16)。ただし、この発言のなかで彼は「反対演説案を準備していた」としている(17)。さらには、全権委任法について述べた『回顧録断片』のなかで「私自身は、二つの演説案を準備しており、ひとつは反対演説案であり、もうひとつは棄権演説案であり、議会で述べるために準備していた」と述べている(18)。つまり、賛成票を投じたものの、実際に反対や棄権についての演説案まで用意しており、個人的な心情としては反対への強い意思があったと強調したのである。そして、この発言が現在に至るまで、ホイスによる全権委任法に関する見解の分析を困難にしている。それは、ホイスがその存在を主張している「反対演説案」が、遺稿に見当たらないためである。そこで、ヘスは残されている棄権演説案を読み込むことによって、この分析に当たっている。彼は特に演説案の締めくくりの言葉、「私たちの良心ゆえ、責任を引き受けることはできない。また、今後の責任を明らかにするために、我々は政府がこの責任についての決定権を持つことに異論を唱える（傍点筆者）。それゆえ我々は、棄権するものである」に着目し、ホイスのなかではこの「異論を唱える」の部分が印象に残り、これを反対演説案と解釈してしまったのではないかとしている(19)。

全権委任法をめぐって、反対演説案の欠如から彼の見解についての分析は決着を見ていないものの、彼が政治的な決断の重さについてどの程度認識していたかについては、次の言葉によって把握が可能であろう。「ジャーナリストとして、政治家として、後に遺憾に思うような決断を迫られた我々の誰もが、愚行を犯したのである。しかし、愚行という概念は、この法案への賛成という行為を到底表現できるものではない。また、『後に』という言葉も、私の心象風景を的確にとらえてはいない。つまり、私は当時、すでにこの法案に『賛成』の態度を示したという事実を、私の人生から決して消し去りえないだろうと十分に分かっていたのだ(20)」。まさにホイスが述べているように、彼の決断は現在までも彼の人生から消し去られていないのである。ただし、他方ではこうとも言っている。「『全権委任法』は、ナチズム政治のさらなる実質的な進展に意味をなさないという私の揺るぎない確信があった(21)」。ヘスの研究はこの部分に着目し、全権委任法の意味を希釈することによって、賛成という行為へのホイス自身による防衛的な意識が見えるとしている(22)。賛成票を投じてしまったことは「愚行」であったが、政党の利害や全権委任法への判断により賛成票を投じたことには、ある一定の理由もあった。すなわち、このように聞こえる彼の弁明は、当時、ナチスに対して誰もが抱いた甘い判断や言い訳の代表的なもののひとつであった。

いずれにしても、賛成という意に染まぬ決断の後、彼の人生に控えていたのは、失業であった。一九三三年五月一〇日におこなわれた焚書は、ジャーナリストとして活動していた彼にとって、活動基盤の根底を揺るがすものとなった。彼の著書のなかで、『ドイツの危機から生まれた指導者』と『ヒトラーの道』が焚書の対象となり、燃え盛る火の中に投げ込まれた。焚書以前にドイツ政治大学における教員としての立場もすでに失っており、また、その後には帝国議会議員の権利も剥奪された。郵便物は監視され、友人は亡命し、訪れる者はいなくなり、社会から排除される生活が始まった。しかし、亡命の意思は持たず、ナチスへの一定の妥協が強いられるなかで、雑誌『ヒルフェ』の編集(一九三六年まで)、『フランクフルト新聞』への記事投稿、伝記執筆といった出版活動をなんとか守り抜いた(23)。生き抜くための最低限の妥協はあったものの、「テオドーア・ホイスは一九三三年に沈黙することはなかった(24)」のであり、自らの発言の場を維持したのであった。

そのようなかで、この時期における彼の行動について意見が分かれる点がある。それは抵抗運動への関与である。ホイス研究ではカール・ゲルデラー Carl Goerdeler との接触などが大きく取り上げられ、彼の抵抗運動への関与が強調されるのであるが、抵抗運動研究においてはホイスの名前が見られることはない。これについても、近年のヘスの研究によってある一定の見解が得られており、正鵠を得た言葉でナチスと抵抗運動の関係について表現している。「（抵抗運動者たちの…筆者注）話し相手であり、（抵抗運動について…筆者注）知っていた人であり、彼らの仲間でもあった。……重要な省庁ポストへの信頼のおける候補者でもあった(25)」。一九四三年の夏までベルリンで接触する彼の人脈のなかには、抵抗運動に関わるものもあり、それについての情報も聞き及ぶこともあった。もっとも積極的な行動をとることは決してなく、七月二〇日事件のような抵抗運動に参加することもなく、抵抗運動のなかでは脇役にすぎなかった。しかし、抵抗運動に関心を寄せていたのは、事実である。ナチス支配下において、ホイスは社会から排除された状況のなかで最低限の妥協をおこなったが、他方では、あくまでも消極的ながらも抵抗を示し、沈黙することはなかったのである。

三　初代連邦大統領としてのホイス

「一九四五年五月九日。昨日は戦勝国が勝利の日《ビクトリー・デイ》を祝っていた。我々は、この日がドイツの歴史のなかで最もひどい日々に数え上げられるにちがいない日という意識をもって、ラジオでその内容を確認した。ただし、それは我々が一九一八年一一月に経験した政治的・軍事的敗北とは完全に異なる精神状況のなかにあったのである(26)」。ドイツの無条件降伏を受け、一九四五年五月九日にホイスが書き記した冒頭の言葉の一部である。そして、彼は一九四五年を、第一次世界大戦に敗北した一九一八年とは異なると表現した。数週間後、前述の表現を詳細に述べたものがある。「当時（一九一八年一一月…筆者注）、ドイツの多くの人たちが想像しなかった軍事的な敗北は、大きな衝撃をもたらすこととなった。今回（一九四五年五月…筆者注）、敗北は待ち望まれたものであり、また、敗北は冷静に理解されていた。ナチス内部や親衛隊などによるテロ行為が月を経るに従って多くなってきており、これがもうすぐ来るべき日がやってくるという兆候であった(27)」。一九四五年はホイスにとっても、ドイツ国民にとっても「待ち望まれた敗北」であり、この瞬間にホイスは生き残ったのであった。では、ホイスは「生き残り」としてどのような戦後を生きていくことになるのか。

ホイスは敗戦を疎開先ハイデルベルクで迎え、この場所から活動を開始する。その彼にまず活動の場を与えたのは、この地域を占領下においたアメリカ軍であった。彼は『ライン・ネッカー新聞 Rhein-Neckar-Zeitung』の発行許可を占領軍より与えられ、ジャーナリストとしての再出発をおこなう。また、一九四五年九月に設立されたヴュルテンベルク・バーデン州政府への入閣を占領軍より要請され、文部大臣に就任し、占領軍によって推し進められる再教育政策に従事することとなる。このために、シュトゥットガルトへ転居することとなり、その地で政治家としての活動も再開させた。さらに、これと平行し、政党政治家として、ワイマルにおける自由主義政党の分裂を反省し、派閥を超え、自由主義勢力を結集した市民政党の結成を目指した。ただし、この構想は挫折し、自由主義政党は小党としての出発を余儀なくされた。この過程で、一九四六年九月のアメリカ占領地区における民主人民党ＤＶＰの結成に際して彼は党首に就任した。最終的に一九四八年一二月に西側占領地区において発足したドイツ自由民主党ＦＤＰの党首にもなったが、留意すべきところは、ホイスの影響力が大きなものではなかったことである(28)。しかし、ホイスは、一九四五年にはワイマルの頃のように、様々な場所において活動基盤を取り戻しつつあった。そしてほどなく、新しい国づくりにも参加することとなる。彼は一九四八年九月に召集された議会評議会 Parlamentarischer Rat に参加し、基本法の制定に関与し、調整役とされる役割を果たすことになる。この場では、様々な案件において議論がしばしば紛糾した。例えば、国家名、基本法前文など、参加者たちの意見が食い違いを見せることが多かった。この際に、ホイスはそういった状況を打破するだけではなく、彼の考えを述べることによって、結論へと導くこともあった。西ドイツの国家名について意見が分かれた時に、「ドイツ連邦共和国 Bundesrepublik Deutschland」と名づけたのは、ホイスであった。国旗の選定について、一八四八年革命の伝統を持ち出した上で、黒赤金にこだわって主張したのも、彼であった(29)。さらに、基本法前文について見解の一致が見られないなかで、最終的にはホイスによる起草案が採用された(30)。こうしたことから、議会評議会において、彼は仲介役としての役割を担ったとされている(31)。そして、その功績により、彼は「基本法の父」と呼ばれた。

以上のように、ホイスは様々な場面において、新しい国家の基盤を形成することに尽力したわけであるが、その後には新しい国家そのものを建設するというより大きな役割を担うこととなる。それが、連邦大統領への就任であった。連邦大統領となったホイスについて、次のような評価がある。「ホイスは生まれながらの大統領であった」。ただし、この文章には続きがある。「そして、月並みに聞こえるかもしれないが、アデナウアーは生まれながらの首相であった(32)」。つまり、ホイスは連邦大統領としての職務をこなす十分な素質を兼ね備えており、外交手腕などでその能力を発揮するアデナウアーはまさに首相の器と評された。彼らがそれぞれの役割を担った時期は「アデナウアー時代」と呼ばれ、ホイスはアデナウアーの影に隠れた存在として扱われてきた。しかし、実際にホイスはアデナウアーの影であったのか。

まず、連邦大統領の就任についてであるが、これにはキリスト教民主同盟ＣＤＵからの支持を前提としていた。先の連邦議会選挙（一九四五年八月一四日実施）の結果を受けて、アデナウアー率いるＣＤＵはＦＤＰとの小連立政権を目指していたため、ホイス支持を表明することとなった。ＣＤＵ党内ではホイスの宗教的な姿勢について多少の反対があったものの、アデナウアーがこれを鎮めることにより、決着を見ていた(33)。一九四九年九月一二日に実施された連邦大統領選挙には五名の候補者が名乗りを上げた。連邦会議第一回投票で、ホイスは三七七票、ドイツ社会民主党SPDから立候補したクルト・シューマッハー Kurt Schumacher は三一一票、そのほか三名の立候補者は多くの支持を集めることができず、事実上、ホイスとシューマッハーの一騎打ちとなった。しかし、この連邦会議では両者とも有効投票数八〇四票のなかで過半数である四〇三票を獲得しておらず、第二回投票にもつれ込む。そして、第二回投票ではホイスが四一六票、シューマッハーが三一二票となり、ホイスが連邦大統領に就任したのである。

ホイスの連邦大統領就任そのものには、確かにアデナウアーの尽力があった。しかし、その大統領としての活動は、彼がこれまで培ってきた素養が反映されたものであった。同時に、彼の活動はその後の連邦大統領の模範とされる(34)。連邦大統領の職務については、ドイツ連邦共和国基本法第五四条から第六一条までに明記されているが、実際にはこれらがその活動のすべてではない。基本法には、選出手続き、非両立性といわれる中立的な立場、権限、任命罷免権、訴追などについて言及されているにすぎない。連邦大統領の職務内容はこれら以上に多岐にわたるものであり、各連邦大統領が必要に応じて作り出し、受け継がれてきたものである。就任演説において、ホイスは連邦大統領の職務について次のように述べている。「我々すべてが一緒になって、この大統領という職務から何か伝統のようなもの、あるいは、力というようなものを導き出すことである。その伝統や力とは、節度や重要性を持ち、政治的な駆け引きのなかで自らをしっかり持とうとするものである(35)」。そのようななかで、ホイスが重視した活動が演説であり、これは当然のことながら基本法で言及されない職務内容である。ワイマルを反省し、政治的な権限を制限された連邦大統領は、政治的影響力を及ぼすことができない存在であったが、演説が世論に訴える手段になると彼は考えていた。ホイスはこれを有効に活用し、西ドイツという新たに生まれた国家が、国民に受容されるように推し進めた。在職中の演説は実に七七五回に及ぶ。就任直後に実施された各州訪問では、基本法に反対したバイエルン州を最初に訪問し、演説をおこなう気遣いも見せている[36]。また、演説により国民に過去への反省を訴え、内外に高く評価された。このなかでも、ベルゲン＝ベルゼン強制収容所における演説「警鐘碑 Das Mahnmal」（一九五二年一一月三〇日）は有名である。ホイスはこの演説を告白から始めている。「私はベルゼンという言葉を一九四五年初頭にはじめてイギリスのラジオから聞いた。そして、私はこの国の多くの場所で似たようなことになっていたと知っていたのである。私たちは知っていた、いや、少なくとも私は知っていたのである。ダッハウ、ワイマル近郊のブーヘンヴァルト、オラニエンブルクといった場所の名前をはっきりと記憶して、いまやその名前が褐色で塗られていると[37]」。当時を生きたドイツ人の一人としてこのように告白した上で、次のようにも述べている。「ドイツ人はこのような恥ずべき時代に彼らの同胞がどのようなことをおこなったかについて、決して忘れてはならないのである[38]」。つまり、彼はナチスが犯した罪について、「集団としての責任」という当時の社会にとって刺激的な表現は避けつつ、「集団としての恥辱」と述べることにより、過去と向きあう姿勢を示した。

こういった活動は国民の高い評価を得ることとなり、一九五四年七月一七日には連邦大統領に再選される。前回のように強力な対抗馬が立候補することはなく、連邦会議第一回投票においてホイスは有効投票数一〇一八票のうち八七一票を獲得し、圧倒的な支持で再選された。また、連邦大統領の任期は二期一〇年間と定められているが、一九五九年に彼の任期満了を迎えるにあたって、連邦大統領の任期延長問題が持ち上がる。基本法を改正してまでもホイスに三期目への続投を望む声が高かった。しかし、これは本人が固辞することにより実現することはなかった。ホイスは大統領の職務には期限が必要であると主張してきた立場から、首相アデナウアーが申し出た基本法の改正を拒否した[39]。大統領辞任後、シュトゥットガルトに引きこもり、彼の本来の活動基盤であった執筆活動に専念し、一九六三年一二月一二日にその生涯を閉じた。その日の連邦議会では、議会を中断し、彼の死が伝えられた。「偉大なるドイツ人が我々のもとから去ってしまった[40]」と。

おわりに

ワイマルにおいて、ホイスは政治家やジャーナリストとしての能力を試しながら、この波乱の時代において大いに悩み、同時にその時代を謳歌した。一九三三年にナチスがドイツを支配下に置いたとき、ホイスは国を捨てることなくドイツにとどまることを選択した。その代償として、ナチスとのある程度の妥協は余儀なくされたが、ジャーナリストして生き抜き、完全に沈黙することはなかった。生き残って迎えた戦後には、新しい国家と向き合い、連邦大統領というドイツの精神性を代表する人物として存在感を示した。そのようななかで、政治家ホイスの一貫した姿勢はつねに「国民に語りかける人」であった。彼は話し、書くことによって、自分の見解をつねに主張し、国民との対話を求めた。結果的にこの姿勢がドイツ国民による支持にもつながった。連邦大統領再選選挙の際に、世論調査において新しい連邦大統領を望んだ国民はわずか一四パーセントであった(41)。では、彼はなぜこれほどの支持を獲得することができたのか。

戦後直後に、ホイスが『ライン・ネッカー新聞』に寄せた次のような言葉がある。「記憶がまだ新鮮なうちに、意味もなくあちこちに散らばっているかのように見える文書が破棄されないうちに、この時代（ナチス支配のこと……筆者注）の経験や記憶を集めなさい。これが重要なのだ」と訴えている(42)。ナチス支配下で生きた経験を持つ彼は、説得力を持ってこう国民に訴えることができた。そして、国民もこれを素直に受け入れた。亡命することなく、ドイツで生き残った彼に、国民は自分の姿を重ねあわせた。ただし、政治家としての彼には、致命的な傷がある。全権委任法への賛成である。これは彼の政治家としての人生に障害とはならなかったのか。しかし、この傷も国民には自明のものとして受け入れられていた。この時期のドイツ国民はすべからくナチスによる支配を経験した。この全権委任法への賛成という行為すら、彼への共感に変わる瞬間をもたらしたのではないだろうか。そして、ホイスが持つこれらの要素が、彼と国民を結びつけたのではないだろうか。戦後、ドイツ社会がホイスを必要としたのであれば、それは彼が二十世紀のドイツ人の典型的な生き方をしていたからではないだろうか。戦後ドイツ国民の精神性を読み解く上で、ドイツ国民によるテオドーア・ホイスの受容はひとつの判断基準となりうる。だが、この部分については次稿に譲りたい。

【註】

(1)　これまでのホイス研究に包括的なものは少なく、不十分であると指摘されてきていた。これについては、回顧録が一九三三年で中断されている、ホイスの多彩な活動がその全体像を把握しがたくしているなど様々な理由が挙げられているが、ここで簡単に研究史について概観をしておく。ホイスによる回顧録 Theodor Heuss, *Erinnerungen 1905-1933*, Tübingen 1963. は、一九三三年までを収録したものである。つまり、ナチス支配下での国内亡命者としての生活、連邦大統領としての活動についてなどが盛り込まれたものではない。また、ナチスの政権掌握や全権委任法について断片的に書き残された遺稿は、一九七一年に閉鎖されたテオドーア・ホイス史料館に勤務していたエバーハルト・ピカートによってまとめられた Theodor Heuss (hrsg.von Eberhard Pikart), *Die Machtergreifung und das Ermächtigungsgesetz*, Tübingen 1967. がある。ただし、文筆家として活躍したホイスによる著書、書簡、演説などは数多く出版されており、こういったものから彼の見解を把握することが可能であるが、ここでは紹介を割愛したい。ホイスに関する伝記について、ホイスも所属したＦＤＰの議員であったハム・ブリュッヒャーが執筆したもの Hildegard Hamm-Brücher, *Gerechtigkeit erhöht ein Volk. Theodor Heuss und die deutsche Demokratie*, München 1984. が最もよく引用され、これは日本でも翻訳されている（Ｈ・Ｈ・ブリュッヒャー『テーオドア・ホイスにみるドイツ民主主義の源流』

関口宏道訳、太陽出版、一九九〇年）。その他、大統領府副長官ハンス・ボットによるもの Hans Bott, *Theodor Heuss in seiner Zeit*, Göttingen 1966、ホイスが教鞭を執ったＤＨｆＰの学生でもあったハンス・ハインリヒ・ヴェルヒェルトによるもの Hans-Heinrich Welchert, *Theodor Heuss. Ein Lebensbild*, Bonn 1953. などがある。さらに、研究書や研究論文であるが、考察対象とされている時期に大きな偏りがある。そのなかで最も包括的な研究が出されているのがワイマル期であり、Modris Eksteins, *Theodor Heuss und die Weimarer Republik*, Stuttgart 1969 ; Jürgen C. Heß, *Theodor Heuss vor 1933*, Stuttgart 1973. などを挙げることができる。戦後期については連邦大統領として、とりわけ、首相アデナウアーとの関係についての研究があるにすぎないが、これについては、Eberhard Pikart, *Theodor Heuss und Konrad Adenauer*, Stuttgart 1976 ; Hans Peter Mensing（Bearb.）, *Heuss–Adenauer. Unserem Vaterlande zugute*, Berlin 1989 ; Ders.（Bearb.）, *Adenauer– Heuss. Unter vier Augen*, Berlin 1997. などを参照されたい。また、ナチ期におけるホイスの活動についてはほとんどまとまったものはなく、近年になって、ユルゲン・C・ヘスによる数本の論文 Jürgen C. Heß, „Die deutsche Lage ist ungeheuer ernst geworden. Theodor Heuss vor den Herausforderungen des Jahres 1933," *Jahrbuch zur Liberalismus-Forschung*, 6（1994）, S. 65-136 ; Ders., „Die Nazis haben gewußt, daß wir ihre Feinde gewesen und geblieben sind. Theodor Heuss und der Widerstand gegen den Nationalsozialismus," *Jahrbuch zur Liberalismus-Forschung*, 14（2002）, S. 143-195. によって、ナチスの政権掌握や抵抗運動との関係性が明らかになりつつある。

（2） Thomas Hertfelder（Hrsg.）, *Heuss im Profil*, Stuttgart 1997, S. 86.

（3） Heuss, *Erinnerungen*, S. 13.

（4） Eksteins, *a.a.O.*, S. 43.

（5） Heuss, *Erinnerungen*, S. 25.

（6） Reiner Burger, *Theodor Heuss als Journalist*, Münster 1999, S. 243ff.

（7） Theodor Heuss, *Die Neue Demokratie*, Berlin 1920.

（8） Theodor Heuss, *Hitlers Weg*, Stuttgart 1932.

（9）Heuss, *Erinnerungen*, S. 395.
（10）拙稿「ドイツ政治大学と政治――二〇世紀ドイツ社会における政治教育の実践」、『帝塚山学術論集』、第一〇号、二〇〇三年、三八－四七頁。
（11）*Politische Bildung. Wille/Wesen/Ziel/Weg*, Berlin 1921, S. 33.
（12）関口宏道「テオドール・ホイスの政治思想――ヴァイマル期を中心として」、『西洋史学』、第九八号、一九七五年、三六頁。
（13）Klaus W. Wippermann, *Politische Propaganda und staatsbürgerliche Bildung*, Bonn 1976, S. 259ff.
（14）Karl Dietrich Bracher, *Theodor Heuss und die Wiederbegründung der Demokratie in Deutschland*, Tübingen 1965, S. 9.
（15）Heß, *Jahrbuch zur Liberalismus-Forschung*, 6（1994）, S. 89f.
（16）Ralf Dahrendorf / Martin Vogt（Hg.）, *Theodor Heuss. Politiker und Publizist*, Tübingen 1984, S. 316ff.
（17）*Ebenda*, S. 317.
（18）Heuss, *Die Machtergreifung*, S. 24.
（19）Heß, *Jahrbuch zur Liberalismus-Forschung*, 6（1994）, S. 83ff.
（20）Heuss, *Die Machtergreifung*, S. 23.
（21）*Ebenda*, S. 26.
（22）Heß, *Jahrbuch zur Liberalismus-Forschung*, 6（1994）, S. 95.
（23）Heß, *Jahrbuch zur Liberalismus-Forschung*, 14（2002）, S. 152f. ホイスは出版活動を継続するために、ドイツ全国作家連盟 Reichsverband Deutscher Schriftsteller e. V.　ドイツ全国報道連合 Reichsverband der Deutschen Presse へ加入した。
（24）Jürgen C. Heß, „Theodor Heuss und der Widerstand gegen den Nationalsozialismus“ *Liberal*, 36（3）（1994）, S. 66.
（25）Heß, *Jahrbuch zur Liberalismus-Forschung*, 14（2002）, S. 194f.
（26）Eberhard Pikart（Hrsg.）, *Theodor Heuss. Aufzeichnungen 1945-1947*, Tübingen 1966, S. 50.
（27）*Ebenda*, S. 78.

(28) Jürgen C. Heß, Hertmut Lehmann und Volker Sellin (Hrsg.), *Heidelberg 1945*, Stuttgart 1996, S. 356f.

(29) Erhard H. M. Lange, „Theodor Heuss und die Entstehung des Grundgesetz," *Liberal*, 35 (4) (1993), S. 66f.

(30) Hamm-Brücher, *a.a.O.*, S. 63f. カルロ・シュミットの証言によって、ホイスの議会評議会における役割について言及している。

(31) Pikart, *Heuss und Adenauer*, S. 24.

(32) *Ebenda.*, S. 20.

(33) Konrad Adenauer, *Erinnerungen 1945-1953*, Stuttgart 1965, S. 228.

(34) Eberhard Jäckel, Horst Möller, Hermann Rudolph (Hrsg.), *Von Heuss Bis Herzog*, Stuttgart 1999, S. 20f.

(35) Dahrendorf / Vogt (Hg.), *a.a.O.*, S. 377.

(36) Bundesarchiv Koblenz, *Nachlaß Theodor Heuss, B122/613.*

(37) Dahrendorf / Vogt (Hg.), *a.a.O.*, S. 407.

(38) *Ebenda.*, S. 408.

(39) Mensing (Bearb.), *a.a.O.*, S. 307.

(40) Ingelore M. Winter, *Unsere Bundespräsidenten*, Düsseldorf 2004, S. 50.

(41) Bracher, *a.a.O.*, S. 46.

(42) Dahrendorf / Vogt (Hg.), *a.a.O.*, S. 310f.

第一七章　ウッドロー・ウィルソン政権とシベリア出兵政策の変容
――第一次世界大戦終結前後を中心に――

高原秀介

はじめに

第一次世界大戦下の日米は、東アジア問題の現状維持をともに志向し、石井・ランシング協定を結んだ。この協定は実質的内容に乏しかったものの、両国関係の緊張緩和への機運が後のシベリア出兵をもたらしうる素地となったのである。だがそれも束の間、日米の出兵目的にみられる相違が徐々に顕在化するに従い、シベリア出兵は日米関係の安定にとっての阻害要因となり始めていく。

ところで、従来の研究では、米国のシベリア出兵決定への対応は、主として連合国及び日本との関係で論じられることが多く、革命政府（ボルシェヴィキ政権）への米国の対応など他の要因が等閑視されがちであった(1)。参戦後の米国が、大戦終結後の世界構想を視野に入れつつ、シベリア出兵を決断した事実を踏まえれば、シベリア出兵をめぐる米国の政策目標をより総合的に再検証する必要があることは自明であろう(2)。

よって本稿では、第一次世界大戦終結前後におけるウィルソン(Woodrow Wilson)政権のシベリア出兵への対応を、米国の世界戦略の中に位置づけながら検証する。具体的には、①対独戦争の遂行、②対日封じ込め、③革命政府への対応(好意的かまたは批判的か)、④民主勢力への側面支援、という四つの要因を軸として、それらの政策目標が米国のシベリア出兵政策に占める比重の変容過程を浮き彫りにしながら、米国のシベリア出兵政策の実態を解明することを試みたい。

一　日米共同出兵への道程

一〇月革命の勃発と錯綜する連合国の政治的思惑

一九一七年一一月七日、日米間で成立をみた、石井・ランシング協定の公式発表がなされようとしていたまさにそのとき、ロシアにおいて政治情勢が急転した。いわゆる一〇月革命の勃発である。ボルシェヴィキ勢力は政権を握ると、戦争の即時停止と戦線離脱を唱え、独・墺との休戦交渉にのりだした。かかる状況に鑑み、英・仏・日・米の連合国側も対応を迫られることとなる。

シベリア出兵の必要性を認識し、最初に日米に働きかけたのは英・仏であった。一九一七年一二月一日、仏首相クレマンソー(Georges Clemenceau)は、パリで開催された連合国最高軍事会議(Supreme War Council)に米国大統領特使として派遣されたハウス（Edward M. House）との会談において、連合国側によるロシアへの武力干渉の一環としての日本の出兵の必要性を指摘した。これに対しハウスは、外部からの武力干渉によって東部戦線を再建することは不可能であるとして、これを一蹴した。一方、英国も同じく、日本の出兵を促すよう米国に求め始めた。一二月三一日、英国政府は、東部戦線の再建と英国がロシアに提供したウラディヴォストークにある軍需物資確保のために、日本を含めた連合国による出兵が必要であるとの見解を米国政府に示した。この英提案に対し、ウィルソンは日本の単独出兵にも日米の共同出兵にも反対であると言明し、いかなる形態であろうとロシアへの武力干渉を拒否する態度を終始崩さなかったのである。一方、ロシア南部では反ボルシェヴィキ組織の定着化に伴い、彼らへの援助が一刻も早く求められていた。そこで、英国は一九一八年一月下旬から二月初旬にかけて、今度は日本の単独出兵をも容認する提案を再度米国にもちかける。だが、ウィルソンはこれについても拒否する態度を示したのである(3)。

もっともウィルソン政権は、同盟国である英仏両国の出兵要請を、現地情勢如何によっては受け入れる可能性を残していた。前年の一二月から続いていた独ソ講和交渉は、一九一八年二月には一時暗礁に乗り上げた。だが、その後のドイツ側の攻勢再開もあって、結局ソヴィエト側の譲歩により、三月三日、ブレスト＝リトフスク条約の締結をみた。独ソ単独講和条約の締結は、英・仏による出兵要求を再開させた。それに呼応した本野一郎外相による日本の出兵を容認する発言は、個人的見解にもかかわらず、米国政府を刺激した。その結果、二月二七日のランシング国務長官による提案を受け入れて、三月一日、ウィルソンは方針を転換し、連合国の提案には加わらないものの、日本に出兵が「要請されること自体には反対しない」と述べたのである(4)。つまりウィルソンは、対日封じ込めの必要性を意識しつつも、対独戦遂行の要請を優先せざるを得ない状況に追い込まれていたのである。

とはいえ、米国の政策が現実の情勢のみによって拘束されたと考えるのはあまりにも早計であろう。ボルシェヴィキに一定の理解を示したハウスを中心とする面々は、これまでの方針を翻した三月一日のウィルソンの決定に反対であった。彼らにとってみれば、ウィルソンの決定は、専制政治を打倒し、新たに芽生えつつあると思われた、社会革命党（エス＝エル党）やゼムストヴォを中心とした、ロシアの「自由かつ民主的な勢力」への明らかな一撃に他ならなかったからである。ハウスはルート（Elihu Root）元国務長官より助言を受け、大統領の理想主義的琴線に触れることによって、新たな政策方針の撤回に尽力した。元来上述した四つの要素を両立させ、政策上に反映させようと望んでいたウィルソンは、三月五日再び日本のシベリア出兵に反対する意向を明らかにし、以前の立場へと回帰したのである。我々はここに、ウィルソン外交にみられる政策の一振幅を見出すことができよう。

では、出兵の要請を受けた当事者である日本の動きはどうだったのであろうか。周知のように、当時日本のシベリア出兵への対応をめぐっては、陸軍を中心とする出兵推進派と、漸進的な経済発展を目指す出兵慎重派が存在した。参謀本部を中心とする出兵推進派は、革命後の極東ロシアにおける政治的真空を絶好の機会と捉え、ひそかに現地の反革命諸勢力との協力を画策していた。一方、出兵慎重派の中枢を占める原敬政友会総裁や牧野伸顕枢密顧問官は臨時外交調査委員会（以下、「外交調査会」と略記）に属しており、財政的負担や大陸での戦線拡大を理由に出兵に反対する他の委員とともに、陸軍の機会主義的出兵論を抑制しようとしていた。

外交調査会は出兵反対論について一致をみており、とりわけ原や牧野は、対米協調を最も重視していた。英仏がシベリア出兵を再三にわたって要求したにもかかわらず、米国が一貫してこれを拒否し続けたことは、米国政府の出兵反対への並々ならぬ決意の表明であると考えられた。米国への経済的依存なくして日本の大陸政策の進展はあり得ないと心得ていた原と牧野は、本野一郎外相が時折かいま見せる陸軍寄りの態度をたしなめる。一例をあげれば、ウィルソンが三月一日の提案をその四日後に事実上無効にした際も、三月一九日、日本政府は日本のシベリア出兵に反対する米国政府の意向に配慮し、行動をおこすのをさしひかえることを表明した(5)。本野を除く寺内正毅内閣の大勢は、出兵についてはあくまでも対米協調が前提と考えていた。したがって、米国と連合国がこの件について相互理解に達していない以上、日米対立を賭してまで出兵を実行するわけにはいかなかったのである。

このようにシベリア出兵への日本政府首脳の態度は、本野外相を除き、概して出兵に慎重であった対米協調論が当初大勢を占めていた。問題は、三月中旬以降しだいに明らかとなってきた本野外相と陸軍の結託に基づく、いわゆる出兵推進派の台頭を、対米協調を旨とする出兵慎重派がどう押さえ込むかにあった。陸軍を抑制するためには、陸軍上層部の圧力が不可欠であり、元老山県有朋の存在による陸軍抑制力が帰趨を制することとなった。三月に米国政府は一時的な方針転換を行い、現地情勢もその後劇的な変化を遂げ、五月には日本政府は連合国との共同出兵を了承した。にもかかわらず、この対米協調方針は、八月に日米が共同出兵を実施するまで基本的に変わることはなかったのである(6)。

チェコ軍の動向と英仏による出兵要請の再開

ロシア領内におけるチェコ軍の危機は、米国のシベリア出兵決定を促す直接的契機となったが、その決断に至るまでには、さらなる紆余曲折があった。

一九一八年の春、フランスによって連合国側の交戦国と認められた約七〇、〇〇〇のチェコ・スロバキア軍団が、ロシア西部からウラディヴォストークにむけて移動しようとしていた。このチェコ軍団は、ロシアにおける最も強力な単一の軍団であり、その動向が注目されていた。連合国最高軍事会議はドイツに対抗するために、このうちの二〇、〇〇〇名を北極海に面したロシア北部のアルハンゲリスク港やムルマンスク港に派遣することを認めていた(7)。一方、チェコ軍とソヴィエトの間に散在していた同盟国の武装捕虜は、これらの計画の実行を妨害し、シベリア情勢に劇的な変化をもたらしていた。

チェコ軍団は、同盟国側との講和を実現するために自らをボルシェヴィキと偽り、ソヴィエト中央政府によって戦線離脱を認められた。その結果、四月から五月にかけてウラディヴォストークにむけて東進を続けたものの、シベリアではセミョーノフ（Gregorii Semenov）による反ボルシェヴィキ攻勢が始まっていた。そこでソヴィエト中央政府は、チェコ軍団のシベリア移送は現地情勢を悪化させると判断し、移送の中断を指令した。かかる状況下で発生した五月一四日のチェリアビンスク事件は、ソヴィエトとチェコ軍による一地方での局地的衝突であった。だが、この事件はソヴィエト中央政府を震撼させ、トロツキー（Leon Trotsky）は各沿線においてチェコ軍団の武装解除を徹底させるに至ったのである(8)。ソヴィエト中央政府とチェコ軍の全面衝突は、もはや時間の問題であった。

このような情勢を好機ととらえ、英・仏は六月以降米国政府への出兵要求を再開する。チェコ軍の危機は、誇張されて各連合国に伝えられた。ヴォログダやイルクーツクなど、各地の米国の在外公館からの要求はおびただしい数に上った。加えて、紛争の当事者であるチェコ当局による要請があった。六月一九日、チェコ・スロヴァキア国民会議議長であったマサリク（Thomas Masaryk）がホワイトハウスを訪れ、チェコ軍に援助の手を差し伸べるようウィルソンに求めた(9)。ウラディヴォストークに派遣されていた米海軍アジア艦隊司令長官ナイト（Austin Knight）提督は、チェコ軍の窮状をなまなましく伝え、米国政府の態度を一変させる有力な一因となった。ナイト提督はダニエルズ（Josephus Daniels）海軍長官に対し、「独・墺軍の捕虜たちは今やソヴィエトとともに、あるいはその下で行動するかわりに、彼らの手を離れて我々に服従を強要している」と報告した(10)。ウラディヴォストーク領事コールドウェル（John Caldwell）も、その六日前に「明らかに状況は悪化しており、捕虜が未だ支配権を握っている」と国務長官に伝えていた(11)。そのためナイト提督の報告は、事実上コールドウェルの電報を裏付けるかたちとなった。二人の報告によれば、連合軍の一員としてのチェコ軍は、ボルシェヴィキ政権により再武装された独・墺の元捕虜がシベリアを奪取しないよう、独力で抗戦していた。事態は全く新しい展開を呈しつつあるように思われたのである。

ただ、ウィルソンがこれらの報告を受けた時、現地の情勢はすでに大きく様変わりしていたことに我々は注意を払わねばならないだろう。大統領は、チェコ軍の支配下にないシベリア鉄道が、同盟国側捕虜の手中にあると受け止めた。また、彼は捕虜がチェコ軍の東進を妨害していると理解したが、実際はボルシェヴィキ政府が妨害していたのであった。さらに、彼はチェコ軍の西進という新状況を把握していなかった。ケナンが指摘しているように、ウィルソンの出兵決定は現地からの古い誤った情報に基づいてなされたものだったのである(12)。

こうした現地情勢の急展開を正確に把握できないまま、米国政府は出兵論に傾斜してゆく。シベリアでのチェコ軍の奮戦によって、大統領や政府首脳の心境は明らかに変化し始めていた。ウィルソンは五月二九日、国務長官に命じてチェコ・スロヴァキアについて公式声明を行い、「国務長官は……自由に対するチェコ・スロヴァキア人とユーゴスラヴィア人の国民的願望に米国政府が心から同情していることを声明することを希望する」と述べた。この声明からも読みとれるように、ウィルソンはチェコ人の民族的感情に少なからぬ共感を覚えていたのである(13)。

ここで大統領がなぜ援助を求めるチェコ軍の要求を受け入れたのかを概観しておく必要があろう。ウィルソンはチェコ軍団の問題を前述の四つの政策目標に実際にあてはめ、米国政府がいかなる対応をとるべきか熟慮を重ねた。独ソ単独講和以降、米国政府首脳は、ボルシェヴィキによって解放され武器を与えられた多数のドイツ軍捕虜が、シベリアにおける連合国寄りの自由主義的勢力を抑制し、ドイツ勢力が東部ロシアに浸透することを憂慮していた。ウィルソンは出兵に関して、軍事的観点に立ったナイト提督の報告を重視した(14)。加えて、民族自決の原則を重視するウィルソンは、少数民族であるチェコ人の民族的感情に共感を覚えずにはいられなかった。結果的に米国のシベリア出兵は、シベリアへのドイツ勢力の浸透が対独戦遂行に抵触する防止すべき最重要課題とみなされ、それにチェコ人に対する民主勢力への側面支援の観点が加味される一方、革命政府への対応は、対独戦遂行、対日封じ込め、民主勢力への側面支援などの政策目標に従属させられて決断をみたといえよう。

連合国最高軍事会議によって七月三日に提示された出兵要請を受けて、七月六日、ウィルソンは最高首脳部会議を開催した(15)。これまで各方面から出兵への圧力を一身に受けてきたウィルソンは、シベリアへの出兵をついに決断する。ただ、ウィルソンは実際にチェコ軍を救援する際になお問題をかかえていた。それらは、第一に、いかにして、米国が東部戦線の確立という内政干渉の恐れのある英・仏の政治的計画に加わることなくチェコ軍の救援に貢献できるか、第二に、どのようにすれば、日本による東部シベリアと北満への全面的干渉のきっかけを作ることなくチェコ軍の救援に貢献できるか、の二点に集約されたといえよう。これらの条件を満たすため、米国の出兵方針は、干渉を極力避け、速やかにチェコ軍を救援することのみを目的としていたのである。

日米による出兵条件の調整と共同出兵の実現

米国政府は、出兵条件について日米合意をとりつけるため、早速行動を開始した。七月八日、ランシング（Robert Lansing）国務長官は石井菊次郎駐米大使を国務省に呼び、チェコ軍救援を目的としたシベリア出兵を日本に要請した。その主な内容は、第一に、日本によるチェコ軍への迅速な武器供給、第二に、ウラディヴォストークへの守備隊配置のための日米による限定的な共同出兵、第三に、チェコ軍救援の目的を達成しだい、ロシアの主権を害することなく即時撤兵することを約した日米共同宣言への日本側の同意、からなっていた。これに対し石井は、共同出兵の趣旨には賛成したものの、計画変更の可能性については現地シベリアやロシアの人民による見方しだいであるとして、兵力拡大への含みを残した。そこで米国側は、七月一一日と二七日に二つの点で日本側に譲歩を示した。第一点は、派遣軍の指揮官に日本軍将官を抜擢したことである。また第二点は、日本が増兵する際には米国側に事前に相談するという条件で、日本軍の兵力を一〇、〇〇〇名に設定する提案を示したことであった(16)。

このような米国側の譲歩にもかかわらず、日本側はシベリア情勢の悪化を危惧して、あくまでも出兵数の制限撤廃にこだわった。だが、日本軍の出兵数を限定すべきとするウィルソンの決意は堅かった。ポーク（Frank Polk）国務長官代理は石井大使との会談で、米国の出兵意図について日本側に誤解を与えかねない三項目を挙げ、共同宣言案の修正を要求した(17)。もはや共同出兵に対する日米の基本方針の相違は、衆目の認めるところであった。

かかる困難な状況のもと、日本側は日米関係の大局に鑑み、米国の提案した共同出兵宣言案に同意することを決断した。ただ、日本側の同意は、外交調査会において伊東巳代治枢密顧問官が提唱した自主性の余地を残した共同出兵を前提としたものであった(18)。それゆえ、日本側の本意は別のところにあり、本質的には、出兵をめぐる両国の基本方針の合意は必ずしも両国の出兵「意図」の合意を伴うものではなかったのである。

かくして米国は八月三日、シベリア出兵を正式に宣言する(19)。しかし、英・仏・日本は、シベリアでの政治的計画を当然内に秘めており、米国の基本方針を鵜呑みにするはずがなかった。他方米国側も、共同出兵の実施についてそれ程楽観的に考えていなかった。ウィルソンをはじめとする米国政府首脳は、絶えず猜疑心をもって日本の行動を注視していたのであり、八月下旬に日本が共同出兵をめぐる合意を逸脱するのを契機として、日米関係は対華二一箇条要求以来の険悪な様相を呈することとなる。

二　米国政府の対日抗議と共同出兵の有名無実化

日本の共同出兵条件からの逸脱

一九一八年八月一三日、後藤新平外相は北部満州の情勢深刻化を理由に、中国政府の了解のもと、日本軍の満州里派遣を決定したことをモリス（Roland　Morris）駐日米国大使に通告した。翌日には石井駐米大使が、シベリアの同盟国側捕虜の活動の活発化に伴い、彼らが中国国境に迫りつつあるとして、日本軍の派遣理由をランシングに示した。もっとも、ウラディヴォストーク派遣軍司令官の管轄権は沿海州と黒竜州に限定されていた。また、日華共同防敵軍事協定に基づく共同出兵ということもあって、米国政府の反発はさほど見られなかった(20)。

日本軍の満州里派兵は、表向きには南満州権益のための緩衝地帯強化が目的であった(21)。しかし、この行動をきっかけとしたその後の日本による出兵規模の拡大は、米国側に日本の信用性を疑わせるのに十分な理由を少なくとも三つ提供した。それらは、第一に、派兵が中国の管理する東支鉄道支配への日本の野望であり、第二に、ウラディヴォストーク以外への派兵以前に日本は予め米国側に相談するとした、八月三日の日米共同出兵宣言の明らかな侵害であり、さらには第三に、日本の出兵数は日米合意の限度をはるかに超えている、というものであった。

満州里への派兵に引き続いて、八月二二日、日本政府は何ら事前の相談もなく、沿海州での増兵とザバイカル方面への派兵決定を米国政府に通告した(22)。米国側の反発は予想以上に強く、その後の日本による独断行動は、米国の対日不信感を一層助長することとなった。米国政府は、日本が行った派兵数限定に対する背信行為と管轄範囲を逸脱した出兵を、日米共同出兵宣言の侵害であるとみなしたのである。

ただ興味深いことに、一九一八年一〇月末に至るまで、国務省による対日非難は穏やかなものに抑制されていた。この方針は、対独戦争の遂行にあたっては連合国の協力が必要であるという観点から、ランシングの主導によって推進されたものであった(23)。本格的な対日攻勢は、次項で検討するように一一月以降に開始されるのである。

休戦条約の締結と米国の政策変更

一九一八年一一月一一日のドイツとの休戦成立は、米国の対日政策に大きな転換をもたらした。大戦中に米国は、対独戦争の遂行を第一目標と考え、軍部の意向にひきずられた日本の政策に真正面から反対することはなかった。なぜなら、対日強硬策によって生じかねない日独同盟の成立を危惧したからである。しかし、大戦の終結は状況を一変させた。今やドイツは敗戦国となり、対独戦争の遂行に望ましくない日独同盟の心配もなくなった。言い換えれば、ウィルソンの政策決定を規定した四つの要因のうち、対独戦の遂行という要因が事実上消滅し、それまで比較的好意的であった革命政府への対応は、独ソ単独講和以降、傍観的ないしは攻撃的なものへと変容した。革命政府への対応については、英仏等の干渉によってロシア情勢が不透明なうえ、未だ政府首脳部と国務省の方針が一致していなかったこともあって、最重要課題とは見なされなかった(24)。一方、民主勢力への側面支援と、対日封じ込めという二つの要因は、未解決の政策課題として残された。民主勢力への側面支援については、ロシア情勢の不透明を理由に米国が関与できる範囲をウラル山脈以東のロシア東部に限定し、経済援助を中心に進められた。そして、従来主として対独戦遂行の文脈に位置づけられていたシベリア出兵は、対独講和以後、むしろ大陸膨張政策に向かう日本の行動を抑制するという目的を最重視するようになった。米国は、シベリアにおける日本の出兵拡大に批判を強め、極東地域の勢力均衡維持の観点から、対日封じ込めの必要性を強く意識し始めたのである。

米国にとって、シベリア出兵の主要目的は、ウラディヴォストークに向かうチェコ軍の東進を援助することにあった。だが、九月中旬までにチェコ軍が西シベリアの内戦に従事している事実が判明し、これらへの援助の是非をめぐって米国は判断を求められた。しかしチェコ軍の動向如何にかかわらず、ウィルソンの基本方針は変わらなかった(25)。大統領は米国の政策方針を再度連合国に伝え、東部戦線への米国の関与を改めて否定したのであった。

以後米国の関心は東部シベリアと北部満州での日本の行動に向けられる。八月下旬以降、日本派遣軍の規模は拡大し、ホルヴァート（Dmitri Horvat）将軍などの現地指導者に補助金を与え、その経済的・軍事的地歩をますます確かなものにしていた。特に日本軍の排他的かつ非協力的性格は、現地の米国陸軍をいたく刺激した。シベリアの深刻な状況を伝えるグレーヴス（William Graves）米国派遣軍司令官からの報告を受けて、ベーカー（Newton Baker）

陸軍長官は、対日抑制効果の点で米軍派兵の意義が低下し、撤兵策を検討する必要があることを大統領に勧告した。陸軍が米軍の撤兵による対日抑制効果を重視したのに対し、国務省を中心としたグループは反ボルシェヴィキの観点から共同出兵の継続を訴えた。しかし上述のように、シベリア出兵をめぐる米国の方針については、大統領自身がすでに九月末に再確認して連合国に通達していた。それゆえ仮に両者の意向が米国政府の政策に反映されるとしても、ウィルソン自身の立場がはっきりしていることから、少なくともこの時点では明らかに陸軍の意向が尊重される比重が高かったといえよう(26)。

米国政府の抗議と原内閣の対応

以上のような、米国政府首脳部内に鬱積した日本軍の行動への不満は、日本政府に対する抗議声明として一気に噴出する。一九一八年一一月一六日、ランシングは石井大使と会見し、以下の四点について問題を提起し、日本側に改善を求めた。

① 北部満州と東部シベリアにおける大規模な日本軍の存在は、日米間の協力を困難にしている。

② シベリアの状況に関するいかなる事業についても、日本が現在行使している独占的な手段ではなく、率直かつ開かれた協力という精神に則ってなされなければならない。

③ 鉄道運営は某一国ではなく、国際的なあるいはロシアの管理下でなされねばならない。

④ 米国政府がシベリアでの共同行動に賛意を示して日本政府に歩み寄ったのは、日米両国のかかわる民族が侵略から守られることに両国が互いに関心をもっていることを確信したからであった。現在の日本の目的は軍事的企てのために、以前のものと比べて実際どれほど変化したのか(27)。

米国政府の抗議に対する日本政府の反応は早かった。日本では一〇月に原敬内閣が成立しており、対米協調を前提として出兵に賛成した彼としては、一刻も早く改善措置をとらねばならなかった。具体的には、その後数カ月の間に、①一〇月と一二月の二回に亘り減兵措置を行い、②シベリア・東支鉄道の管理を日本による独占的管理から国際的管理に移行させることを容認し、③コサックの暴政を日本が抑制することを保障する、といった三項目を日本側の改善策として米国側に提示するとともに実行に移していった。

まず①の減兵措置については大幅な改善が見られた。第一次減兵措置の実施により、一四、〇〇〇名が削減され、さらに第二次減兵措置によって三四、〇〇〇名が削減された。この二段階の減兵措置の結果、日本軍の兵力は最大時の半分以下となったのである(28)。

②のシベリア・東支鉄道の管理形態については、米国は以前から日本による独占的管理に抗議していた。一一月中旬の米国による抗議を受けて、日本側は外務省と参謀本部が折衝を重ねた。その結果、一九一九年一月中旬、日本側は石井大使を通じてシベリア横断鉄道と東支鉄道の新たな運営計画を米国側に提示した。この計画は、両鉄道を各連合国の代表からなる連合国委員会の監督の下に置き、さらに同委員会の下に技術委員会と軍事輸送委員会を配置するという、日本側が大幅に譲歩した内容であった。その後米国側で議会および予算上の調整が図られ、一九一九年二月一〇日に計画は成立した(29)。

③のコサックによる暴政をめぐる問題については、従来日本の参謀本部が、セミョーノフ等の反ボルシェヴィキ勢力の後援を積極的に試みていた。しかし原内閣成立後、一一月一八日にオムスクでコルチャーク（Alexander Kolchak）による政権が成立すると、日本政府は同政権への支持を表明する(30)。そしてコルチャーク政権に反抗的なセミョーノフの暴政を抑制するよう、現地派遣軍に念を押した。ただ、この命令は出先の日本軍によって十分履行さ

れなかった。このため、コサック勢力の問題は改善されず、その後発生したパルチザンへの対処という難題も加わり、日米の共同出兵はそれらに大きく左右されることとなったのである。

このように、原内閣は上述の三つの懸案について日本側が大幅な譲歩を断行することで、米国政府の抗議に誠実に対処した。但し、③のコサックの暴政をめぐる問題だけは依然として解決されず、以後もくすぶり続け、共同出兵の円滑化の阻害要因となって残ったのである。

おわりに

以上、ウィルソン政権のシベリア出兵への対応を、出兵参加国と米国の相互作用に焦点を当てながら検証してきた。最後に、冒頭で提示した四つの政策目標が、米国のシベリア出兵政策において辿った結末について総括し、本稿の結びとしたい。

まず、対独戦遂行要因は、一九一八年一一月の休戦協定成立まで、米国政府にとって最優先の政策目標であった。それゆえ、西部戦線での戦闘参加のためにウラディヴォストークへの東進を希望するチェコ軍を救援することは、米国の政策目標に合致した。米国政府はこのチェコ軍救援を理由に出兵を敢行する。だが、現実には派遣軍の到着までに、チェコ軍の大半はシベリア内陸部から自力で脱出を図っていた。また、一部のチェコ軍は、出兵開始の一月後にはすでに東進ではなく西進し、連合国の干渉戦争への関与を開始していた。このように、米国派遣軍によるチェコ軍救援はその名目を失い、事実上画餅に帰することとなったのである。

では、対日封じ込め要因は、ウィルソンのシベリア政策の中でどういう経過をたどったのであろうか。結論から言えば、米国のシベリア出兵政策を考慮する上で彼の頭には常に対日抑制策があったといえる。ただ、それは大戦終結に至るまで対独戦の遂行に従属化され、以後は民主勢力への側面支援を実施するうえで障害となる場合に適用されたといえよう。一方、米国による度重なる抗議への日本側の対応は予想以上に望ましいものであり、一九一九年末には現地での日米協調体制の素地がほぼできつつあった。シベリアにおけるこの日米協力の実現は、日本側にとっては反ボルシェヴィキ闘争を継続するための基盤であった。だが、米国側にとって見れば、それは政策目的の事実上の達成を意味したのである。

革命政府への対応をめぐっては、ウィルソンの政策には常に曖昧さがつきまとっていた。ウィルソンは、二月革命後もボルシェヴィキに対して傍観的態度をとっており、その姿勢は独ソ単独講和以後も大きく変化しなかった。しかし、彼がその自壊消滅を私的に望んでいなかったとまでは断言できない。ウィルソンが連合国との協調を重視したことは確かである。だが、その一方で、彼は国務省の反ボルシェヴィキ派が求めた崩壊直前のコルチャーク政権への物的援助を黙認した。結果的にウィルソンが国務省反共派の主張に同調したことは、ボルシェヴィキに対する彼の嫌悪感を示すものに他ならないといえよう。

一方、民主勢力への側面支援は、ウィルソンのシベリア出兵政策において一貫して追求された政策目標であった。この政策は、連合国によるシベリア・東支鉄道の共同管理を手段として、対露経済援助の促進を図り、民主勢力を根づかせることを主目的としていた。その公的表明はウィルソンの「一四カ条」の第六条に示されており、ロシアでの政策運営は基本的にその崇高な理想の実現を目指したものであった。従って米国は、日本による東支鉄道の独占的支配を、対日封じ込めの政策目的に抵触するだけでなく、民主勢力への側面支援の手段としての連合国鉄道協定に対する障害であると見なしたのである。一方、民主勢力への側面支援は、ウィルソンがチェコ軍救援を決断した理由についても部分的にあてはまる。彼はこの問題を考慮する際にも、自決権の尊重という観点に立って、オーストリア＝ハンガリー帝国からの独立を求めるチェコ・スロヴァキアの要求を、「一四カ条」の第一〇条に結びつけていたのである。

ただこれら四つの要因に加えて、シベリア出兵に際しウィルソンが常に配慮したことがあった。それは、英仏を中心とする連合国協調の保持と、その中に日本を取り込むことであった。とりわけ米国の参戦後、ウィルソンは全ての国際問題の解決を国際連盟に委ねる決意を固めていた。来たるパリ講和会議で各連合国から国際連盟創設への支持をとりつけるためにも、連合国との協調を維持する必要があったのである。つまり、彼の高邁なる理想は、かかる必要性に拘束された大国間外交の枠内においてのみ実現可能であったといえよう。

このように、ウィルソン政権のシベリア出兵政策を検討する際には、対独戦遂行、対日封じ込め、革命政府への対応、および民主勢力への側面支援、という四つの政策目標の相互作用と変容過程を見ることによって、初めて明らかになるといえよう。単に対日政策のみに焦点をあてるだけでは、不十分な解答しか得られない。対日封じ込めだけでなく、他の三つの要因をも含めた総合的観点に立った分析を行うことによって、はじめて同政権のシベリア出兵政策の全体像を提示することが可能となろう。そして逆説的ではあるが、その検証の過程において、同政権のシベリア出兵政策に占める対日封じ込め要因の位置と重要性が浮き彫りにされるのである。

【註】

（1） George F. Kennan, *The Decision to Intervene*（Princeton, 1958）; Betty M. Unterberger, *America's Siberian Expedition, 1918-1920*（Durham, 1956）; David S. Foglesong, *America's Secret War Against Bolshevism*（Chapel Hill, 1995）; Georg Schild, *Between Ideology and Realpolitik* (Westport, 1995); Norman E. Saul, *War and Revolution* (Lawrence, 2001); Carol Melton, *Between War and Peace* (Macon, 2001); Donald Davis & Eugene Trani, *The First Cold War* (Columbia, 2002); 細谷千博『シベリア出兵の史的研究』(有斐閣、一九五五年)、同『ロシア革命と日本』(原書房、一九七二年)、高橋治『派兵』一―四(朝日新聞社、一九七三―一九七六年)、原暉之『シベリア出兵』(筑摩書房、一九八九年)、井竿富雄『初期シベリア出兵の研究』(九州大学出版会、二〇〇三年)。

(2) ウィルソン政権の対日政策全般については、以下を参照されたい。拙著『ウィルソン外交と日本――理想と現実の間一九一三―一九二一』(創文社、二〇〇六年)。

(3) 村島滋「『最高軍事会議』の動向――第一次世界大戦後期の連合国の政治と戦略」『軍事史学』第四巻、第二号(一九六八年八月)、二八―二九頁、本野一郎外相より珍田捨巳駐英大使宛、二月一五日、外務省編『日本外交文書』(以下、『外文』と略記)、大正六年第一冊、六五九―六六〇頁、Ian H. Nish, *Alliance in Decline: A Study in Anglo-Japanese Relations, 1908-23* (London, 1972), p. 238.

(4) Lansing to Wilson, February 27, 1918, *FRUS, The Lansing Papers, 1914-1920, Vol. II,* (Washington, D.C., 1939), pp. 353-355.

(5) 閣議決定、三月一八日、『外文』、大正七年第一冊、七〇九頁。

(6) 細谷『シベリア出兵の史的研究』、一一一―一一三頁、三谷太一郎「『転換期』(一九一八―一九二一)の外交指導――原敬及び田中義一を中心として」(篠原一・三谷太一郎編『近代日本の政治指導』東京大学出版会、一九六五年)、三三七―三四一頁、関寛治『現代東アジア国際環境の誕生』(福村出版、一九六六年)、二七二―二七四頁。

(7) Benjamin D. Rhodes, *The Anglo-American Winter War with Russia, 1918-1919* (New York, 1988); John W. Long, "American Intervention in Russia: The North Russian Expedition, 1918-19," *Diplomatic History* Vol. 6, No. 1, (Winter 1982), pp. 45-67.

(8) DeWitt C. Poole to Lansing, June 2, 1918, *FRUS, 1918, Russia, Vol. II,* (Washington, D.C., 1931), p. 187.

(9) Lansing to Wilson, June 19, 1918, *ibid.*, p. 363; Wilson to Lansing, June 19, 1918, *ibid.*, p. 364.

(10) Knight to Daniels, June 26, 1918, *ibid.*, p. 230.

(11) Caldwell to Lansing, June 20, 1918, *ibid.*, p. 219; Caldwell to Lansing, June 25, 1918, *ibid.*, p. 227.

(12) George F. Kennan, *Russia and the West under Lenin and Stalin* (Boston, 1960). 尾上正雄他監訳『レーニン、スターリンと西方世界』(未来社、一九七〇年)、七八―七九頁。

(13) Memorandum on the Siberian Situation, July 4, 1918, Robert Lansing Papers, "Private Memoranda," Box 64, Manuscript Division, Library of Congress (hereafter cited as LC); Circular Telegram by Lansing, May 29, 1918, *FRUS, 1918, Russia, Vol. II*, p. 183.

(14) Levin, *op. cit.*, pp. 99-100; George F. Kennan, *Russia Leaves the War* (Princeton, 1956). 村上光彦訳『ソヴェト革命とアメリカ I』(みすず書房、一九五八年)、三九八頁。

(15) Memorandum of a Conference at the White House in Reference to the Siberian Situation, July 6, 1918, Robert Lansing Papers, "Private Memoranda," Box 64, LC.

(16) Memorandum of the Secretary of State of a Conference with the Japanese Ambassador (Ishii) concerning a Siberian Program, July 8, 1918, *FRUS, 1918 Russia, Vol. II*, pp. 267-268; Polk to Morris, July 17, 1918, *ibid.*, p. 292; Lansing to Wilson, July 10, 1918, *FRUS, The Lansing Papers, 1914-1920, Vol. II*, p. 373; 原、前掲書、三七三頁; Polk to Morris, July 27, 1918, *FRUS, 1918, Russia, Vol. II*, pp. 306-307; Polk to Wilson, July 25, 1918, in Comments of Extracts from Letters of Frank L. Polk to President Wilson, Woodrow Wilson File, "Frank L. Polk, 1917-1920" Correspondence, Ray S. Baker Papers, Box 250, LC.

(17) 石井菊次郎駐米大使より後藤新平外相宛、七月二五日、『外文』、大正七年第一冊、九三〇―九三一頁、石井駐米大使より後藤外相宛、七月二六日、『外文』、大正七年第一冊、九三三―九三四頁。

(18) 細谷『シベリア出兵の史的研究』、第六章。

(19) Polk to Morris, August 3, 1918, *FRUS, 1918, Russia, Vol. II*, pp. 328-329.

(20) Morris to Lansing, August 13, 1918, *ibid.*, pp. 343-344; Statement handed by the Japanese Ambassador to the Secretary of State, August 14, 1918, *ibid.*, pp. 345-346.

(21) 原、前掲書、三七四頁。

(22) 後藤外相より石井駐米大使宛、八月二二日、『外文』、大正七年第一冊、九六二―九六三頁。

（23）Lansing to Wilson, August 18, 1918, 861.00/2602l/2, RG 59, Department of State, National Archives.

（24）Linda Killen, *The Russian Bureau* (Lexington, 1983), chapter 4; William Allison, *American Diplomats in Russia* (Westport, 1997), chapter 5; Frederick Calhoun, *Power and Principle* (Kent, 1986), p. 206, pp. 211-212.

（25）Morris to Lansing, September 23, 1918, *FRUS, 1918, Russia, Vol. II*, pp. 387-390; Lansing to Morris, September 26, 1918, *ibid.*, pp. 392-394.

（26）Newton Baker to Wilson, November 6, 1918, in Arthur Link, ed., *The Papers of Woodrow Wilson* (hereafter cited as *PWW*), Vol. 51 (Princeton, 1985), pp. 608-609; 細谷千博「シベリア出兵をめぐる日米関係」（同『両大戦間の日本外交』岩波書店、一九八八年）、五二―五四頁。

（27）Lansing to Morris, November 16, 1918, *FRUS, 1918, Russia, Vol. II*, pp. 433-435.

（28）原奎一郎編『原敬日記』第五巻　首相時代（福村出版、一九六五年）、五〇―五一頁；Morris to Lansing, December 27, 1918, *FRUS, 1918, Russia, Vol. III*, pp. 301-303; Morris to Lansing, December 28, 1918, *FRUS, 1918, Russia, Vol. II*, pp. 464-465.

（29）David Ekbladh, "Wise as a Serpent and Harmless as a Dove: John F. Stevens and American Policy in Manchuria and Siberia, 1918-1924," *Prologue* Vol. 27, No. 4 (Winter 1995), pp. 319-333; Gibson Bell Smith, "Guarding the Railroad, Taming the Cossacks: The U.S. Army in Russia, 1918-1920," *Prologue* Vol. 34, No. 4 (Winter 2002), pp. 294-305; Ishii to Polk, January 15, 1919, *FRUS, 1919, Russia*, p. 239; Polk to Ishii, February 10, 1919, *ibid.*, pp. 251-252; Morris to Polk, March 5, 1919, *ibid.*, p. 256.

（30）細谷『ロシア革命と日本』、一〇八―一〇九頁。

あとがきに代えて

このたび、『西洋世界の歴史像を求めて』という形で、関西学院大学大学院文学研究科西洋史学専攻が設置されて五〇年経ったことを記念する研究成果を刊行できたことは、大変嬉しいことです。これはひとえに、飯田収治教授のご尽力によるもので、このあとがきでは何よりも、飯田先生に、心からの感謝の気持ちを述べたいと思います。

また、西洋史学専攻創立時の粟野頼之亮先生や梅田良忠先生をはじめ、私の恩師である川村大膳先生、今来陸郎先生、柘植一雄先生に、五〇周年の記念事業が、現在の教員と多くの卒業生・修了生によって成し遂げられた喜びを報告いたします。さらに、杉村貞臣先生、久志本秀夫先生がご存命なら、どれほどお喜びになったことでしょうか。学生時代からお世話になり続けた田中穂積先生や、梅田輝世先生、相野洋三先生は、この論文集にご参加いただいておりますが、先生方の研究室へのお気持ちの深さが、御論稿の端々にうかがえます。このような形で「関学の伝統」が、若い世代に受け継がれていくことに、感銘を受けています。私は人より遅く大学院に入学したために、通常より広い世代の卒業生・修了生と、先輩後輩としてお付き合いさせていただいてきましたが、こうした方々のご尽力があってこそ、現在の研究室があるのだという気持ちを新たにしています。

ところで、西洋史学専攻の五〇年の歩みというと、巻頭に田中穂積先生がお書きくださっているので、私の役目は、私が関学に赴任した一九九四年ぐらいからの研究室の思い出を書くことだと思います。関学に就職する以前も、週末は神戸で過ごし、月曜日に関学で非常勤をさせていただくという日課でしたので、それまでのことも多少は見聞きしているかと思います。

一九九四年に関学に就職した時には、研究室で、柘植先生をはじめ諸先生方にご挨拶し、その直後に学長室で柘植学長にご挨拶するという、当たり前といえば当たり前なのですが、ちょっと異例な経験をしています。一九九〇年ぐらいから研究室で先生のお顔を見ることが少なくなっていたこともあって、研究室で恩師に久々にお会いし、その先生の後任として、自分が関学へ就任するのだという責任の重さを痛感していました。それが、そのあと直ぐに学長室の大きな机の向こうにおられる方から、就任の祝辞をいただくと、なぜか不思議なほどにさらに緊張してしまったことを覚えています。

さて、就任一年目の終わり、一九九五年一月一七日、午前五時四六分、阪神・淡路大震災を経験しました。関学でも多くの先生や学生が犠牲となりましたが、文学部の西洋史学専修でも一人の学生が亡くなりました。成人式を迎えたばかりの清清しい印象の学生でした。西洋史学講読を初めて教えた学生で、私には忘れられないことです。同学年の学生たちとは最近出会う機会が多くなりましたが、その多くがお父さんお母さんになっていることを思いますと、なおさらです。

震災というと、結局は、避難所でご苦労されたせいで、柘植先生がお亡くなりになったとさえ思えることがあります。ご自分のことより他の人のことをお考えになる方であったので、かなりのご不自由を耐えておられたのではないでしょうか。震災当日は、私の家が震源地に近いこともあって、ご心配してくださって電話をいただきましたが、震災直後近くは、「コツをつかめば」電話が通じていたらしく、先生とお話できてほっとしたことを覚えています。また、後日、そのコツを「自慢げに?」教えてくださって、「ゼロや9など時間のかかる数字は、速いスピードでまわさなければならないのだよ」とおっしゃっておられました。私は先生のお家はまだダイヤル式なのかと驚きましたが、質実剛健であられ、簡素な素朴な生活をこころがけておられた先生の日常を垣間見ることができた瞬間で、いつまでも懐かしく思い出されます。

震災といえば、その年の三月に、今来先生が亡くなられたので、バスを何度も乗りついでようやく西宮北口にたどりつき、それから大阪を経て横浜に行ったことも記憶しています。大阪まで来ると、震災の跡形もなく通常の生活があり驚きましたが、翌日の帰りにはもっと驚くことが待っていました。翌日のお葬式を終えて、当初東京周りで「都会」を見て帰りましょうと皆で話していたのですが、杉村先生が、「早くに出ないと、家にたどり着けるかどうか分からないから」とおっしゃり、結局早めに新横浜から寄り道せずに帰って来ました。帰りの新幹線の中で東京で何かが起こったことを聞きましたが、それが「オウム事件」であったことを後で知りました。杉村先生は真面目な方で、今来先生のご葬儀のあとに寄り道なんてと思われたのか、西宮北口から舞子（自宅）までの私の帰り道を案じてくださったのかなのでしょうが、杉村先生になんだか感謝したい気持ちであったのを覚えています。

やがて震災の後片付けが一応終わりましたが、それでも、なかなか大学や研究室が受けた傷が癒えず、それに伴う多くのことがありました。そうしたいろいろなことが、走馬灯のように駆け抜けていきますが、柘植先生だけでなく、つづいて杉村先生も亡くなられ、呆然としていたように思います。田中穂積先生や根無喜一先生のお力で、研究室は持ちこたえていましたが、私は文学部の執行部の仕事をしていたこともあって、何のお役にもたてなかったと思います。ことに、スタッフの数が少なくなってしまったのにもかかわらず、一九九九年の四月から一年間、ハーバード大学にヴィジティング・スカラーとして学院留学を許されたのは、両先生のおかげで、どんなに感謝してもし過ぎることはありません。ほぼ諦めかけていた私に、「既に決まっていることだから、行ってきなさい。勉強して来てもらったら、嬉しいです」とおっしゃってくださった、両先生のお気持ちが、本当に嬉しかった。現在、若い人の留学を支援する立場になりますと、私の留学中に授業や公務でどれほどのご負担をおかけしたことかと痛感しています。

留学を終えて二〇〇〇年の三月に帰国しましたが、その後は、新しくお迎えした飯田先生のことを抜きにして語れません。飯田先生に初めて正式にお会いしたのは、私が関学に勤め始めた頃で、大阪市立大学で非常勤としてお世話になった時です。何時も親切に迎えてくださったのが飯田先生で、夜間も教えさせていただいたので、昼間と夜間の間に、先生と研究室や学食でお話をさせていただきました。主任教授にじかにお話しいただいて感激していたのですが、先生の柔軟なお考えやお仕事ぶりにも感銘を受けていました。先生は、その時五〇歳を越えておられたと思いますが、現在と同じように、お見かけのみならず、精神的にも若々しくあられて、私もぜひ先生のようでありたいと思ったことを思い出しています。

ご縁があって、その飯田先生が関学にいらしてくださったことは、幸せなめぐり合わせであったと、つくづく思います。この五年間、どれほど先生にお世話になったか、言葉で言い表すことはできません。それだけ、先生にご苦労をおかけしたのでしょうが、この場を借りて感謝の気持ちを述べさせていただきます。先生は「もういいから、いいから」と、恥らわれるのを知っていますが、一度言っておかなくてはと思いました。その後来られた阿河雄二郎先生、中谷功治先生も同じお気持ちでおられると思います。

先生は公正な方であって、ご方針がぶれることがない。この揺らぐことのない指針のおかげで、私はどれだけ救われたでしょう。先生が「いい。やりましょう」とおっしゃることは、よりよい選択であったし、「だめだ」とおっしゃることは、やはり「だめな」方策であったと思います。例えば、先生のおかげで、西洋史学専修はゼミ単位ではなく、専修単位でいろんな行事ができるようになりました。学部学生関係では、卒業論文発表会も開始されたし、三年生の歓迎会などの親睦会も専修全体でやれるようになりました。学生には、時には厳しく時には優しく、その学生に応じて適切な対応をされますが、すべての学生に真摯に直接向かわれる。共同研究室に、人文演習やゼミの学生を一人一人呼んでお話されているのを、何度お見かけしたことでしょう。一人一人の学生が、飯田先生を尊敬しているのは、こうした先生の日ごろの学生への暖かいまなざしにあると思っています。

飯田先生を評して、関学人より関学人らしいと言ったら、お怒りになるでしょうか。「マスタリー・フォー・サーヴィス」にしろ、「ノーブル・スタボネス」にしろ、関学のモットーは、飯田先生にこそふさわしいと思われます。先生が学者として優れておられるのは自明のことですが、真の教師としても関学人であられると思えます。この三月で定年になられる先生に、少しでもあやかりたいと思うと、私の定年までの年月が頭に浮かんできます。これは、うかうかとは過ごせません。先生は冗談ぽく、「私は子供のときに仙人に会って『若さ』の秘訣を教えてもらったのですよ」と、はにかまれますが、私にも教えてくださいませんか。

『西洋世界の歴史像を求めて』を刊行するに際して、このあとがきという場で、この五〇年間に西洋史学専攻がお世話になったすべての人に、お礼を申しあげたかったのですが、その気持ちを十分に言い表せたとは申せません。不十分な部分は、本書『西洋世界の歴史像を求めて』をご一読くださり、各執筆者の論稿の中に満ち溢れている感謝の思いをお受け取り下さることで、お許しいただきたいと思います。

末尾になりますが、執筆者の論稿の中から、関西学院大学西洋史学研究室に受け継がれている、また将来も受け継がれていくであろう「伝統」をお汲み取りいただき、研究室の発展のために今後もご支援を賜ることをお願いできればそれに勝るものはありません。

二〇〇六年二月

田中きく代

編集後記

はじめに本書が編まれるにいたった経緯について少し触れておかなければならない。そもそもの発端は二年前にさかのぼる。二〇〇四年二月九日、有馬温泉の瑞宝園で田中穂積先生の古希のお祝いの宴が開かれた。西洋史学研究室の卒業生・修了生、院生と教員、一五人が参集し、先生を囲んで祝杯を重ね、夜を徹して歓談した。そうした祝宴の盛り上がりのなかで、田中穂積先生へのお祝いの気持を何か別の形に表せないか、という話が出るのも自然の勢いであったろう。その後の詳しい事情は割愛するが、しかし先生はそのような私たちの思い付きをきっぱりとお断りになった。そんなやり取りのさいに、たまたま話しが研究室の創設期におよび、二〇〇四年が関西学院大学大学院文学研究科に西洋史学専攻が設置されて五〇年目にあたることが判った。専攻開設五〇周年の記念企画ならば積極的に協力しましょう、と田中先生は賛成された。私たちは救われた思いであった。

関学西洋史学研究室が独立した研究組織として歩み始めてから、五〇年がたったことになる。この歳月は戦後日本の西洋史学の歩みそのものと重なる。あたかもその中間点の一九七九年に、日本西洋史学会第二九回大会が本研究室主催によって開かれたことは、偶然とはいえ何か運命的なものを感じさせる。顧みればあの当時が、日本の西洋史学という学問が、さらにはそれをとりまく教育・研究環境もおおきく変貌をとげてゆく、曲がり角であったかと思う。昨今では西洋史学専攻はもとより、史学科のディシプリンとしての存亡すらささやかれるご時世である。しかし専攻開設五〇周年の記念出版を企画した私たちの意図は、西洋史学の一種の閉塞的とも形容されるこの現状への挑戦、といった気負いたったものではない。私たちはさし当りまず過去に目を向ける。歴史研究をこころざす共通の出発点となった西洋史学研究室の半世紀の足跡をふり返りながら、各人がそれを土台に現在までに達成しえた地点をたがいに確かめあうこと、それがこの記念論文集の本旨である。『西洋世界の歴史像を求めて』という標題には、「それぞれの」という意味合いが籠められている。

卒業生・修了生宛に記念論文集への協力・投稿を呼びかける依頼状が西洋史学研究室名で発送されたのは、二〇〇四年六月一〇日のことであるが、それにはあの有馬温泉に参集されたかたがたの賛同の熱意があった。依頼状には「この企画が田中先生の長年のご尽力・ご功績に対して、私たちの深謝の気持をあらわす一助となれば、とも念願する次第です」というくだりがある。記念事業のひそかな願望であった。しかも幸運にも、関学西洋史学研究室の五〇年史は、その田中穂積先生ご自身に執筆していただいた。論文をお寄せくださったこととともに、お礼を申しあげなければならない。

編集作業には研究室の教員全員があたったが、こまかい雑務には教学補佐の秋田宣孝と波部雄一郎両氏の手を煩わせることが多かった。時には院生諸君にも手伝ってもらった。研究室員が一丸となって進めた記念事業として、現在の関学西洋史学研究室が得意とする共同作業が非常に効果的に働いた好例である。この共同研究室文化は是非とも守っていきたいものである。卒業生・修了生との連絡・調整という骨の折れる仕事をみずから買ってでてくれた藤井信之氏のご苦労には、感謝の言葉もない。氏は当初から編集委員会に入り、さまざまな場面で貴重な提案をされ、企画の遂行に力を尽くしていただいた。氏の研究活動に大きな支障にならなかったことを祈るばかりである。

幸い先の依頼状は多数の卒業生・修了生から協力応諾の返事をえられた。いろいろな事情のため二〇〇五年初秋には幾人かの人たちが辞退を申し出られたのは残念ではあるが、次の機会を待ちたいと思う。学内外の幾多の共同研究のコーディネイトや寄稿に多忙をきわめる田中きく代教授には、あえて個人の立場から研究室にまつわる思い出の文章を綴ってもらうよう要請した。学術書にはやや不似合いと受けとめられかねず、それに編集委員の一人でもあり、書きづらい点も多々あったかと推測する。ご寛恕を願うほかない。こうして二〇〇五年一〇月初めには一七本の論文稿が揃っていた。しかし編集上の不手際に加えて、思わぬ故障も持ちあがり、二〇〇五年晩秋または年内の出版という当初計画はおおはばに遅れるにいたった。特に執筆者のかたがたには何かと無理をお願いしながらも、辛抱してご協力いただいたことを心から感謝している。

一研究室の五〇周年記念事業とはいえ、そこには幾多の先学・先輩による不動の業績の裏づけがあり、その先人たちの息衝きをすら肌で感じる思いがする。記念出版を手がけて初めてそれを感得できるとすれば、それはやはり編集委員としての役得であろうか。

二〇〇六年余寒の候

編集委員会
飯田収治
阿河雄二郎
田中きく代
中谷功治
藤井信之

【執筆者一覧】

相野洋三〔関学西洋史研究会会員〕
主要業績『ビザンツ帝国海軍組織の研究』関西学院大学博士論文、二〇〇三年。『モレアの夢――中世地中海世界とフランク人征服者たち』碧天舎、二〇〇三年。

阿河雄二郎〔関西学院大学教授〕
主要業績『アンシャン・レジームの国家と社会』（共編著）山川出版社、二〇〇三年。「近世前半期フランスの外国人」『関西学院史学』三三号、二〇〇五年。

赤阪俊一〔埼玉学園大学教授〕
主要業績『神に問う――中世における秩序・正義・神判』嵯峨野書院、一九九九年。ジョージ・ハッパート著、訳書『西洋近代をつくった男と女』朝日新聞社、一八九六年。

荒木康彦〔近畿大学教授〕
主要業績『近代日独交渉史研究序説――最初のドイツ大学日本人学生馬島済治とカール・レーマン』雄松堂出版、二〇〇三年。『歴史学』（共編著）近畿大学出版部、二〇〇二年。

飯田収治〔関西学院大学教授〕
主要業績『概説ドイツ史（新版）』（共著）有斐閣、一九九二年。『ドイツ現代政治史（改訂版）』（共著）ミネルヴァ書房、一九九五年。

乳原　孝〔京都学園大学教授〕
主要業績『エリザベス朝時代の犯罪者たち――ロンドン・ブライドウェル矯正院の記録から』嵯峨野書院、一九九八年。『「怠惰」に対する闘い――イギリス近世の貧民・矯正院・雇用』嵯峨野書院、二〇〇二年。

梅田輝世〔梅花短期大学名誉教授〕
主要業績「ファーティマ期カリフ・ザーフィル殺害事件の記述について」『梅花短期大学研究紀要』三三号、一九八四年。「十一―十二世紀シリアにおける一地方政権――シャイザルのムンキズ家の場合」関西学院大学東洋史研究室編『アジアの文化と社会』法律文化社、一九九五年。

佐保吉一〔北海道東海大学助教授〕
主要業績『北欧史』（共著）山川出版社、一九九八年。『デンマークの歴史』（共著）創元社、一九九九年。

高原秀介〔京都産業大学専任講師〕
主要業績『ウィルソン外交と日本　理想と現実の間　一九一三―一九二一』創文社、二〇〇六年。「ウィルソン政権と旧ドイツ領南洋諸島委任統治問題――米・英・日・英自治領の認識と対応をめぐって」『アメリカ史研究』二七号、二〇〇四年。

田中きく代〔関西学院大学教授〕
主要業績『南北戦争期の政治文化と移民』明石書店、二〇〇〇年。『北アメリカ社会を眺めて』（共編著）関西学院大学出版会、二〇〇四年。

田中穂積〔関西学院大学名誉教授〕
主要業績「ティグリス河畔のセレウケイア（Ⅰ）――テル・ウマル（Tell 'Umar）とヘーローオン（hērōon）」『人文論究』関西学院大学人文学会、五〇巻四号、二〇〇一年。「ティグリス河畔のセレウケイア（Ⅱ）――セレウコス朝期における役人の印章」『人文論究』五一巻三号、二〇〇一年。

爲政雅代〔同志社大学非常勤講師〕
主要業績『戦後ドイツにおける政治学と政治教育の交錯――西ベルリン・ドイツ政治大学を中心に』同志社大学博士論文、二〇〇一年。『「西ドイツ国民」創出と政治教育の試み――連邦政治教育センターの足どり」望田幸男、橋本伸也編『ネイションとナショナリズムの教育社会史』昭和堂、二〇〇四年。

中谷功治〔関西学院大学教授〕
主要業績「タグマについて――八世紀ビザンツにおける近衛連隊の誕生」『関西学院史学』三〇号、二〇〇三年。「ゲミレル島遺跡の構造について――東地中海の初期キリスト教遺跡調査から」『人文論究』関西学院大学人文学会、五三巻一号、二〇〇三年。

根無喜一〔大阪学院大学教授〕
主要業績「英印軍の終戦――英帝国解体の一側面」軍事史学会編『第二次世界大戦』（三）、一九九五年。「工兵大尉ジョン・アーダーと東方危機――一八七六―一八七八」『関西学院史学』三一号、二〇〇四年。

藤井信之〔関西学院大学非常勤講師〕
主要業績『リビア王朝時代史研究序説――前一千年紀のエジプト史再考に向けて』関西学院大学博士論文、二〇〇五年。「「テーベの第二三王朝」成立の背景――リビア王朝時代のアメン大司祭の検討から」屋形禎亮編『古代エジプトの歴史と社会』同成社、二〇〇三年。

八木希容子〔神戸国際大学非常勤講師〕

主要業績『戦間期におけるドイツ海軍の対日観』関西学院大学博士論文、二〇〇四年。「ドイツ海軍による日本海軍への軍事的接近――一九三七年から一九三九年まで」『政治経済史学』四五三号、二〇〇四年。

山口　悟〔大阪学院大学助教授〕

主要業績「歴史の視角からみた国際関係」島岡宏・白井元康編『国際関係に生きる――教育する国際学』晃洋書房、第三章、二〇〇四年。「イギリスの戦間期極東防衛政策の始動とイギリス海軍――極東防衛問題に対する海軍と政府の価値認識の差異」大阪学院大学『国際学論集』一三巻一号、二〇〇二年。

山本信太郎〔東海大学非常勤講師〕

主要業績「イングランド宗教改革とチャントリの解散――コヴェントリの事例から」『西洋史学』一九四号、一九九九年。「一六世紀ラドロウにおける都市と教区――イングランド宗教改革史研究の前提として」『史苑』六一巻一号、二〇〇一年。

【編著者略歴】

飯田収治（いいだ　しゅうじ）

1938年東京に生れる。京都大学大学院博士課程単位取得退学、文学修士。
金沢大学、群馬大学、大阪市立大学を経て、2001年関西学院大学教授。

西洋世界の歴史像を求めて

2006年7月10日初版第一刷発行

編著者　飯田収治
編　者　関西学院大学西洋史学研究室

発行者　山本栄一
発行所　関西学院大学出版会
所在地　〒662-0891　兵庫県西宮市上ケ原一番町1-155
電　話　0798-53-5233

印　刷　協和印刷株式会社

Printed in Japan by Kwansei Gakuin University Press
ISBN 4-907654-90-1

http://www.kwansei.ac.jp/press